신경망의 기초부터 C++를 이용한 구현까지

C++로 배우는 딥러닝

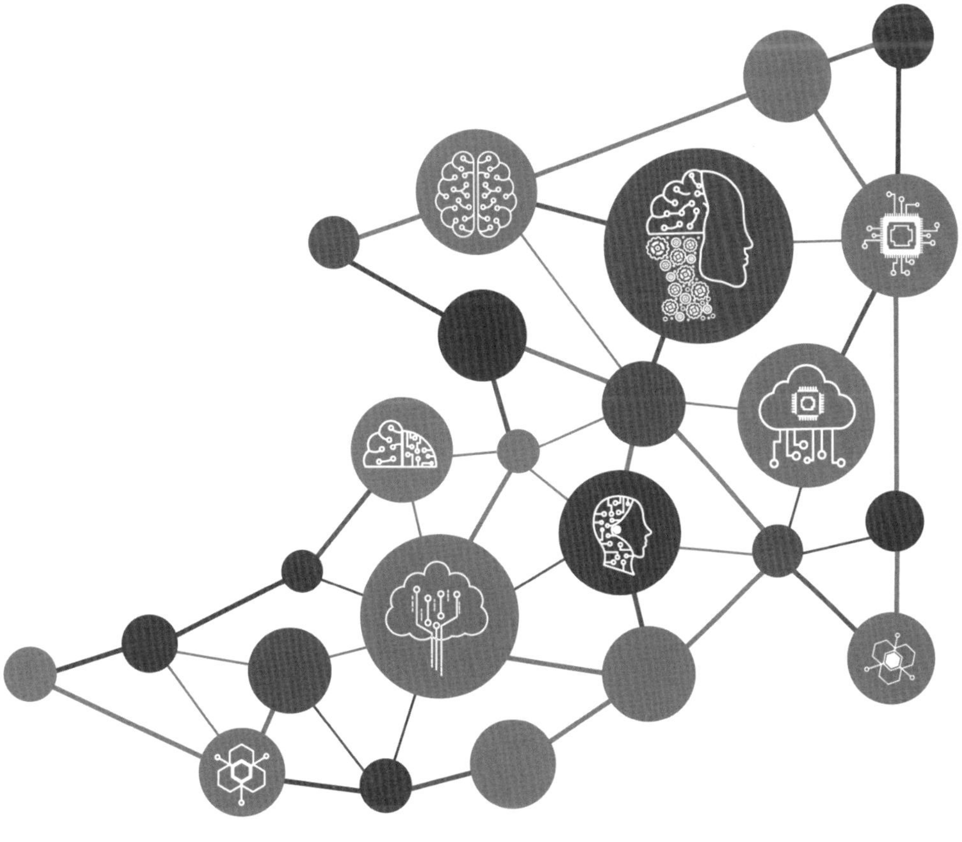

BM 주식회사 도서출판 성안당
www.cyber.co.kr

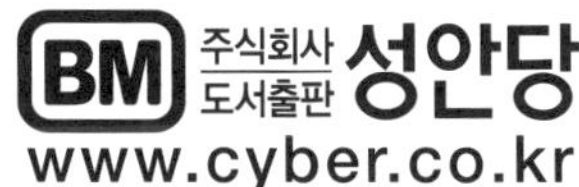

- **이 책의 지원 사이트**

  이 책의 보충 정보, 정정 정보, 예제 파일 등이 게재되어 있습니다. 적절하게 참조하십시오.

  [URL] http://book.mynavi.jp/supportsite/detail/9784839961503.html

- 이 책은 2017년 6월 시점의 정보를 바탕으로 집필됐습니다. 이 책에 등장하는 소프트웨어, 웹사이트, 서비스 등의 화면 이미지와 버전, 서비스 내용, URL, 제품 사양 등은 모두 원고 집필 시점의 정보이며 집필 이후 변경될 가능성이 있습니다.

- 이 책에 기재된 내용은 정보 제공만을 목적으로 합니다. 따라서 이 책의 이용은 모두 독자분의 책임과 판단 하에 진행해 주세요.

- 이 책을 집필할 때 정확하게 기술하도록 힘썼지만 저자와 출판사 모두 내용에 관해 아무런 보증을 하지 않으며, 어떤 운용 결과에 대해서도 일체 책임지지 않으므로 미리 양해 바랍니다.

- 이 책에 나오는 회사명과 제품명은 각 사의 상표 또는 등록 상표입니다. 이 책에서는 TM이나 R 표시를 생략했습니다.

- 편집: 마루야마 히로시(丸山弘詩)(Hecula, Inc.)

- 북 디자인: 혼다 마사키(本田正樹)(HighColor)

- 편집부 담당: 카쿠타케 아키노리(角竹輝紀)

저자 서문

최근 딥러닝이 시선을 끌고 있다는 것은 모두 아시는 바와 같습니다. 필자는 딥러닝으로 무엇을 할 수 있는가, 구체적으로 어떤 기술인가, 무엇이 지금까지와는 다른가에 관심을 가지고 그 이론을 배우면서 기존의 딥러닝용 프레임워크를 사용해 실제로 일부 제품에 도입한 경험이 있습니다. 그리고 도입 과정에서 기초 이론을 이해하는 것이 매우 중요하다는 사실을 다시 한번 인식했습니다. 딥러닝에서는 많은 하이퍼파라미터(초매개변수)를 사용하는데, 이 하나하나가 무엇을 의미하는지 제대로 이해하지 않은 상태로는 올바른 모델을 구축하기가 어렵습니다. 오랫동안 프로그래머로 활동한 필자는 기본적인 사항을 깊이 있게 이해할 수 있는 가장 빠르고 효과적인 방법은 실제로 프로그램을 처음부터 작성해 보는 것이라는 사실을 몸으로 경험해 알고 있습니다.

이 책을 통해 딥러닝 초보자나 공부는 해봤지만 아직 잘 이해하지 못했다고 느끼는 소프트웨어 엔지니어가 코딩을 통해 조금이나마 딥러닝에 관해 깊이 이해할 수 있게 되면 다행이겠습니다. 일단 이해가 깊어지면 응용하기는 그다지 어렵지 않습니다. 이 책을 통해 한 사람이라도 많은 엔지니어가 딥러닝의 깊이를 접하고, 우수한 소프트웨어 서비스 개발에 도움이 된다면, 이보다 더한 기쁨은 없을 것입니다.

2017년 6월 저자 후지타 타케시

역자 서문

최근 열풍이라 부를 정도로 딥러닝에 대한 관심이 높아졌고 관련 정보와 서적이 쏟아져 나오고 있습니다. 이제는 정말 여기저기서 인공지능이라는 말을 매일 접할 수 있게 된 것 같습니다. 이 책은 신경망 기본 이론을 설명하면서, C++ 코드로 구현한 예제를 통해 딥러닝을 깊이 이해할 목적으로 집필된 책입니다. 신경망 기초부터 CNN, RNN까지 망라되어 있으며, 설명 흐름에 맞게 필요한 코드를 가져와서 보여주는 방식으로 학습을 진행합니다.

CUDA를 바탕으로 고속화된 행렬 라이브러리, 활성화 함수, 손실함수 등 각종 예제는 어느 정도 실용성을 의식해서 만들어져, C++로 딥러닝을 구현하려는 사람에게 필요한 힌트를 줄 수 있을 것으로 생각합니다. 전반적으로 간결하게 설명되어 있긴 하지만, 이 책을 학습할 때 미리 알아 둘 점 두 가지로 역자 서문을 대신할까 합니다.

첫째, 가장 중요한 것은 앞에서도 언급했지만, 제공되는 예제 프로그램은 CUDA를 이용해 행렬 라이브러리를 구현합니다. 다시 말해, 실습을 위해선 엔비디아(NVIDIA)의 GPU를 탑재한 그래픽카드가 필요합니다. 하드웨어가 갖추어져 있다면, 자신이 사용하는 운영체제에 맞는 CUDA 드라이버가 제공되는지도 확인해 주세요. CUDA를 사용할 수 없는 환경에선 해당 부분을 CPU를 이용하는 처리로 직접 바꿔줄 필요가 있습니다.

둘째, 제공하는 코드에는 주석이 거의 없으므로 C++에 어느 정도 익숙해야 코드를 이해하고 원활하게 학습을 진행할 수 있습니다. 따라서, 책을 잘 참조하면서 코드를 읽어나갈 필요가 있습니다. 또한, 저자가 임의의 시점에 코드를 업데이트하기에, 깃허브에서 내려 받는 일부 예제 코드는 책과 약간 다를 수 있습니다.

끝으로, 번역 작업이 생각보다 오래 걸렸는데, 믿고 기다려주신 담당자 분께 이 자리를 빌어 감사 드립니다. 더 나은 책이 되도록 애써주신 분들께도 감사합니다. 이 책을 읽는 독자 분들이 저자의 의도처럼 딥러닝에 대한 이해가 깊어지고, 당장 쓸 수 있을 필요한 지식을 얻어갈 수 있기 바랍니다. 감사합니다.

2018년 5월 역자 김성훈

CONTENTS

Chapter 07 사전 학습

Chapter 08 합성곱 신경망

Chapter 09   재귀형 신경망

DNN

■ 준비 작업
- CUDA 설치하기
- MeCab 설치하기

■ 컴파일과 실행
cuMat 디렉토리와 같은 열에 있는 것을 전제로 작업합니다.

```
bash
cp test.cpp.[처리종류]  test.cpp
make
export LD_LIBRARY_PATH=$LD_LIBRARY_PATH:../cuMat
./test
```

처리 종류
- autoencoder: 오토인코더(자기부호화기)
- iris: IRIS 데이터셋을 이용한 다층 퍼셉트론
- mlp: MNIST를 이용한 다층 퍼셉트론
- seq2seq: LSTM를 이용한 번역 모델
- cnn: 합성곱 신경망
- lstm.sin: LSTM을 이용한 sin파 재현
- number: LSTM을 이용한 숫자 맞추기

■ MNIST 다운로드(test.cpp.mlp, autoencoder용)
http://yann.lecun.com/exdb/mnist/

train-images-idx3-ubyte.gz: training set images (9912422 bytes)
train-labels-idx1-ubyte.gz: training set labels (28881 bytes)
t10k-images-idx3-ubyte.gz: test set images (1648877 bytes)
t10k-labels-idx1-ubyte.gz: test set labels (4542 bytes)

위 네 개 파일을 다운로드 후 DNN 디렉토리에 풀어 놓습니다.

■ Cifar-10 다운로드(test.cpp.cnn용)
https://www.cs.toronto.edu/~kriz/cifar.html

CIFAR-10 binary version (suitable for C programs)

다운로드 후 DNN 디렉토리에 풀어 놓습니다. cifar-10-batches-bin 디렉토리 아래에 데이터가 저장됩니다.

■ Tanaka Corpus 다운로드(test.cpp.seq2seq용)
http://www.edrdg.org/wiki/index.php/Tanaka_Corpus

complete version (UTF-8)을 다운로드 후 DNN 디렉토리에 풀어 놓습니다. examples.utf가 생성됩니다.

norm_tanaka_corpus.py로 examples.utf의 필요한 부분만 추출해 tanaka_corpus_e.txt와 tanaka_corpus_j.txt를 작성합니다.

sample_tanaka_corpus.py로 위에서 작성한 데이터에서 10,000개를 뽑아내 다른 파일로 저장합니다 (tanaka_corpus_e_10000.txt, tanaka_corpus_j_10000.txt).

이 파일의 이름을 바꿔 훈련용 데이터로 합니다(tanaka_corpus_e_10000.txt.train, tanaka_corpus_j_10000.txt.train).

마찬가지로 다시 한 번 sample_tanaka_corpus.py를 이용해 평가용 데이터를 만듭니다(tanaka_corpus_e_10000.txt.test, tanaka_corpus_j_10000.txt.test).

01

딥러닝 개론

최근 AI(인공지능) 열풍은 2000년 전후 인터넷 여명기에 감돌던 기대와 불안이 뒤섞인 분위기를 느끼게 합니다. 물론 기술적 측면에서 애초에 인터넷과 AI는 비교 대상이 아닙니다. 하지만, 더 편리하게 더 빠르게 더 정확하게 정보를 다룰 수 있게 된다는 측면에서 현실 사회에 미치는 영향은 비슷하고, 왠지 정체를 알 수 없어 미래에 어떻게 펼쳐질지 예측하기도 어렵습니다. 그런 가운데 소프트웨어 엔지니어의 흥미를 끄는 것은 최근 AI 기술이 과거와 비교해 혁신적이고 실용적으로 진화하기 시작했다는 점입니다.

기존 소프트웨어는 주어진 과제를 컴퓨터에 정확하고 상세하게 입력해야만 해결할 수 있었습니다. 하지만, 요즘 AI는 주어진 데이터에서 과제를 해결하는 방법을 스스로 찾아낸다는 점에서 혁신적입니다. 뛰어난 알고리즘이라도 손쉽게 구현할 수 없거나 실시간으로 실행할 수 없다면, 소프트웨어로서 성립하기 어렵습니다. 예를 들어 1980년대에도 2차 AI 열풍이 있었지만, 실용적이지 않아 다른 방법으로 대체됐고 크게 주목받지 못한 역사가 있습니다. 이처럼 최근 불고 있는 AI 열풍도 지난날 그러했듯 사그라질 수도 있겠지요. 그러나 수십 년이나 해결하기 어려웠던 과제에 빠르게 대응할 수 있게 된 현재 상황을 생각해 보면, 이대로 정착해 한층 더 도약할 가능성도 충분히 예상해 볼 수 있습니다.

일반적으로 AI는 광범위한 영역을 가리킵니다. 컴퓨터 프로그램뿐만 아니라 로봇과 같은 하드웨어, 뇌과학이나 바이오 테크놀로지 등 생물학적 영역도 포함합니다. 이 책이 다루는 딥러닝은 중심 역할을 하는 컴퓨터 알고리즘과 그와 관련된 미들웨어를 말합니다. 딥러닝은 실용적이면서도 기존의 자기완결형 프로그램과 구분되는 성능을 가집니다. 프로그램이 마치 고등 생물처럼 생각하는(적어도 생각하는 것처럼 보이는) 모습은 기존 프로그래밍에서 맛볼 수 없던 감각으로, 딥러닝을 배울 때 느낄 수 있는 커다란 매력 중 하나입니다.

이 책에서는 소프트웨어 엔지니어가 딥러닝의 기초를 이해하고 소프트웨어로 구현함으로써, 딥러닝의 편리함이나 재미를 느끼는 데 초점을 맞췄습니다. 그 때문에 어려운 알고리즘이나 응용 사례는 언급하지 않고, 당장 필요한 최소한의 지식을 얻는 것을 가장 큰 목적으로 삼았습니다. 이 절에서는 딥러닝의 개론과 함께 이 책을 학습하는 방법을, 다음 절에서는 학습에 필요한 C++의 기능을 설명합니다.

 딥러닝이란

딥러닝의 기초가 되는 신경망(neural network: 뉴럴 네트워크)은 뇌신경 세포의 전기적인 행동에서 영감을 얻어 단순화한 구조를 컴퓨터로 재현 가능한 알고리즘으로 정의한 것입니다.

역사적 배경을 보면, 1차 AI 열풍이 불었던 1950년대에 퍼셉트론으로 불리는 원시적인 구조가 제안됐습니다. 이 퍼셉트론의 결점을 보완하고자 계층 퍼셉트론 네트워크가 제안됐고, 1980년대의 2차 AI 열풍을 불러왔습니다. 그리고 2010년대 와서 기존 신경망의 높은 장벽을 극복하는 기술이 개발되는 등 혁신을 거쳐 3차 AI 열풍의 주역인 현재의 신경망이 됐습니다.

네트워크를 심층화하면 성능이 향상될 것으로 예측했었지만, 층이 깊어질수록 학습이 잘 이루어지지 않는 문제가 있었고 이 문제를 해결하고자 몇 가지 알고리즘이 제안됐습니다. 그리고 마침내 2010년대에 들어와 그 벽을 넘어서는 데 성공한 것입니다.

3차 AI 열풍과 함께 신경망을 이용해 과제를 해결하는 방법으로 '딥러닝(심층 학습)'이 키워드로 사용되기 시작했습니다. 신경망을 여러 층으로 겹친다는 의미에서 '딥(Deep, 심층)'이라는 이름이 붙었다고 추측하지만, '딥러닝'의 뜻을 엄밀하게 정의하기는 어렵습니다. 굳이 말한다면, 수많은 연구자가 신경망 연구를 꾸준히 거듭해 온 최근의 성과 전체를 딥러닝으로 정의할 수 있습니다. 그러므로 이 책에서는 따로 언급하지 않는 한 '신경망'과 '딥러닝'을 구별하지 않고 사용합니다.

 딥러닝의 배경

오늘날 급속도로 고조된 딥러닝 열풍의 배경에는 무엇이 있을까요?

첫째, 신경망 알고리즘의 혁신을 들 수 있습니다. 신경망은 데이터를 바탕으로 계산을 반복해 예측 모델을 구축합니다. 이 과정을 모델을 '학습한다' '훈련한다'라고 표현하는데, 과거 신경망에서는 이 학습 과정에 큰 문제가 있었습니다.

앞에서 설명한 대로 과거의 신경망은 2~3층으로 구성됐으며, 그 범위 내에서는 성과를 올릴 수 있었습니다. 단, 대규모 해석이 필요한 사례에서 정밀도를 담보하려면 층을 더 늘려야만 했는데, 층이 깊어질수록 네트워크 학습이 제대로 이루어지지 않았습니다.

하지만, 데이터의 전처리 개선, 사전 학습과 드롭아웃, 활성화 함수$^{Activation\ Function}$라고 불리는 네트워크 구성 함수의 개량 등 여러 방법이 개발되면서, 어느 정도 층이 깊어도 제대로 학습할 수 있게 됐습니다.

둘째, 대량으로 데이터를 처리할 필요성이 급격히 커진 시대 배경을 들 수 있습니다. 이미지·동영상·음성 인식과 통계적 기계 번역 같은 자연 언어 처리, IoT 보급에 따른 데이터의 폭발적 증가 등 시대가 대용량 데이터 처리를 요구하고 있습니다. 이런 시대적 배경과 딥러닝 알고리즘의 진화가 지금까지 어렵다고 여기던 해석을 가능하게 했습니다.

셋째, 병렬 처리 기술의 진화를 들 수 있습니다. 딥러닝의 보급으로 GPU 등 초병렬 계산 유닛의 가치가 재평가되고 빠르게 발전을 거듭하고 있습니다. Amazon과 Google, Microsoft 같은 퍼블릭 클라우드상의 GPU 인스턴스를 비롯해 독자적인 병렬 계산 유닛의 클라우드화가 실현됨으로써, 이제는 딥러닝 실행 환경을 부담 없이 갖출 수 있게 됐습니다. 편리한 딥러닝 전용 프레임워크도 등장했습니다. Google 사의 TensorFlow[1], 캘리포니아대학교 버클리의 Caffe[2], 몬트리올 대학의 Theano[3], Preferred Networks 사의 Chainer[4] 등으로 문턱이 확 낮아져, 일반 사용자도 딥러닝을 이용한 서비스를 구축할 수 있습니다.

Google의 Cloud TPU(TensorFlow의 클라우드형 병렬 계산 유닛)로 대표되는 전용 플랫폼이 계속 발전하고, 스마트폰 같은 모바일 디바이스나 Amazon Echo(Amazon Alexa), Google Home(Google Assistant) 등의 스마트 홈 디바이스로도 딥러닝 영역은 확장되고 있습니다. 앞으로 처리 능력과 편의성이 향상된 딥러닝이 일상에서 더욱 친숙한 기술이 되는 것은 틀림없겠지요.

현재의 신경망은 고등 생물의 두뇌와 비교할 때 구조가 한정되고, 할 수 있는 일도 아직 제한적입니다. 향후 하드웨어의 발전을 고려하면, 좀 더 구조적으로 복잡한 두뇌를 에뮬레이트할 수 있게 될 것이며, 가까운 미래에 완전히 새로운 신경망이 개발되는 것도 충분히 예상해 볼 수 있습니다. 예를 들어 양자 컴퓨터나 바이오 컴퓨터 등 현재의 컴퓨터와는 전혀 다른 형태로 실현될 수도 있습니다. 만약 그런 때가 온다면, 우리는 기계와 인간의 관계에 대해 진지하게 논의해야만 할지도 모릅니다.

---

*[1][2][3][4] '참고 문헌(p. 256)'을 참조하세요(이후의 주석도 마찬가지입니다).

 딥러닝이 할 수 있는 일

딥러닝은 어떤 현상에서 특징을 추출한 뒤 그 정보를 이용해 분류나 회귀 등으로 추정하거나, 생성계 데이터로부터 새로운 데이터를 만들어 내는 과제 등에 이용됩니다. 이 점에서는 기존 머신러닝과 다르지 않습니다. 시각에 따라서는 단순히 방법의 차이라고 말할 수 있을지도 모릅니다. 예를 들어 분류 기법의 대표격인 SVM(Support Vector Machine: 서포트 벡터 머신)은 딥러닝이 등장하기 전까지 오랜 시간 표준으로 이용됐습니다.

딥러닝과 기존의 머신러닝(기계학습)의 결정적 차이는 더 많은 데이터를 이용해 더 정밀도가 높은 모델을 구축할 수 있다는 것입니다. 예전엔 특징을 쉽게 추출하기 위해 데이터 전처리 등에서 수작업으로 가공하거나 많은 매개변수 조정에 인간이 관여할 필요가 있었습니다. 하지만, 딥러닝은 특징을 자동으로 추출하므로, 숙련된 기술이 필요한 데이터 전처리나 매개변수 조정에 예전만큼 고생할 필요가 없고 범용성이 높습니다.

신경망의 구조상 다른 방식과 비교할 때 대규모 병렬 분산 처리가 가능하다는 점도 놓칠 수 없습니다. 현재는 대용량 데이터를 실시간으로 처리해야 하는 경우가 증가해, 병렬 스트리밍 가능한 시스템을 사용하는 것이 일반적이 됐습니다. 기존 배치(batch, 일괄)처리 등은 이제 시대에 뒤쳐지게 됐습니다. 이런 시스템 내에서 핵심이 되는 해석 부분이 느려서 병목이 되는 일은 없어야 합니다.

한편, 결점이라고 할 순 없을지도 모르지만, 딥러닝을 구성하는 개개의 부품이 모두 수리(數理)로 구성돼 있음에도 불구하고 신경망에서 출력되는 최종적인 답이 왜 그렇게 되는지 엄밀하게 설명할 수 없습니다. 이처럼 휴리스틱한 측면이 있으므로 다양한 목적으로 여러 가지 해법이 생겨나고 기술적인 시행 착오가 격렬하게 반복되고 있습니다.

다른 관점이긴 하지만 설명할 수 없는 것을 받아들이는 것은 상상 이상으로 어려운 일이 아닐까 생각합니다. 예를 들어 $1 + 1 = 2$라고 직감적으로 바로 맞다고 생각할 수 있는 답을 내놓는 기존 시스템과 $1 + 1 = 2.01$이라고 출력하는 새로운 시스템이 있을 경우, 인간은 어느 쪽을 적극적으로 지지할까요? 각 시스템의 성격을 알고 있더라도, 무의식적으로 후자의 시스템에 어색함을 느끼고, 0.01 차이가 오차 범위 안에 들어도 틀렸다고 인식하는 사람도 있을 것입니다.

어쩌면 전체적으로는 후자 시스템이 뛰어날지도 모르고, 후자 시스템을 따라 의사 결정하는 편이 좋을 수도 있습니다. 하지만 어째서 2.01이 되는지 어느 정도 이해할 수 있게 설명할 수 없는 한, 혹시 틀린 게 아닐까 어딘가 잘못된 게 아닐까 하는 두려움과 어색함이 사라지지 않습니다. 궁극적으로는 이제 믿느냐 마느냐의 세계가 됩니다.

한편, 종합적으로 비교해 볼 때 인간보다 전혀 융통성도 없고 똑똑하지 않아도, 기존 컴퓨터가 틀리지 않았음을 증명할 수 있기에, 우리는 그동안 일종의 절대적인 안도감을 느끼고 컴퓨터를 믿어 올 수 있었던 것은 아닐까요?

향후 AI 기술이 계속 이어지고 딥러닝 같은 분야에서 발전해 간다면, 기계는 더욱 인간의 사고와 가까워질 거라고 예측할 수 있습니다. 하지만, 그 과정에서 설명할 수 없는 것에 대한 일정한 담보를 얻는 것, 예를 들어 사람과 사람 사이의 신뢰감처럼 뭔가를 실증할 필요성도 커지는 게 아닌가 생각됩니다.

이렇게 훈련된 컴퓨터는 사람에 맞춘다는 의미에서는 지금까지의 컴퓨터와는 달리 반드시 완전히 합리적인 존재가 아닐지도 모릅니다. 이는 딥러닝으로 대표되는 AI 기술이 진정으로 인정받기 위해 반드시 극복해야 할 과제라고 할 수 있습니다.

1.1.4 딥러닝의 응용 예

딥러닝의 응용 사례를 예로 들어 보겠습니다. 전문 분야 이외의 사례를 예로 들어봐야 설득력이 없으므로, 여기서는 필자가 실제 업무에 관여했던 서비스를 몇 가지 소개합니다. 필자는 인터넷 상에서 최종 사용자를 위해 다양한 서비스와 컨텐츠를 제공하거나 광고를 통해 매출을 올리고, 사용자에게 직접 과금함으로써 수익을 얻는 기업에서 머신러닝을 응용한 제품 개발에 종사하고 있습니다.

사용자에게 제공하는 콘텐츠의 개인화는 예나 지금이나 커다란 주제 중 하나입니다. 필자는 적절한 콘텐츠를 적절한 사용자에게 전달하는 시스템인 이른바 추천 엔진을 개발하는데, 추천 엔진은 복잡한 알고리즘과 시스템으로 구성되어 있고 많은 매개변수를 처리해야 합니다.

이 매개변수 추정에 딥러닝을 사용함으로써, 적합한 뉴스 기사를 골라내고 회원을 추천할 수 있습니다. 예를 들어 뉴스에서는 사용자의 기본 속성(성별, 연령, 지역 등)과 콘텐츠 속성(기사 내용)이 매개변수가 됩니다. 만남 사이트에서는 사용자 속성(기본 속성, 프로필 사진 등)과 내부 사용자 간 텍스트 교환 등이 매개변수가 됩니다. 수백 개나 되는 매개변수를 다뤄야 하는 경우도 드물지 않습니다. 모두 매우 고전적인 시스템이지만, 최종 사용자를 대상으로 서비스를 제공하는 기업에선 응용 범위가 넓고 여전히 중요한 시스템입니다.

그 밖에도 사용자가 입력한 문장을 분석해 적절한 답을 출력하는 시스템, 이른바 봇 엔진 개발에도 몰두하고 있습니다. 봇 엔진은 앞으로 고객지원 센터 등에 도입되어, 편의성 향상 및 비용 절감에 도움될 예정입니다. 광고 단가를 조정하고 예측하는 등 경영과 관련된 부분에서도 현재 상태를 최적화하는 기술 시스템의 정비를 고려하고 있는데, 딥러닝이 그 핵심 기술이 되는 것은 틀림없습니다.

딥러닝은 기존에 기계로 처리하기 어려웠던 사진·동영상 인식, 음성 인식, 기계 번역, 언어 이해 등의 분야에서 주목받고 있어, 이미 대형 기술 기업들이 대거 기술력을 다투는 분야입니다. 지금부터 기술 경쟁에 뛰어들 장점은 거의 없는 것이 현실이지요. 그러나 딥러닝의 과제 해결 잠재력을 고려하면, 여기서 예로 든 것처럼 분야를 불문하고 다양한 과제에 적용할 수 있으므로 충분히 학습할 가치가 있습니다.

1.1.5 이 책이 대상으로 하는 독자

이 책이 대상으로 하는 독자는 딥러닝의 기초를 학습하려는 입문자 및 소프트웨어 엔지니어입니다.

딥러닝을 학습하려면 기초 이론을 이해해야만 합니다. 왜냐하면 첫째, 해석 대상이 되는 데이터가 어떻게 처리되는지 이해하지 않으면 응용할 수 없기 때문입니다. 잘못된 사용법을 선택할 위험성도 있습니다. 예를 들어 프레임워크를 이용하는 법부터 배워서, 충분한 이해가 없는 상태로 계속 사용하는 경우 등이 그렇습니다.

둘째, 딥러닝 기술은 아직 발전 도상에 있어 새로운 기술이 속속 등장하지만, 기존 기술과 전혀 무관한 독립적인 기술이 아닙니다. 대부분 과거의 기술을 바탕으로 발전시킨 것입니다. 기반 기술에 대한 이해가 얕으면, 새롭게 등장하는 최신 기술을 어떻게 구현해야 할지, 어떤 서비스에 이용할 수 있는지 판단하고 대응하는 데 시간이 걸려, 결국 최신 기술 도입이 지연됩니다. 이는 기회의 손실이기도 하지만 결과적으로 총학습 비용의 증가로도 이어집니다.

반대로 기반 기술을 제대로 이해하고 있으면, 최신 기술을 신속하게 이해하고 파악할 수 있으므로 선수를 빼앗길 일이 없습니다. 또한, 최신 기술을 접하는 일은 어떤 것이든 즐거운 경험입니다.

딥러닝 기초 이론을 설명할 때는 보통 수식이 많이 사용됩니다. 수학적으로 구성된 이론을 기반으로 하기 때문이지요. 하지만, 수식에 익숙하지 않으면 아무 것도 아닌 단순한 알고리즘이라도 매우 어려워 보이기도 합니다. 수식에 들어 있는 기호와 의미를 직감적으로 연결짓지 못하기 때문입니다. 수식은 알고리즘을 간결하게 전달할 수 있는 편리한 도구지만, 수식에 익숙하지 않으면 난해한 물건이 될 수 있습니다. 같은 내용을 전달하는 데에도 다양한 표현 방법이 있습니다. 자신이 익숙한 도구로 전달하고, 이해하는 것이 가장 효과적입니다.

학습하는 대상이 무엇이든 그 기초를 이해하는 과정은 사람마다 제각각입니다. 수식에 친숙한 경우는 수식으로 이해하는 게 가장 좋지만, 프로그래밍에 익숙한 소프트웨어 엔지니어라면 소스 코드를 이용하는 방법이 깊이 이해하는 데 도움이 될 것입니다.

이 책은 소프트웨어 엔지니어가 딥러닝의 수식을 소스 코드로 구현하는 과정을 통해 모호한 이해를 제거하고 확실하게 기초를 익히는 것을 목적으로 합니다. 정확한 이해를 바탕으로 해야 제대로 동작하는 프로그램을 만들 수 있으므로, 엔지니어가 딥러닝을 학습할 때 최적의 방법이라고 할 수 있습니다.

수리 모델을 찬찬히 살펴보고 확실하게 이해하는 과정은 필요하지만, 이 책에서 언급하는 기초 이론 범위에서는 어려운 알고리즘이나 복잡한 수식이 전혀 등장하지 않습니다. 이 책에서 다루는 대표적인 신경망의 일종인 피드 포워드형 신경망은 반복법의 수치 계산과 편미분, 간단한 확률에 관한 수학적 지식이 있으면 구축할 수 있기 때문입니다. 원형은 매우 단순한 구조이면서도 고성능이라는 것이 신경망의 멋진 점입니다.

물론, 수식으로 간단히 표현할 수 있는 내용이라도 프로그래밍에서는 상당히 머리를 쥐어짜내지 않으면 구현하기 어려운 경우도 많이 있습니다. 이 책에서 설명하는 다양한 사례를 읽어나가면, 조금씩 확실하게 이해가 깊어지는 경험할 수 있습니다.

단, 이 책에서는 딥러닝의 최신 동향과 응용에 관해서 깊이 있게 언급하지 않습니다. 따라서, 알고리즘 연구자나 최신 기술을 이용한 서비스 구축을 검토하는 분에게는 그다지 도움이 되지 않을지도 모릅니다. 수식으로도 설명했지만 기본적으로 코드를 이용한 설명이 중심입니다. 따라서, 프로그래밍 경험이 부족하면 깊이 있게 이해하기 어려울 수도 있습니다.

 이 책의 구성

이 책의 내용은 C++ 프로그래밍을 통해 신경망에 대한 기초적인 이해가 깊어지는 것을 전제로 했습니다. 그러므로, 1장 후반에서는 신경망 구축에 필요한 최소한의 C++ 프로그래밍 지식을 설명하고, 2장에서는 병렬 프로그래밍의 중요성 및 그에 관한 지식과 행렬 연산을 설명하고, 3장 이후부터 신경망 설명으로 이어집니다. 이 책은 전반에서는 신경망에 관한 필수지식을 설명하고, 후반에서는 신경망의 파생 기술과 응용 사례를 소개하면서 서서히 수준을 높이는 구성으로 되어 있습니다.

3장에서는 퍼셉트론이라는 신경망의 최소 단위가 되는 유닛과 퍼셉트론을 중첩한 신경망의 기본형인 다층 퍼셉트론(MLP)을 설명합니다. 퍼셉트론을 이해하면, 신경망이 어떻게 동작하고 무엇을 목적으로 하는지 본질적인 부분을 이해할 수 있습니다.

4장에서는 신경망의 매개변수 학습 방법인 오차역전파법을 자세히 설명합니다. 오차역전파법의 수학적 배경을 설명하고 구체적인 학습 순서를 설명합니다. 3장과 마찬가지로 딥러닝의 기초를 이해하는 데 중요합니다.

5장에서는 다층 퍼셉트론을 이용해 손글씨 숫자 이미지를 인식해 봅니다. 실제로 코딩하고 결과를 확인함으로써 딥러닝을 경험할 수 있습니다. 손글씨 숫자 이미지로는 MNIST로 불리는 유명한 데이터셋을 이용합니다. 신경망의 기초가 가득한 기본적인 분류 모델을 구축함으로써 전체적인 흐름 파악을 목적으로 합니다.

6장에서는 머신러닝 전반에서 발생하는 오버피팅(Overfitting, 과적합)에 초점을 맞춰, 신경망에서 오버피팅을 억제하는 기술을 소개합니다. 오버피팅이란 특정 데이터셋에 과도하게 적합하도록 학습이 진행되는 현상을 말합니다. 이 장부터는 단순한 신경망이 아니라 딥러닝 범주에 들어갑니다.

7장에서는 딥러닝이 주목받는 계기가 된 기술 중 하나인 오토인코더(Autoencoder)를 설명합니다. 신경망에서는 계층이 깊어질수록 학습이 어려워지는 문제가 오랫동안 해결되지 못했는데, 오토인코더에 의한 각 매개변수의 사전 학습이 효과적이었습니다. 하지만, 그런 딥러닝의 대표 기술 중 하나였던 오토인코더가 최근에는 영향력이 약해졌습니다. 이제는 오토인코더를 이용하지 않더라도 학습 비용을 더 줄이면서도 학습 곤란을 피할 수 있는 여러 가지 방법이 제안됐고 실적을 올리고 있기 때문입니다.

8장에서는 현재 딥러닝의 대표 주자로 불리는 합성곱 신경망(Convolutional Neural Network, CNN)을 설명합니다. 주로 이미지 인식에 이용되며, 최근에는 놀라운 성과를 올리고 있습니다. 신경망과 합성곱 기술을 조합해 높은 정밀도를 가진 모델을 구축할 수 있게 된 것입니다. 이 장에서는 CIFAR-10으로 불리는 열 가지 카테고리에 속하는 이미지를 모은 데이터셋을 이용한 합성곱 신경망을 구현합니다.

9장에서는 재귀형 신경망으로 불리는 자기 출력을 입력으로 하는 재귀 구조로 된 신경망을 이용해 자연언어 처리에 응용하는 예를 소개합니다. 합성곱 신경망과 마찬가지로 통계적 기계 번역과 자동 응답, 음성 인식 등의 분야에서 최근 AI의 커다란 진화의 추진 역할을 한 기술입니다. 이 장에서는 재귀형 신경망을 사용한 인코더와 디코더 모델의 구조를 이용해 기본적인 기계 번역을 구현하는 방법을 설명합니다.

1.1.7 이 책에서 제공하는 소스 코드에 대해서

이 책에서는 개발 언어로 C++를 선택했습니다. C++를 이용해 거의 모든 것을 밑바닥부터 구현해, 최종적으로 완성하는 코드는 딥러닝의 C++ 프레임워크로서 기능합니다.

머신러닝과 딥러닝에서는 개발 언어로서 파이썬(Python)을 이용하는 경우가 많고, 실제로 많은 프레임워크가 파이썬을 채용했습니다. 머신러닝 프로젝트에서는 대량으로 데이터를 다루고, 각종 매개변수를 조정하는 등 시행착오에 많은 시간을 할애하게 되므로, 실질적으로 우수한 행렬 계산 라이브러리를 표준으로 갖추고 있고 컴파일 처리가 필요 없는 등 몇 가지 이유로 파이썬이 채용되는 것은 일리가 있습니다.

그렇지만, 이 책의 가장 큰 목적은 딥러닝을 학습하는 것입니다. 이른바 교육 목적이고, 교육에 사용되는 프로그래밍 언어라면 굳이 파이썬으로 한정할 필요는 없다고 생각합니다. 각 프로그래밍 언어에는 반드시 장단점이 있고 대상에 따라서 적절한지 부적절한지 달라집니다. 어느 언어를 선택할지는 언어와 대상의 특성을 이해한 후에, 올바른 출력을 얻는데 적합한 것을 골라야 합니다. 솔직히 C 언어는 물론이고 Java나 파이썬 등 다른 프로그래밍 언어라도 상관없습니다.

C++는 많은 프로그래밍 언어에 영향을 미친 범용적인 객체지향 언어입니다. 이 책에서 C++를 선택한 이유는 다음과 같은 3가지 이유에서입니다. 첫째, C++ 언어는 이미 습득한 사람

이 많습니다. 둘째, 프로그램의 동작 속도가 빠릅니다. 셋째, 이번에 이용할 GPU 라이브러리 (CUDA)가 네이티브로는 C 언어 인터페이스만 지원합니다.

이 책에 게재한 C++ 코드는 지면 사정상 알고리즘을 코드로 설명할 때 필요한 부분만 발췌하고 본질적이지 않은 부분은 생략했습니다. 따라서, 이 책에 게재한 소스 코드를 복사해도 완전하게 동작하는 프로그램이 완성되는 것은 아닙니다.

완전한 소스 코드는 아래에 소개하는 깃허브에 올렸으므로, 필요에 따라 참조하세요. 모두 MakeFile이 들어 있으므로, make 커맨드로 컴파일할 수 있습니다. 개발 환경에 관한 자세한 설명은 뒤에 설명하는 '*2.1.3 GPU 이용 방법*'을 참조하세요.

· 딥러닝 학습용 본체

https://github.com/takezo5096/DNN

· 행렬 계산 라이브러리 cuMat

https://github.com/takezo5096/cuMat

깃허브(GitHub)에 공개한 소스 코드는 교육용으로 필자가 작성한 것입니다. 알고리즘의 본질을 이해하기 쉽게 최대한 단순한 코드로 만들고자 신경 썼지만, 예외 처리를 생략하는 등 효율이나 편의성을 고려하지 않은 부분도 많습니다. 학습 용도임을 고려하고 이용해 주세요.

덧붙여, 버그 수정이나 새로운 기능을 추가하기 위해 임의의 시점에 갱신되는 점은 미리 양해를 구합니다(책에 실린 소스 코드와 호환성을 유지하도록 유의하겠습니다). 소스 코드에는 사용 라이선스가 설정되어 있지 않으므로, 자유롭게 사용, 변경, 배포해도 상관없습니다.

이 절에서는 C++ 언어를 대표하는 기능을 간단히 설명합니다. 이 책을 읽어나가는 데 필요한 최소한의 지식입니다.

1.2.1　포인터

C++라는 이름에서 알 수 있듯이 C 언어가 확장된 언어이므로, C 언어의 포인터를 그대로 이어받았습니다. C 언어를 기반한 프로그래밍 언어를 다뤄본 경험이 없으면, 일반적으로 포인터의 구조를 이해하기가 어렵습니다.

[코드 1.1] example.cpp

```
1 : float *a = (float *)malloc(sizeof(float) * 5);
2 : float *b = a + 2
3 : free(a);
```

C와 C++는 메모리를 직접 조작할 수 있습니다. 예를 들어, 예제 코드의 1행처럼 float(4바이트) 5개 분량의 메모리를 특정 변수 a에 확보한 경우, 변수 a에 메모리상의 특정 주소부터 연속해서 4 × 5바이트의 메모리 영역이 확보됩니다. 여기서 sizeof(float)는 float의 바이트 수를 반환하고, malloc은 메모리를 확보하는 C 언어 함수입니다. 이때 변수 a가 포인터라고 불리는 것으로, 변수 앞에 '*'를 붙여 선언합니다.

여기서 확보한 메모리의 3번째 float 값에 액세스하고 싶을 때는 2행처럼 a에서부터 float 2개만큼 이동한 값을 또 다른 포인터 b에 대입합니다. 이처럼 포인터는 메모리상의 주소를 직접 지정하는 조작을 실행합니다.

또한, 1행에서 확보한 a는 필요가 없어지면, 프로그래머가 책임지고 3행처럼 명시적으로 메모리에서 해제해야 합니다. 사용이 끝난 메모리 공간을 비워주지 않으면, 프로그램이 실행되는 동안 계속해서 메모리를 차지하므로 이른바 메모리 누수 현상으로 이어집니다.

아래와 같이 클래스 Variable을 포인터로 정의하고 사용하는 코드를 살펴보겠습니다.

[코드 1.2] example.cpp

```
1 : Variable *v = new Variable(2,7);
2 : v -> backward();
3 : delete v;
```

new 연산자는 C++에서 메모리를 확보하는 데 사용되고, 확보한 메모리의 포인터를 반환합니다.

C++에도 '참조'라는 개념이 있지만, 참조는 다른 고급언어에서 사용하는 참조와 다르지 않습니다. 참조는 변수 앞에 &를 붙여서 정의합니다. 아래 나타낸 예제 코드에서는 최초의 출력은 10, 이어지는 출력에선 11이 출력됩니다.

[코드 1.3] example.cpp

```
1 : void plus_one(float &b) {
2 :     b += 1;
3 : }
4 :
5 : float a = 10;
6 : cout << a << endl;
7 : plus_one(a);
8 : cout << a << endl;
```

1.2.2 공유 포인터

C++11부터 도입된 비교적 새로운 기능입니다. 앞에서 소개한 포인터를 이용한 메모리 관리를 자동으로 하는 시스템으로, 가비지 콜렉터로 불리는 기능의 일부에 해당합니다. 일반적으로 다른 주요 고급 언어에서는 기본 사양으로 구현되어 있으므로 신경쓸 것은 별로 없습니다.

하지만, C++에서는 명시적으로 사용할 필요가 있습니다. 예를 들어 클래스 Variable이 있는 경우에, [코드 1.4]처럼 Variable의 포인터를 PVariable로 정의합니다.

[코드 1.4] example.cpp

```
1 : using PVariable = shared_ptr<Variable>;
```

위 예제 코드에 정의된 PVariable은 '*1.2.1 포인터*'에서 설명한 것처럼 프로그래머가 확보한 메모리를 명시적으로 해제할 필요가 없습니다. 공유 포인터는 참조 카운터를 가지며, 자신을 참조하는 인스턴스가 모두 없어진 시점에서 자신이 가진 메모리를 자동으로 해제합니다.

앞서 소개한 *Variable의 정의와는 다르지만, 사용법은 거의 같습니다. 예제 코드는 다음과 같습니다.

[코드 1.5] example.cpp

```
1 : PVariable p = PVariable(new Variable(2, 7));
2 : p -> backward();
3 : // 해제할 필요 없다.
```

물론, 포인터와 공유 포인터 외에도 언급해야 할 항목은 많지만, 기본적으로 주요 고급 언어의 사양과 큰 차이는 없습니다. C++를 전혀 다룬 적이 없더라도, 위에서 소개한 포인터를 알아두면 이 책에서 제공하는 예제 프로그램은 충분히 이해할 수 있을 것입니다. C++ 언어에 관한 자세한 내용은 각자 필요에 맞게 학습해 주세요.

1.2.3 vector

C++ 표준 라이브러리에는 vector라는 벡터를 정의할 수 있는 범용 클래스가 구현되어 있습니다.

[코드 1.6] example.cpp

```
1 : Variable *p = new Variable(2, 7);
2 : vector<Variable *>v;
3 : v.push_back(p);              // 목록 끝에 원소를 삽입
4 :
5 : Variable *p2 = v.at(0);     // 0번째 요소를 참조
6 : Variable *p3 = v[0];         // 이렇게 써도 똑같다.
```

vector에는 프리미티브 변수, 포인터와 공유 포인터 등 거의 모두 저장할 수 있으므로, 인스턴스 목록을 작성할 때 등에 애용합니다.

1.2.4　map

vector와 마찬가지로 C++ 표준 라이브러리에는 map이라는 키-값 연상배열을 정의할 수 있는 범용 클래스가 구현되어 있습니다.

map은 vector처럼 무엇이든 저장할 수 있어 편리합니다. 아래는 예제 코드입니다.

[코드 1.7] example.cpp

```
1 : Graph *g = new Graph();
2 : map<string, Graph *>m;
3 : m["variable1"] = g;              // 키-값을 지정해서 삽입
4 :
5 : Graph *g2 = m["variable1"]; // 키로 참조
```

1.2.5　리스트 구조

리스트 구조란 아래 그림처럼 특정 오브젝트가 다른 오브젝트를 참조해 연결되는 구조를 뜻합니다. '1.2.3 vector'에서 설명한 vector는 리스트 구조로 되어 있습니다. 이 책에서 소개하는 예제 프로그램에서도 곳곳에서 리스트를 이용합니다.

포인터를 사용한 단순한 리스트 구조를 [코드 1.8]에 소개합니다.

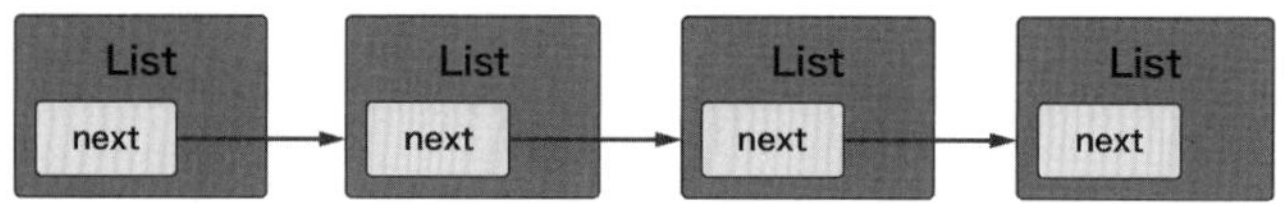

▲ [그림 1.1] 리스트 구조

[코드 1.8] main.cpp

```cpp
1 : #include <iostream>
2 : #include <stdio.h>
3 :
4 : using namespace std;
5 :
6 : class List {
7 :     public:
8 :     int num;
9 :     List *next;
10 :    List(int n) {
11 :         num = n;
12 :      }
13 : };
14 :
15 : int main(void) {
16 :
17 :    List *obj1 = new List(1);
18 :    List *obj2 = new List(2);
19 :    List *obj3 = new List(3);
20 :    List *obj4 = new List(4);
21 :
22 :    obj1->next = obj2;
23 :    obj2->next = obj3;
24 :    obj3->next = obj4;
25 :
26 :    List *obj = obj1;
```

```
27 :    for(int i = 0; i < 4; i++) {
28 :            cout << "num:" << obj -> num << endl;
29 :            obj = obj -> next;
30 :    }
31 :
32 :    return 0;
33 : }
```

[코드 1.8]의 9행에서는 List 클래스의 멤버 변수에 다른 List 클래스의 포인터를 보관할 수 있게 했습니다.

17~20행에서 List의 인스턴스를 4개 생성한 다음, 22행에서 obj1의 next 포인터에 obj2의 포인터를 대입합니다. 이것으로 obj1 → obj2의 관계를 가지게 되고, obj1에서 obj2를 참조할 수 있습니다. 마찬가지로 obj2 → obj3, obj3 → obj4라는 관계가 구축됩니다.

26행에서 obj 포인터에 최초의 오브젝트 obj1의 포인터를 설정합니다. 27~30행의 루프에서는 우선 오브젝트가 가진 정숫값을 출력합니다. 29행에서 현재 오브젝트가 참조하는 다음 오브젝트를 obj 포인터에 설정합니다.

다음과 같이 컴파일하고 실행합니다.

```
$ g++ ./main.cpp
$ ./a.out
```

a.out를 실행하면, 각 List 클래스의 인스턴스가 가진 정숫값이 출력됩니다. 덧붙여, 이 예제는 단순히 설명을 위해서 만든 코드이므로, 출력 결과에 아무런 의미도 없습니다. 여기서 배워야 할 것은 포인터로 연결된 체인을 따라가 특정 오브젝트에서 다른 오브젝트를 계속 참조할 수 있다는 것입니다.

이 책에서 소개하는 예제 프로그램 내에서는 실제로 위에서 말한 원시적인 리스트를 밑바닥부터 구축해서 사용하지 않지만, vector로 대표되는 리스트 구조는 자주 사용하므로 확실하게 이해해 둘 필요가 있습니다.

 트리 구조

트리 구조는 다음 [그림 1.2]에서 볼 수 있듯이, 리스트를 포함하는 구조로, 루트가 되는 지점에서 여러 나뭇가지가 끝까지 뻗어나갑니다. 이 항의 예제 프로그램에 등장하는 함수 클래스(Function)와 변수 클래스(Variable)라는 2개 클래스에서 트리 구조를 이용합니다.

[코드 1.9]의 함수 클래스(Function)과 변수 클래스(Variable)를 참고해 포인터와 vector를 사용한 트리 구조 부분에 주력해 살펴보겠습니다.

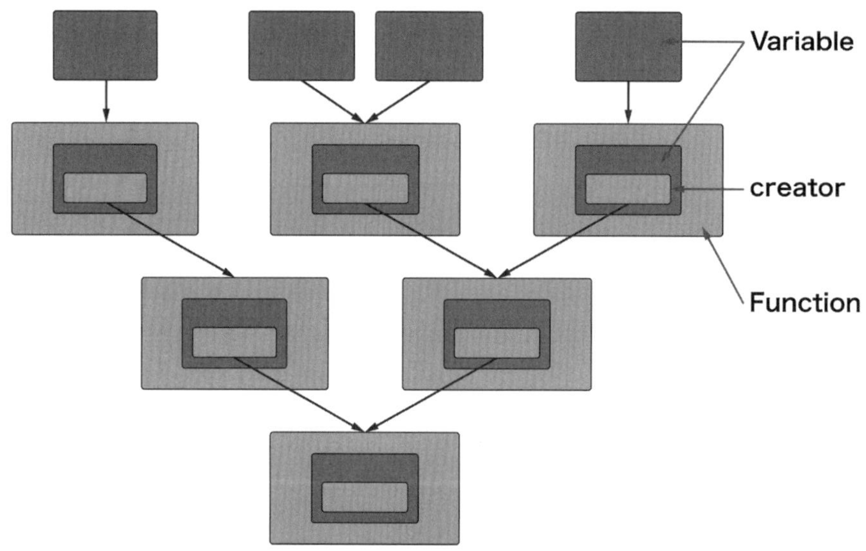

▲ [그림 1.2] 트리 구조

[코드 1.9] main.cpp

```cpp
1 : #include <iostream>
2 : #include <stdio.h>
3 : #include <vector>
4 : #include <memory>
5 :
6 : using namespace std;
```

```cpp
 7 :
 8 : class Function;
 9 :
10 : class Variable {
11 :     public:
12 :     float a = 0;
13 :     Function *creator = NULL;
14 :
15 :     Variable(float a){
16 :         this -> a = a;
17 :     }
18 : };
19 :
20 : using PVariable = shared_ptr<Variable>;
21 :
22 :
23 : class Function {
24 :     public:
25 :     vector<PVariable> v;
26 :
27 :     PVariable forward(PVariable v1, PVariable v2) {
28 :
29 :         v.push_back(v1);
30 :         v.push_back(v2);
31 :
32 :         PVariable pv = PVariable(new Variable(0));
33 :         pv -> creator = this;
34 :
35 :         pv -> a += v1->a;
36 :         pv -> a += v2->a;
37 :
38 :         return pv;
39 :     }
40 :
41 :     PVariable forward(PVariable v1) {
```

```cpp
42 :            v.push_back(v1);
43 :
44 :            PVariable pv = PVariable(new Variable(0));
45 :            pv -> creator = this;
46 :
47 :            pv -> a += v1 -> a;
48 :
49 :            return pv;
50 :        }
51 : };
52 :
53 : void traverse(PVariable v) {
54 :
55 :     cout << v -> a << endl;
56 :
57 :     Function *f = v->creator;
58 :     if (f == NULL) return;
59 :
60 :     for(int i = 0; i < f -> v.size(); i++) {
61 :         traverse(f -> v[i]);
62 :     }
63 : }
64 :
65 : int main(void) {
66 :
67 :     PVariable v1 = PVariable(new Variable(1));
68 :     PVariable v2 = PVariable(new Variable(1));
69 :     Function *f1 = new Function();
70 :     Function *f2 = new Function();
71 :     Function *f3 = new Function();
72 :
73 :     PVariable r1 = f1 -> forward(v1, v2);
74 :     PVariable r2 = f2 -> forward(r1);
75 :     PVariable r3 = f3 -> forward(r2);
76 :
77 :     traverse(r3);
```

```
78 :
79 :     return 0;
80 : }
```

위 코드 예제 10행의 Variable 클래스는 변수 a를 유지하기만 하는 클래스입니다. 멤버 변수로 Function 클래스의 포인터인 creator를 가집니다. 이어지는 20행은 Variable 클래스의 공유 포인터 선언입니다.

23행의 Function 클래스에는 2가지 forward 함수가 있으며, 각각 인수로서 PVariable 클래스의 변수를 받습니다. 이 두 함수의 차이는 인수가 하나냐 둘이냐입니다(이 숫자에 특별한 의미는 없고, 설명을 위해 정의했습니다). 29~30행에서 2개의 인수를 자신이 가진 목록(vector)에 추가합니다. 여기가 우선 첫 번째 중요한 점으로, 이제 PVariable과 Function의 연결이 만들어집니다.

이어서 32행에서 PVariable 클래스의 인스턴스를 생성하고, 33행에서 인스턴스의 creator 포인터에 자신의 포인터를 설정합니다. 이 변수부터 보면 자신을 생성한 Function 클래스의 인스턴스라는 의미에서 이름을 creator로 했습니다. 이로써 자신이 생성한 Variable 및 Function(자기자신)의 인스턴스의 관계가 구축됩니다. 여기가 두 번째로 중요한 점입니다.

35~36행에선 내부에서 생성한 PVariable의 변수 a에 건너온 v1과 v2의 변수를 더합니다. 이 함수의 실질적인 역할은 여기뿐입니다(이 작업에 의미가있는 것은 아니고, 설명을 위해 예를 들어 덧셈을 하는 함수를 정의했습니다).

마지막으로 생성한 PVariable를 반환합니다. 만일 이 변수가 PVariable이 아니라 Variable인 경우, 이 변수에 할당된 메모리는 프로그래머가 책임지고 반드시 어딘가에서 해제할 필요가 있습니다. 그러나 코드를 보면 알 수 있듯이, forward 함수를 빠져나오고부터는 해제할 타이밍이 없어져 버립니다.

물론 어딘가에 참조(포인터)를 가지는 등 적당한 타이밍에 해제되도록 코딩할 수도 있습니다. 그러나, 이 변수를 여러 곳에서 참조하는 경우에는 참조하는 곳을 모두 추적해 파악해야 하는 등 상당한 시간이 소요되는 귀찮은 프로그램이 될 것입니다. 따라서 PVariable와 같은 공유 포인터를 사용해 메모리 해제를 C++에 맡겨 버리면, 코딩할 때 프로그래머의 수고를 크게 줄일 수 있고 결과적으로 안전한 프로그램을 만들 수 있게 됩니다.

53행의 traverse 함수는 주어진 PVariable의 변수 v가 가진 실수 a를 출력합니다. 그 밖에 변수 v의 creator가 있는 경우(creator 포인터가 NULL이 아닌 경우) 자신이 보유한 PVariable의 리스트에 있는 모든 변수를 순서대로 traverse에 전달합니다. 이렇게 해서 트리 구조는 재귀적으로 처리를 반복할 수 있습니다. 여기가 마지막으로 중요한 점입니다.

main 함수에서는 67~68행에서 PVariable의 인스턴스를 2개, 69~71행에서 Function의 인스턴스를 3개 생성합니다. 73행 이후에서 그 두 개의 PVariable을 f1의 forward 함수에 전달합니다. f1의 forward에서 반환된 PVariable을 f2의 forward 함수에 전달합니다. 마찬가지로 f3까지 변수를 전달합니다. 77행에서 마지막 Function 클래스의 인스턴스 f3의 forward로부터 반환된 r3를 traverse 함수에 전달하고, 트리 구조의 아래를 향해 더듬어가며 각각의 PVariable이 가진 멤버 변수 a를 출력합니다.

이 항의 예제 프로그램은 아래처럼 컴파일하고 실행합니다.

```
$ g++ -std=c++11 ./main.cpp
$ ./a.out
```

컴파일 시 -std=c++11 옵션을 지정하는 이유는 공유 포인터를 이용할 수 있게 하기 위해서입니다. 생성된 실행 파일을 실행하면, 2, 2, 2, 1, 1이라는 순서로 숫자가 출력됩니다. 이 예제 프로그램 또한 특별히 의미 있는 일을 하는 것은 아닙니다. 여기서 중요한 것은 리스트 구조를 조합함으로써 트리 구조를 구축할 수 있다는 사실입니다.

02

신경망을 위한 행렬 연산과 병렬 프로그래밍

신경망에서 요구되는 계산량은 엄청납니다. 이 장부터는 어떤 계산을 하게 되는지 자세히 설명합니다.

신경망에는 유닛이라는 신경망을 구축하는 최소 단위가 있습니다. 방대한 수의 유닛을 설정해서 각 유닛에 대해 계산해야 합니다. 그러므로 한정된 계산 자원을 고려하면, 신경망을 구현할 때 어떻게 해야 효율적으로 계산할 수 있을지 항상 염두에 둘 필요가 있습니다.

신경망 계산에서는 구성할 유닛을 행렬로 나타냅니다. 예를 들어 1,000개 요소가 있는 덩어리가 1,000개 모여 있는 집합은 1,000 × 1,000 행렬로 정의할 수 있습니다. 이 행렬 요소마다 계산이 필요한 경우, 곧이 곧대로 구현하면 다음 예제 코드처럼 됩니다.

[코드 2.1] `matrix.cpp`

```
1 : a[1000][1000];
2 :
3 : for (int i = 0; i < 1000; i++) {
4 :     for (int j = 0; j < 1000; j++) {
5 :         a[i][j] = 1;
6 :     }
7 : }
```

이 예제는 행렬 a의 각 요소에 1을 대입하는 간단한 코드이고, 단순히 초기화 프로세스를 기술할 뿐인데도 루프를 이중으로 사용합니다. 이때 CPU는 1,000 × 1,000의 계산을 하나씩 차례로 처리하므로 총계산량은 $O(n^2)$가 됩니다.

컴퓨터의 CPU는 병렬 연산 유닛(코어)을 탑재하고 있으므로, CPU와 코어 수에 따른 병렬 연산이 가능합니다. 예를 들어 코어 수가 아주 많아, 행렬 계산을 행 또는 열별로 다른 스레드로 실행할 수 있다면, 계산량은 실질적으로 $O(n)$로 끝납니다.

연산을 병렬로 처리해 최적화하지만, 현실적으로 CPU 코어 수는 한정되어 있습니다. 일반적으로 물리 서버에서 32코어 정도면 많은 편이지요. 따라서, 아무리 노력해도 32 병렬 연산밖에 실행할 수 없습니다. 실제로는 이용하는 OS나 다른 애플리케이션이 사용하는 부분도 고려해야 하므로, 32 병렬 연산은 어디까지는 이론적인 수치입니다.

신경망에서는 CPU 코어 수로 도저히 감당할 수 없는 수의 병렬 연산을 실행하는 방법이 필요합니다. 그 방법이 이 절에서 설명하는 GPU(Graphics Processing Unit)를 이용하는 것입니다.

2.1.1 병렬 프로그래밍의 중요성

이 장에서는 GPU의 특징과 필요성, 어떻게 GPU로 병렬화하는지 등을 설명합니다. 예를 들어 '*2.3 행렬 연산*'에서 작성할 행렬 연산 프레임워크를 사용하면, 신경망 알고리즘을 구현할 때 스트레스 없이 코딩에 집중할 수 있습니다. 또한, C++에 익숙하지 않은 경우도 고려해, 전술한 '*1.2 학습에 필요한 C++ 언어의 기능*'에서는 포인터와 포인터를 사용한 리스트 구조 및 트리 구조와 같은 핵심적인 기능도 언급했습니다.

처리의 병렬화는 신경망과 직접 관련된 기술은 아닙니다. 그러나 엄청난 양의 행렬 연산이 필요한 점을 생각하면, 병렬화는 신경망에 필수적인 기술이며 점점 더 중요하게 될 것입니다.

그러므로 신경망 학습에서 행렬 연산의 구현법을 배우는 것은 커다란 의미가 있습니다. 취급하는 데이터양이 점점 빠르게 증가하고, GPU 뿐만 아니라 병렬 처리 전용 클라우드 서비스나 딥러닝 전용 하드웨어가 많이 등장하는 등 개발 환경이 계속 변화하면서, 병렬 처리의 효율화나 고속화는 실제 사회에서도 더욱 중요해질 것입니다.

물론 인프라적인 부분은 블랙박스화되어 있으니 몰라도 상관없다고 하는 사람도 있습니다. 하지만, 기초를 이해하지 않은 채 도구를 사용하면, 뜻밖의 장벽에 부닥칠 가능성이 높아지는 것은 부정할 수 없습니다. 예상 밖의 일이 발생했을 때 어떻게 대처할 수 있을지는 응용력에 달렸습니다. 또 완전히 새로운 뭔가를 만들어 내는 힘도 탄탄히 쌓인 기초에서 나오는 응용력에 달렸다고 생각합니다.

 GPU와 딥러닝

GPU는 이름 그대로 3D 이미지 등을 고속으로 렌더링하기 위해 개발된 그래픽 전용 하드웨어입니다. 3D 렌더링 처리에는 많은 행렬 연산이 필요한데, CPU와 비교하면 압도적으로 많은 연산을 병렬로 실행할 수 있는 GPU를 이용하는 방식이 일반적입니다.

GPU 자체는 CPU와 달리, OS에서 사용자 애플리케이션까지 범용적으로 사용할 수 있는 것은 아니며, 수치 계산에만 특화되어 있습니다. 하지만, 최근에는 딥러닝 열풍을 계기로 종전에는 이미지 처리 전용 하드웨어 위치에 머무르던 GPU가 딥러닝 분야에서 다시 떠오르면서, 관련 시장은 전례 없을 정도로 큰 성황을 누리고 있습니다.

2.1.3 GPU 이용하기

이 책에서 제공하는 예제 프로그램은 미국 엔비디아(NVIDIA)[*1]가 제공하는 GPU 이용을 전제로 합니다. 원래 게임 등에 이용되는 GPU를 오래 전부터 개발해서 충분한 실적과 지명도가 있는 점, 개인용 컴퓨터로도 쉽게 시험해 볼 수 있어 도입 문턱이 낮은 점, 행렬 연산은 물론 최근에는 딥러닝용 라이브러리가 충실해진 점 등을 보고 엔비디아 제품을 선택했습니다. 필자의 컴퓨터에도 엔비디아의 GPU가 설치되어 있습니다. GPU를 이용하는 데 필요한 최소 조건은 다음 두 가지입니다.

• GPU 본체

GPU 본체가 필요합니다.

• CUDA 툴킷(Toolkit)

'CUDA 툴킷'이란 엔비디아의 GPU를 위해서 개발된 C 언어 인터페이스 라이브러리 군입니다. GPU에 접근하는 API 및 최적화된 행렬 계산 라이브러리 cuBLAS 등으로 구성되어 있어, GPU 프로그래밍을 할 때 필수적입니다. CUDA 툴킷은 아래 엔비디아 공식 사이트에서 다운로드할 수 있습니다. 사용하는 GPU에 따라 이용 가능한 버전이 달라지므로 적절한 버전을 선택해 주세요.

URL https://developer.nvidia.com/cuda-downloads

[*1] 엔비디아 주식회사(NVIDIA Corporation) https://www.nvidia.com

설치 방법은 같은 사이트에서 제공되는 'CUDA QUICK START GUIDE'라는 안내서를 참조하세요.

각 OS 및 툴킷 패키지에 따라 다르지만, 기본적으로 절차대로 설치하면 문제 없습니다.

주의할 것은 CUDA 툴킷을 설치할 때 GPU 드라이버도 함께 설치된다는 점입니다. 기존 드라이버를 사용하려면 설치 도중에 드라이버 설치를 취소할 수 있습니다. 단, 툴킷 버전에 따라 지원하는 드라이버 버전이 다른 경우도 있기 때문에 가능한 한 CUDA 툴킷을 설치할 때 GPU 드라이버도 함께 설치하는 것이 좋습니다. 경험상 GPU와 CUDA 툴킷, 드라이버 세 가지의 궁합에 따라서는 동작하지 않는 경우도 있으므로 신중하게 작업할 것을 권장합니다.

설치를 마치면 실행 파일, 라이브러리, 포함 경로 등을 설정해야 합니다. 안내서에 기재된 대로 설정합시다.

덧붙여 이 책에서 제공하는 프로그램의 동작 확인은 아래 조건에서 실행했습니다.

PC	직접 조립 PC
CPU	인텔 코어 i7
메모리	16GB
HDD	300GB
GPU	엔비디아 타이탄 X
OS	리눅스(우분투 16.4)
CUDA 툴킷 버전	8.0

이 절에서는 GPU를 이용해 보겠습니다. CUDA 툴킷을 활용해 프로그래밍할 때 최소한 알아둬야만 하는 사항을 설명합니다.

덧붙여, 지면 관계로 모든 항목을 설명하기는 곤란하므로, 더 자세한 정보는 공식 사이트에 준비된 도큐먼트[10]를 참조하세요.

2.2.1   CUDA 커널

CUDA 커널이란 실행의 최소단위를 정의하는 함수입니다. CUDA 커널에 정의된 내용을 복수의 스레드가 동시에 실행합니다. 아래 예제 코드에 CUDA 커널의 간단한 정의를 예[*2]로 들었습니다.

[코드 2.2] Kernel_sample.cpp

```
1 : // 커널 정의
2 : __global__ void MatAdd(float A[N][N], float B[N][N], float C[N][N])
3 : {
4 :     int i = threadIdx.x;
5 :     int j = threadIdx.y;
6 :     C[i][j] = A[i][j] + B[i][j];
7 : }
8 :
9 : int main()
10 : {
11 :     float *A, *B, *C;
12 :     int N = 100;
13 :     cudaMalloc((void**)&A, N*N*sizeof(float));
14 :     cudaMalloc((void**)&B, N*N*sizeof(float));
```

---

*2 엔비디아(NVIDIA) 공식 도큐먼트에서 발췌해 설명을 더했습니다.

```
15 :        cudaMalloc((void**)&C, N*N*sizeof(float));
16 :        float *a = malloc(N*N*sizeof(float));
17 :        float *b = malloc(N*N*sizeof(float));
18 :        float *c = malloc(N*N*sizeof(float));
19 :        cudaMemcpy(A, a, N * N * sizeof(*A), cudaMemcpyHostToDevice);
20 :        cudaMemcpy(B, b, N * N * sizeof(*B), cudaMemcpyHostToDevice);
21 :
22 :        // N * N * 1threads의 한 블록과 함께 실행되는 커널 인보케이션
23 :        int numBlocks = 1;
24 :        dim3 threadsPerBlock(N, N);
25 :        MatAdd<<<numBlocks, threadsPerBlock >>>(A, B, C);
26 :
27 :        cudaMemcpy(c, C, N * N * sizeof(*C), cudaMemcpyHostToDevice);
28 :
29 :        cudaFree(A) ; cudaFree(B); cudaFree(C);
30 : }
```

커널 함수는 식별자 `__global__`을 사용해 정의합니다. 이 예제 코드에서는 행렬의 덧셈
을 실행하는 커널을 정의하고 있고, 커널은 <<<(그리드당 블록 수), (블록당 스레드 수) >>>
라는 특수한 연산자로 호출됩니다.

이어지는 A, B, C는 디바이스 메모리로 불리며 GPU 쪽 메모리입니다. 미리 CUDA 전용 메
모리 할당 함수 cudaMalloc으로 메모리를 확보합니다.

또한, N*N*1은 실행 스레드 수를 나타냅니다. 커널 내 threadIdx는 CUDA의 예약 변수이
고, 현재 커널이 어느 스레드에서 실행되는지 나타냅니다. 결국, 스레드에 할당된 ID가 됩니다.

2.2.2 스레드 구성

이 항에서 설명할 스레드는 CUDA에서 정의되는 실행의 최소 단위입니다. 스레드 자신
은 3차원으로 정의됩니다. 따라서, 스레드 ID는 threadIdx.x와 threadIdx.y, 그리고
threadIdx.z 차원을 가집니다. 3차원을 정의하는 dim3이라는 전용 구조체가 있으므로, 이를
사용해 스레드 수 등을 정의합니다.

전술한 예제 코드([코드 2.2])에서는 N N을 dim3으로 정의합니다(dim3의 3번째 차원은 생략할 수 있습니다). 스레드 시작 연산자의 두 번째 인수에 전달하는 스레드 수는 dim3으로 지정할 수도 있고, 정수로 지정할 수도 있습니다. 덧붙여, 사용할 수 있는 최대 스레드 수는 하드웨어마다 다르므로, 반드시 하드웨어 사양을 확인할 필요가 있습니다.

이 스레드를 묶은 그룹을 블록이라 부릅니다. 블록도 스레드와 마찬가지로 3차원으로 정의됩니다. 블록에 포함할 수 있는 스레드 수는 하드웨어마다 정해져 있는데, 현시점에서는 1024가 최대로 설정할 수 있는 값입니다.

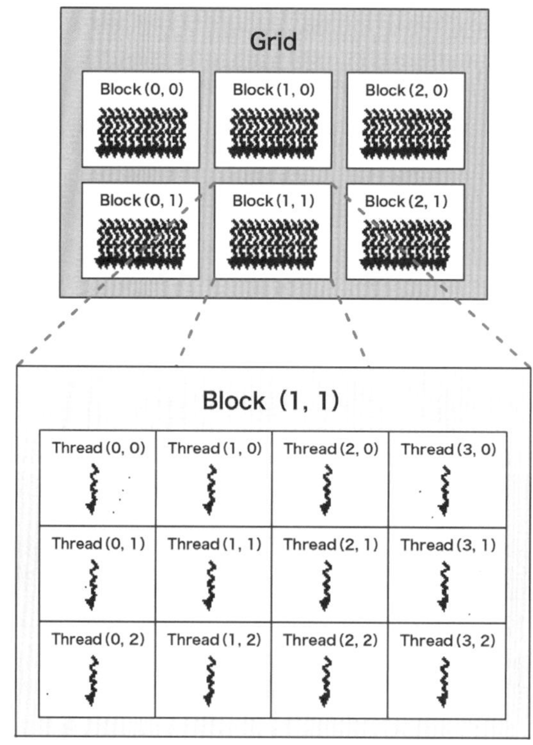

▲ [그림 2.1] 스레드 구성

예제 코드([코드 2.2])에서는 블록 수를 1로 했지만, 이를 스레드처럼 dim3으로 정의할 수도 있습니다.

다시 블록을 묶은 것을 '그리드'라고 부릅니다. [그림 2.1]은 그리드 내 블록 수가 6, 블록의 차원 수는 2, 블록당 스레드 수는 12, 블록의 차원 수가 2일 때의 그림입니다.

2.2.3 CPU 메모리와 GPU 메모리

CUDA 툴킷에서는 기본적으로 CPU 메모리(호스트)와 GPU 메모리(디바이스)를 다른 메모리 공간으로 다룹니다. 하드웨어 수준에서 메모리가 따로 있는 것을 생각하면 단순한 구현이라고 할 수 있지만, 프로그래밍 관점에서는 CPU 메모리와 GPU 메모리 중 어느 메모리 공간을 다루는지 항상 신경 쓸 필요가 있으므로, 코드가 길어질 수밖에 없습니다.

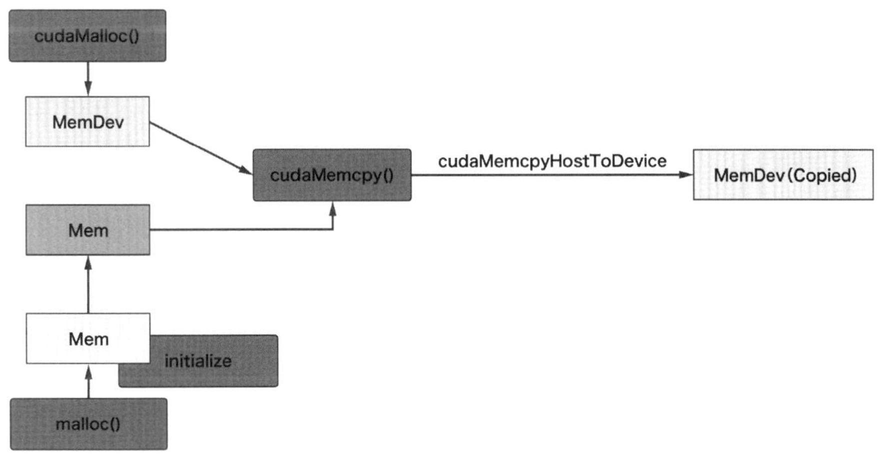

▲ [그림 2.2] 메모리 전송 절차

위 그림은 각 메모리 공간에서의 메모리 전송 절차를 나타낸 것입니다([그림 2.2]).

디바이스와 호스트 양쪽 메모리를 확보하고, 호스트 쪽 메모리 내용을 디바이스 쪽 메모리에 cudaMemcpy 함수로 복사합니다.

[코드 2.3] cuda_memcpy.cpp

```
1 : cudaError_t  error = cudaMemcpy(a, A
2:       M * N * sizeof(*a), cudaMemcpyHostToDevice);
```

[코드 2.3]처럼 cudaMemcpy 함수는 2번째 인수인 복사 원본에서 복사 대상인 1번째 인수로 메모리 내용을 복사합니다. 3번째 인수는 복수 원본에서 얼마만큼 메모리를 복사할지 복사할 길이를 복사 원본의 선두부터 바이트 수로 지정합니다.

4번째 인수로 지정되어 있는 cudaMemcpyHostToDevice는 호스트 메모리에서 디바이스 메모리로 값을 복사하지만, 이 밖에도 디바이스에서 호스트 메모리로, 디바이스에서 디바이스 메모리로 전송하는 cudaMemcpyDeviceToHost와 cudaMemcpyDeviceToDevice를 지정할 수도 있습니다. 4번째 인수에 지정하는 상수가 달라지면, 1번째 인수와 2번째 인수에 지정하는 메모리 공간도 그에 맞도록 지정해야 합니다.

이처럼 호스트와 디바이스 메모리를 동기화할 수 있습니다. 하지만, 이런 메모리간 전송은 각 메모리 공간 내에서 전송하는 것과 비교하면 상당히 큰 비용이 들어갑니다. 각 메모리 공간이 물리적으로 다르므로 이 점은 명백합니다. 따라서, 되도록 GPU로 필요한 부분을 한 모아서 계산하고, 정말 필요할 때만 호스트 메모리로 전송하도록 구현해야 합니다. 그렇게 하지 않으면, 모처럼 GPU로 고속화한 계산 과정이 헛수고가 되어 버립니다.

CUDA의 디바이스 메모리는 다시 글로벌 메모리와 공유 메모리로 나눌 수 있지만, 여기서 설명한 메모리는 글로벌 메모리를 전제로 합니다. 공유 메모리는 각 스레드에서 공유할 수 있는 매우 빠른 메모리입니다. 글로벌 메모리 영역과 비교하면 용량이 적어 많이 쓸 수는 없지만, 계산 용도에 따라서 글로벌 메모리와 공유 메모리를 구분해 사용함으로써 프로그램 실행 속도를 고속화할 수 있습니다. 그렇지만, 이 책이 다루는 범위에서는 공유 메모리를 명시적으로 사용하지 않으므로, 자세한 설명은 생략합니다. 흥미 있는 분은 CUDA 툴킷 매뉴얼을 참조하세요.

앞에서는 CUDA 툴킷을 이용해 GPU를 사용한 병렬 연산 실행을 설명했습니다. 이 장 처음에 말한 대로 신경망에서는 행렬 연산을 많이 이용하므로, 다양한 행렬 연산을 실행할 커널이 필요합니다.

2.3.1 행렬 연산의 프레임워크화

행렬 연산을 구현하기 전에, 행렬 연산의 프레임워크화를 생각해 봅시다. 행렬 연산을 많이 사용해야 할 때 연산이 필요한 곳마다 [코드 2.2]에 게재한 커널을 호출하게 되면, 코드가 복잡해져 읽기 힘들고 비즈니스 로직 구현에도 집중할 수 없습니다. 예를 들면, $C = A + B$ 처럼 간결하고 자연스럽게 코드를 기술하는 것이 이상적입니다.

따라서 공통화할 수 있는 부분은 한 곳에 모을 수 있게 행렬 연산 프레임워크를 설계합니다. 이 책에서는 프레임워크를 구현한 클래스를 cuMat로 정의했습니다. 아래는 예제 코드입니다.

[코드 2.4] cuMat.cpp

```
 1 : class cuMat {
 2 :     ...
 3 :
 4 :     float *mDevice = NULL;
 5 :     float *mHost = NULL;
 6 :     int rows = 0;
 7 :     int cols = 0;
 8 :     cublasHandle_t cudaHandle;
 9 :
10 :     ...
11 :
12 : cuMat(int rows, int cols) {
```

```
13 :        cublasCreate(&cudaHandle);
14 :        cudaThreadSynchronize();
15 :        new_matrix(rows, cols);
16 : }
17 : cuMat(const cuMat &a) {
18 :        cublasCreate(&cudaHandle);
19 :        cudaThreadSynchronize();
20 :        new_matrix(a.rows, a.cols);
21 :
22 :        cudaError_t error = cudaMemcpy(mDevice, a.mDevice,
23 :            rows * cols * sizeof(mDevice), cudaMemcpyDeviceToDevice);
24 :    if (error != cudaSuccess) //  뭔가 하라.
25 :
26 : }
27 : ~cuMat() {
28 :        del_matrix();
29 :        cublasDestroy(cudaHandle);
30 : }
31 :
32 : ...
33 : }
```

이 예제 코드에서 중요한 것은 디바이스 및 호스트 메모리를 나타내는 클래스 멤버 mDevice와 mHost, 행과 열을 나타내는 rows와 cols를 정의해, cuBLAS가 필요로 하는 리소스 영역을 갖는 cudaHandle을 정의하는 부분입니다. 여기에 나온 cuBLAS에 관해서는 나중에 설명합니다.

생성자에서는 new_matrix를 호출해 필요한 메모리 영역을 확보하고 초기화합니다. 행과 열을 지정하는 경우와 지정된 행렬의 복사로 초기화되는 복사 생성자 2개를 정의해 둡니다. 소멸자에서는 del_matrix는 new_matrix로 확보한 메모리를 해제하고 cuBLAS의 핸들러를 해제합니다.

논리 배열 물리 메모리상의 배열

A = [

　　[1, 2, 3, 4],

　　[6, 7, 8, 9],

　　[10, 11, 12, 13]

　　];

| 1 | 6 | 10 | 2 | 7 | 11 | 3 | 8 | 12 | 4 | 9 | 13 |

▲ [그림 2.3] 열 우선 형식 배열

CUDA 커널은 기본적으로 비동기로 동작합니다. 따라서, GPU 내에서의 처리가 완료되지 않아도 커널에서는 바로 프로그램으로 처리가 되돌아옵니다. 그 사이에 다른 처리를 실행할 수 있지만, 가령 그 처리가 커널의 처리 결과를 필요로 하는 경우, 그대로 처리를 계속해 버리면 프로그램이 올바른 결과를 출력할 수 없습니다.

cudaThreadSynchronize를 사용하는 데는 주의가 필요합니다. cudaThreadSynchronize는 실행 중인 모든 CUDA 스레드의 처리가 완료될 때까지 대기하는 함수입니다. 즉, 이 함수는 호출 위치에서 스레드 동기화에 사용됩니다. 그러나 커널은 기본으로 비동기이면서도, CUDA에서 제공되는 함수는 함수마다 동기와 비동기로 성질이 정해져 있습니다.

따라서, 사용하는 함수에 관해 CUDA 툴킷 레퍼런스로 충분히 이해한 후, cudaThreadSynchronize 등에 의한 동기화가 필요한지 판단해야 합니다. 예를 들어 디바이스 메모리 할당 함수 cudaMalloc은 동기 함수입니다. 메모리가 없으면 처리고 뭐고 없으므로 용도를 생각하면 당연합니다.

위와 같이 클래스를 정의함으로써 다음 예제 코드처럼 행렬의 정의를 간결하게 기술할 수 있게 됩니다.

[코드 2.5] sample.cpp

```
1 : cuMat A(5, 8); cuMat B(5, 8); cuMat C(5, 8);
```

[코드 2.2]에서 살펴본 행렬의 덧셈 등 그 밖에 필요한 연산을 CUDA 커널로 구현할 수 있습니다. 하지만, 이런 기본적인 행렬 연산을 예제 코드처럼 직접 구현할 필요는 없습니다. CUDA 툴킷에는 cuBLAS로 불리는 행렬 연산에 특화된 라이브러리가 기본으로 포함돼 있습니다.

cuBLAS는 공유 메모리 등을 효율적으로 이용해 커널 실행을 최적화하므로, 직접 구현하는 것보다 높은 성능을 보여줄 것입니다. 신경망을 이해하는 것을 최대 목적으로 하는 이 책의 취지에서 크게 벗어나므로, 이 책에서는 기본적인 행렬의 사칙 연산을 구현해 갑니다.

다음은 앞에서 소개한 [코드 2.2]에 나타낸 행렬의 덧셈을 cuBLAS로 구현한 코드입니다([코드 2.6]).

[코드 2.6] cuMat.cpp

```
 1 : void plus(const cuMat &b, cuMat &r) {
 2 :     float alpha = 1;
 3 :     float beta = 1 ;
 4 :     cublasStatus_t stat = cublasSgeam(
 5 :         r.cudaHandle,
 6 :         CUBLAS_OP_N,
 7 :         CUBLAS_OP_N,
 8 :         rows,
 9 :         cols,
10 :         &alpha,
11 :         mDevice,
12 :         rows,
13 :         &beta,
14 :         b.mDevice,
15 :         rows,
16 :         r.mDevice,
17 :         r.rows);
18 :     if (stat != CUBLAS_STATUS_SUCCESS)
19 :         // 뭔가 하라. ;
20 :     cudaThreadSynchronize();
21 : }
```

위 예제 코드의 plus ( )는 인수로서 더하고 싶은 행렬 b와 결과를 저장할 r을 받아, plus를 호출한 자기 자신의 행렬과 b를 더해 r에 결과를 저장합니다.

[코드 2.7] sample.cpp

```cpp
1 : cublasStatus_t cublasSgeam(cublasHandle_t handle,
2 :     cublasOperation_t transa,
3 :     cublasOperation_t transb,
4 :     int m, int n,
5 :     const float *alpha,
6 :     const float *A, int lda,
7 :     const float *beta,
8 :     const float *B, int ldb,
9 :     float *C, int ldc )
```

예제 코드의 cublasSgeam은 cuBLAS의 함수로, $C = \alpha op(A) + \beta op(B)$를 실행합니다. transa와 transb는 A와 B를 각각 op로 전치하거나 전치하지 않는 플래그입니다. cublasSgeam 이외에는 이 책에서 제공하는 소스 코드에서 행렬 곱에 cublasSgemm이라는 cuBLAS 함수를 이용합니다.

덧붙여, 이것은 중요한 사실인데, C 언어에서 일괄적으로 확보된 메모리는 물리적으로 연속된 메모리 영역에 확보됩니다. 논리 배열로 확보한 메모리와 포인터를 사용해 확보한 영역에 물리적 배치의 구별은 없습니다.

cuBLAS의 논리 배열의 메모리 배치 순서는 이른바 열 우선(column-major)으로 메모리에 저장되는 배열 순서는 열 방향으로 정렬됩니다. 한편, C 언어 및 기타 주요 프로그래밍 언어에서 논리 배열은 행 우선(row-major)이므로 주의해서 프로그래밍해야 합니다. 그래서 C 언어의 논리 배열을 cuBLAS의 논리 배열로 다룰 때의 편의를 위해 다음과 같은 매크로를 정의합니다([코드 2.8]).

[코드 2.8] cuMat.h

```cpp
1 : #define IDX2F(i, j, ld) (((( j))(ld))+((i)))
```

이 책에서 제공하는 예제 프로그램도 디바이스 메모리 배열 순서는 cuBLAS와 마찬가지로 열 우선이므로 참조할 때 주의하세요.

2.3.3 행렬 사칙연산 이외의 예

신경망에서는 사칙연산 이외의 연산도 많이 등장합니다. 행렬의 요소마다 제곱근(sqrt)을 구하는 커널을 예로 들어보겠습니다([코드 2.9]).

[코드 2.9] mat_sqrt_kernel.cpp

```cpp
1 : __global__ void mat_sqrt_kernel(const float *restrict src,
2 :                    float *restrict dst, int m, int n, float alpha){
3 :     int row = blockIdx.y*blockDim.y+threadIdx.y;
4 :     int col = blockIdx.x*blockDim.x+threadIdx.x;
5 :
6 :     if (row < m && col < n) {
7 :             dst[row * n + col] = std::sqrt(src[row * n + col] + alpha);
8 :     }
9 : }
```

예제 코드에 나온 개별 처리를 하는 함수는 cuBLAS에는 준비되어 있지 않으므로, 직접 구현할 필요가 있습니다. 이제부터 필요한 연산자를 작성해 갑니다. 이 책에서 다루는 연산은 모두 소스 코드를 제공하므로, 나머지 연산은 소스 코드를 참조하세요.

2.3.4 연산자 정의

이 항에서는 드디어 $C = A + B$ 등의 연산을 가능하게 합니다. C++에는 연산자를 자유롭게 정의할 수 있는 operator라는 편리한 기능이 있습니다.

[코드 2.10] cuMat.h

```
 1 : cuMat &operator=(const cuMat &a) {
 2 :
 3 :     new_matrix(a.rows, a.cols);
 4 :
 5 :     cudaError_t error = cudaMemcpy(mDevice, a.mDevice,
 6 :         rows * cols * sizeof(*mDevice), cudaMemcpyDeviceToDevice);
 7 :     if (error != cudaSuccess) // 뭔가 하라.
 8 :
 9 :     return *this;
10 : }
```

이 예제는 '=' 연산(대입연산자)를 정의하는 코드입니다([코드 2.10]). operator 뒤에 정의
하고 싶은 연산자, 여기서는 '='를 놓습니다. new_matrix에서 우선 자기 자신을 만들고, 식의
우항에 해당하는 행렬 a를 인수로 받아, 자기 자신의 행렬 메모리 mDevice에 행렬 a의 내용을
복사합니다. 마지막으로 자기 자신의 참조를 반환합니다. 이것으로 $A = B$ 등의 대입을 할 수
있게 됩니다.

이어서 우항에 있는 $A + B$를 실행할 수 있게 아래 코드처럼 +연산자를 정의합니다.

[코드 2.11] cuMat.h

```
 1 : friend cuMat operator+(const cuMat &a, const cuMat &b) {
 2 :     cuMat r = a;
 3 :     r.plus(b, r);
 4 :
 5 :     return r;
 6 : }
```

이 코드에서는 복사 생성자로 a를 이용해 결과를 r에 복사합니다. [코드 2.6]에서 정의한
plus를 호출해서, 결과를 r에 저장합니다. 마지막으로 r의 실체를 반환합니다(여기서도 복사
생성자가 작동합니다).

이처럼 [코드 2.10]과 [코드 2.11]로 $C = A + B$을 연산할 수 있게 됩니다. 이 밖의 4칙 연산 등 자주 이용하는 연산도 필요에 따라 정의합시다. 이 책에서는 cuMath.h에 필요한 연산을 모아뒀으므로 연산을 정의할 때 참조하세요.

신경망

단순 퍼셉트론이란 아래 그림처럼 입력층과 출력층만으로 구성된 회로입니다([그림 3.1]). 뇌신경 세포의 전기적인 행동에서 힌트를 얻어 단순하게 만든 모델입니다. 이 절에서 소개하는 단순 퍼셉트론은 이후에 설명하는 신경망의 최소 단위의 구성 요소라고도 할 수 있는 중요한 모델입니다.

3.1.1 단순 퍼셉트론 모델

어떤 소자에 들어오는 입력 신호를 x_i로 하고, 입력 신호가 흐르기 쉬운 정도를 w_i로 정의합니다. 이때 w_i를 x_i의 가중치라고 합니다. x_i에 w_i로 가중치를 곱해 들어온 값의 총합이 일정한 임계값 b를 넘은 경우, 소자가 활성화되어 출력 u를 얻습니다. 여기서 임계값 b를 편향이라고 부릅니다.

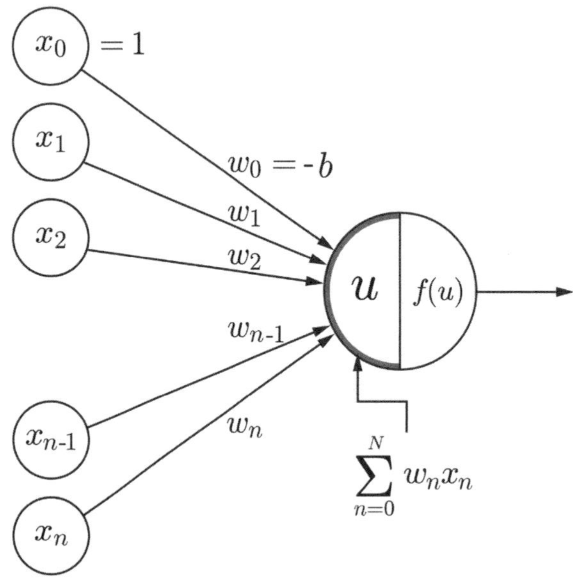

▲ [그림 3.1] 스레드의 구성

이 설명을 수식으로 표현하면 다음과 같습니다.

$$u = w_1 x_1 + w_2 x_2 + w_3 x_3 + \cdots + w_n x_n - b = \sum_{i=1}^{n} w_i x_i - b \qquad (3.1)$$

여기서 항상 1이 되는 0개째의 입력을 생각해서, 편향 $-b$ 를 w_0의 가중치로 치환함으로써, [식 3.1]은 일반성을 훼손하지 않고 다음과 같이 정의할 수 있습니다.

$$u = w_0 x_0 + w_1 x_1 + w_2 x_2 + \cdots + w_n x_n = \sum_{i=0}^{n} w_i x_i \qquad (3.2)$$

또한, u 에 어떤 함수 f 를 적용해 최종 출력 z가 정해집니다.

$$z = f(u) \qquad (3.3)$$

단순 퍼셉트론의 경우, 이 함수 f 는 u 가 0 또는 양수일 때 1, 음수일 때는 0을 출력하는 것으로, 계단 함수(step function)로 불립니다. 보통 소자의 활성화를 결정한다는 점에서 활성화 함수라고도 불립니다.

$$z = \begin{cases} 1 & (u \geq 0) \\ 0 & (u < 0) \end{cases} \qquad (3.4)$$

뒤에서 자세히 설명하지만, 현재는 이 활성화 함수는 위 수식처럼 출력이 0 또는 1의 2가지 값만 나오는 게 아니라 비선형적인 다양한 함수가 제안되어 있습니다.

3.1.2 단순 퍼셉트론이 할 수 있는 일

전항에서 소개한 [식 3.1]의 의미를 좀 더 자세히 파고들어 봅시다. 설명을 간단히 하기 위해 $N = 2$, 다음에 나타낸 2차원의 경우를 생각해 보겠습니다.

$$u = w_1 x_1 + w_2 x_2 - b \tag{3.5}$$

여기서, $u = 0$ 이라고 한 경우, 다음과 같이 나타낼 수 있습니다.

$$w_1 x_1 + w_2 x_2 - b = 0 \tag{3.6}$$

$$w_0 x_0 + w_1 x_1 + w_2 x_2 = 0 \quad (b = -w_0,\ x_0 = 1 \text{로 한 경우}) \tag{3.7}$$

이 식은 아래 그림처럼 평면상의 직선으로 나타낼 수 있습니다([그림 3.2]).

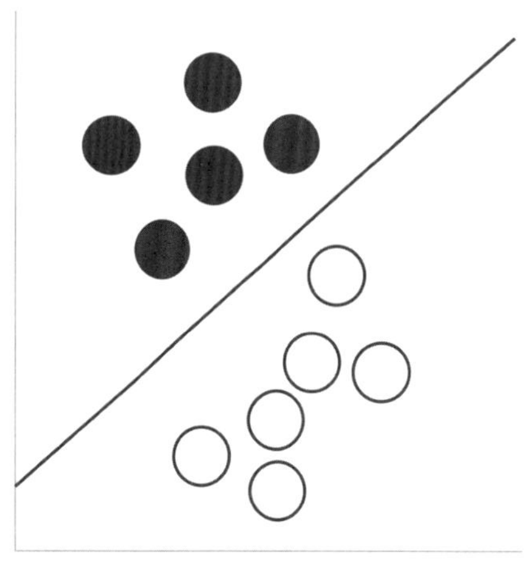

▲ [그림 3.2] 평면을 분리하는 직선

점 x 는 ●와 ○으로 나타내는 각각 다른 클래스에 속하고, [그림 3.2]처럼 직선으로 2개의 클래스로 나눌 수 있게 있게 평면상에 분포하는 경우, x 는 선형 분리 가능하다고 말할 수 있습니다. 바꿔 말해, x 가 선형 분리 가능하면 영역의 경계를 나타내는 직선이 반드시 존재합니다.

또한, 분리를 나타내는 직선을 결정하는 매개변수인 가중치 w 와 편향 b 가 반드시 존재하므로, 유한 횟수의 반복으로 매개변수를 결정할 수 있습니다. 일반적으로 차원이 많아져도 이 이론은 성립하고, 그런 경우 분리 초평면이 존재합니다. 증명은 생략하지만, 이를 퍼셉트론의 수렴정리(Perceptron Convergence Theorem)라고 부릅니다.

위에 설명한 대로, 단순 퍼셉트론은 선형 분리 가능이라는 점을 전제로 분리 초평면을 찾아냄으로써 이항 분류 문제를 해결할 수 있습니다.

계속해서 예제로 자주 소개되는 단순 퍼셉트론과 논리 연산의 관계를 살펴봅시다. 논리 연산이란 아래 표에 정리한 대로 0과 1로 표현되는 비트 연산입니다([표 3.1]).

[표 3.1] 논리 연산

x_1	x_2	t_{OR}	t_{AND}	t_{XOR}
0	0	0	0	0
1	0	1	0	1
0	1	1	0	1
1	1	1	1	0

예를 들어, 아래 그림은 논리합(OR), 논리곱(AND), 배타적 논리합(XOR)을 그림으로 나타낸 것입니다. ●가 참, ○가 거짓이 됩니다.

t_{OR} : 논리합, t_{AND} : 논리곱, t_{XOR} : 배타적 논리합, 1 : 참, 0 : 거짓

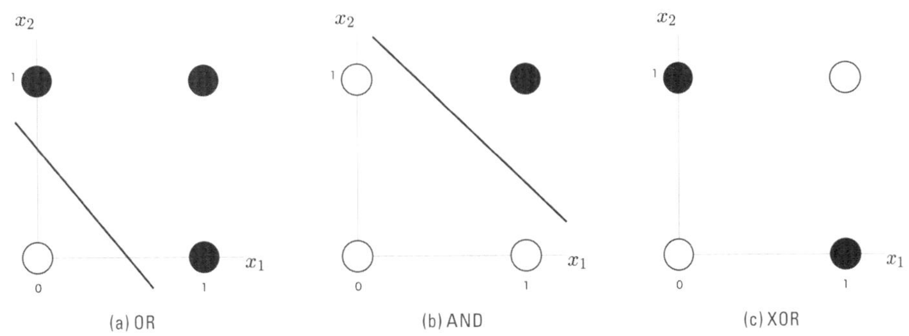

▲ [그림 3.3] 논리 연산

[그림 3.3a]와 [그림 3.3b]로 알 수 있는 것처럼, OR, AND에 관해서는 평면을 나누는 직선이 존재합니다. 이 상태는 선형 분리 가능입니다. 하지만, [그림 3.3c]의 XOR은 평면을 나누는 직선이 존재하지 않으므로 선형 분리 가능이 아닙니다. 따라서, 단순 퍼셉트론으로는 논리 연산을 풀 수 없습니다.

위에서 설명한 대로 논리 연산처럼 단순한 문제라도 일반적으로 선형 분리 가능이 아니면 단순 퍼셉트론으로 풀 수는 없습니다.

3.1.3 단순 퍼셉트론의 학습 과정

선형 분리 가능한 문제라는 것을 전제로, 전항 '*3.1.2 단순 퍼셉트론이 할 수 있는 것*'에서 나온 분리 초평면을 어떻게 결정하면 좋을까요?

초평면을 구성하는 미지의 매개변수는 가중치 w 및 편향 b이며, 입력 데이터를 잘 사용해 매개변수를 추정할 수 있으면 됩니다. 따라서, 여기선 미지의 매개변수 w, b를 구하는 것이 목적입니다.

이 항에서는 설명을 간단히 하고자 앞서 설명한 [식 3.2]처럼 b를 w의 특수한 케이스로 생각합니다. x_i 및 w_i의 집합은 각각 복수의 요소를 가진 벡터로 정의할 수 있으므로 이제부터 벡터로 표현합니다. 각 가중치를 벡터 $\mathbf{w} = (w_0, w_1, \ldots w_n)$이라고 하겠습니다.

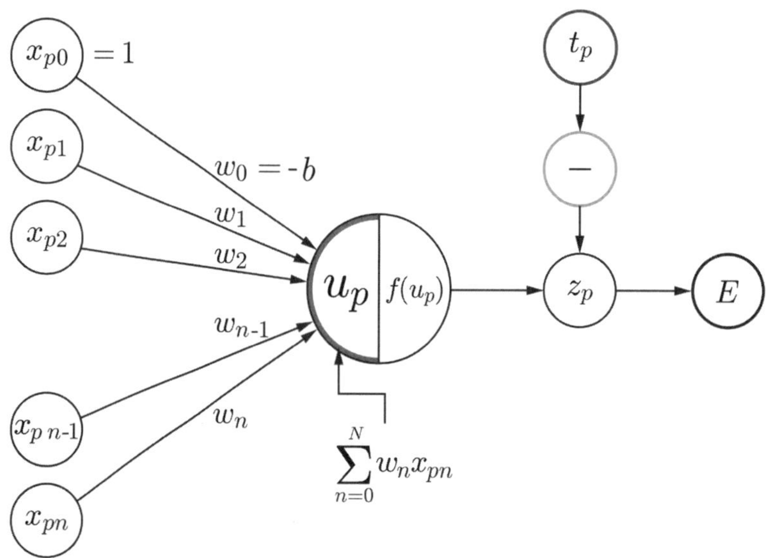

▲ [그림 3.4] 퍼셉트론의 학습

위 그림과 같이 우선 여러 입력 벡터 중 하나 p 번째 $\mathbf{x_p} = (x_{p0}, x_{p1}, \ldots x_{pn})$을 선택합니다. 그때 대응하는 정답 t_p를 주고, 선택한 벡터에서 [식 3.3]에서 계산된 최종 출력 z_p와 t_p 간의 차이 E를 평가하고, 차이가 있으면 그 방향으로 w를 조금 수정합니다. 구체적인 수정 방법은 뒤에 설명하지만, 여기까지가 한 단계입니다.

입력 벡터는 준비된 데이터 수만큼 존재하므로, 모든 벡터 $\mathbf{x}_0, \mathbf{x}_1, \ldots, \mathbf{x}_p, \ldots \mathbf{x}_n$ 을 차례로 입력해 위 계산을 반복합니다.

만약 $p = n$, 다시 말해 모든 데이터의 입력이 끝나면 다시 $p = 0$으로 돌아가서 계산을 계속합니다. 그리고 수정량이 0, 즉 w가 변화하지 않게 된 시점에서 계산을 종료합니다. 왜냐 하면, w의 수정량이 0이라는 것은 정답 데이터와 차이가 없고, 차이가 발생하지 않도록 w가 잘 조정됐다는 것을 뜻합니다. 정답 데이터 사이에 차이가 발생하지 않는 즉, 정답을 출력하는 퍼셉트론을 구축 할 수 있게 됩니다.

이 방법은 해석적으로 풀 수없는 문제에 대해 근사를 얻을 때 사용되는 수치 해석적인 반복 해법으로, 수식으로 표현하면 다음과 같습니다.

$$\mathbf{w} \leftarrow \mathbf{w} + \eta(t_p - z_p)\mathbf{x_p}(0 < \eta \leq 1) \tag{3.8}$$

[수식 3.8]에서 t_p 는 논리 연산이 참일 때 1을 취하고, 거짓일 때 0을 취하는 학습 데이터(트레이닝 데이터), η는 어느 정도 수정을 가할지 제어하는 상수이고 학습 정도를 결정한다는 점에서 학습률이라고 불립니다. 지나치게 크거나 작지 않게 값을 설정합니다.

예를 들어 학습 데이터가 1이고 최종 출력이 0인 경우, 갱신량은 $\eta(1 - 0)x_p = \eta x_p$가 되고, x_p 에 비례하는 갱신량이 됩니다. 또한, 학습 데이터가 1이고 최종 출력이 1인 경우는 갱신량은 $\eta(1 - 1)x_p = 0$ 으로 0이 되어 학습됐다는 것을 나타냅니다. 단, 구해지는 w가 반드시 1이라고 할 수는 없습니다. 개념도(그림 3.2)에서도 바로 알 수 있지만, 입력 데이터에 따라서는 여러 개의 분리 초평면이 존재한다는 것에 주의가 필요합니다. 구체적인 것은 다음 절부터 자세히 설명합니다.

이 항에서 설명한대로 미리 준비된 학습 데이터를 이용해 매개변수를 추정하는 과정을 지도 학습이라고 부릅니다. 또한, 같은 과정을 모델을 훈련(트레이닝)한다고도 표현합니다.

여기까지 설명한 단순 퍼셉트론을 이용해 논리 연산(논리곱)을 하는 프로그램을 C++로 구현하면 다음과 같은 코드가 됩니다([코드 3.1]).

[코드 3.1] 단순 퍼셉트론에 의한 논리 연산 (`perceptron.cpp`)

```cpp
01 : #include <iostream>
02 :
03 : float dot(float *v1, float *v2, int len){
04 :     float sum = 0;
05 :     for(int i = 0; i < len; i++) {
06 :         sum += v1[i] * v2[i];
07 :     }
08 :     return sum;
09 : }
10 :
11 : float step(float v){
12 :     return  v > 0 ? 1:0;
13 : }
14 :
15 : float forward(float *x, float *w, int len){
16 :     float u = dot(x, w, len);
17 :     return step(u);
18 : }
19 :
20 : void train(float *w, float *x, float t, float e, int len){
21 :     float z = forward(x, w, len);
22 :     for (int j = 0; j < len; j++){
23 :         w[j] += (t - z) * x[j] * e;
24 :     }
25 : }
26 :
27 : #define  DATA_NUMS 4
28 : #define  WEIGHT_NUMS 3
29 :
30 : int main() {
31 :     // 학습률을 정의
32 :     float e = 0.1;
33 :
34 :     // 입력 데이터
35 :     float x[DATA_NUMS][WEIGHT_NUMS] =
```

```cpp
36 :             {{1,0,0}, {1,0,1}, {1,0,1}, {1,1,1}};
37 :     // 논리곱
38 :     float t[DATA_NUMS] = {0, 0, 0, 1};
39 :     // 논리합
40 :     //float t[DATA_NUMS] = {0, 1, 1, 1};
41 :
42 :     // 가중치를 0으로 초기화
43 :     float w[WEIGHT_NUMS] = {0, 0, 0};
44 :
45 :     int epoch = 10;
46 :     for(int i = 0; i < epoch; i++){
47 :         std::cout << "epoch:" << i << " ";
48 :         for(int j = 0; j<DATA_NUMS; j++) {
49 :             train(w, x[j], t[j], e, WEIGHT_NUMS);
50 :         }
51 :         for(int j = 0; j<WEIGHT_NUMS; j++) {
52 :             std::cout << "w" << j << ":" << w[j] << " ";
53 :         }
54 :         std::cout << std::endl;
55 :     }
56 :
57 :     for(int i = 0; i < DATA_NUMS; i++){
58 :         std::cout << forward(x[i], w, WEIGHT_NUMS) << " ";
59 :     }
60 :     std::cout << std::endl;
61 :
62 :     return 0;
63 : }
```

예제 코드를 실행하면 [0 0 0 1]이 출력되어, 논리곱의 정답이 되어 있다는 것을 알 수 있습니다. 예제 코드 자체에 의의는 없지만, 엔지니어가 개념을 이해하려면 실제로 코딩해보는 게 유용합니다.

이 절에서 설명한 대로, 단순 퍼셉트론은 선형 분리 가능 문제만 다룰 수 있습니다. 다음 절부터는 선형 분리 불가능 문제도 다룰 수 있는 다층 퍼셉트론을 설명하겠습니다.

다층 퍼셉트론

앞에서 단순 퍼셉트론은 선형 분리 가능한 문제에만 적용할 수 있다고 설명했습니다. 이 문제를 해결하는 방법은 단순 퍼셉트론을 여러 층으로 쌓아올린 네트워크를 구축해 학습하는 것입니다. 그러므로, 이 절에서는 다층 퍼셉트론에 관해 자세히 살펴봅니다.

3.2.1 다층 퍼셉트론 모델

복수의 단순 퍼셉트론으로 구성되는 층을 여러 개 준비해서, 어떤 층의 유닛 출력이 다음 층의 모든 유닛에 대한 입력이 되는 네트워크를 정의합니다. 아래 그림에 3층 구조의 다층 퍼셉트론을 나타냈습니다([그림 3.5]).

다층 퍼셉트론에서는 관습적으로 첫 번째 층(왼쪽)을 입력층, 가운데 층을 은닉층 또는 중간층 (복수 가능), 마지막 층(오른쪽)을 출력층이라고합니다. 또한, 그림과 같이 데이터가 한 방향(그림에서는 왼쪽에서 오른쪽)으로 흘러가는 신경망을 피드 포워드 신경망이라고합니다. 이 책에서는 피드 포워드 신경망으로 한정해서 설명합니다.

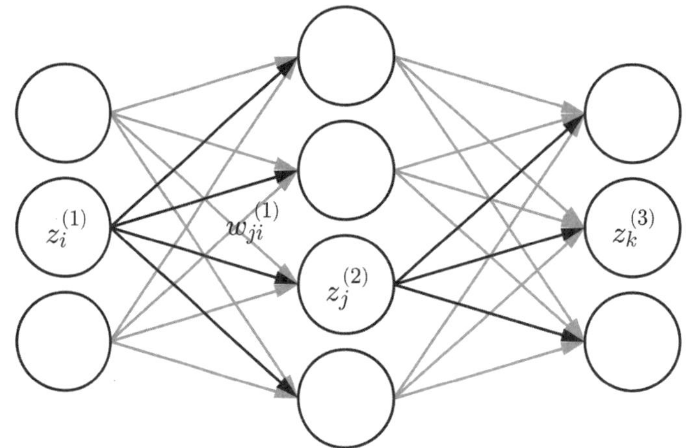

▲ [그림 3.5] 3층으로 된 다층 퍼셉트론(편향은 생략)

퍼셉트론을 다층으로 함으로써 각각의 층이 분리 초평면을 가지고, 여러 문제를 각각의 층에서 담당해 문제를 동시에 해결할 수 있게 되는 것입니다.

앞에서 말한 단일 퍼셉트론이 논리 연산의 배타적 논리합(XOR)을 풀 수 없는 이유는 분리 초평면을 하나밖에 가질 수 없기 때문입니다. 배타적 논리합 문제에는 '또는'과 '반전'이라는 두 가지 작업이 포함되므로 분리 초평면이 적어도 2개는 필요합니다.

다층 퍼셉트론의 서로 인접한 두 층에서 첫 번째 층의 i 번째 유닛 출력이 다음 층의 j 번째 유닛 입력이 되는 관계에 주목하면, 입출력 관계는 다음과 같습니다. 편향 b는 앞에서 설명한 단순 퍼셉트론과 비교하면 부호가 반대로 될 뿐 본질은 바뀌지 않습니다.

$$u_j = \sum_i^n w_{ji} x_i + b_j \tag{3.9}$$

$$z_j = f(u_j) \tag{3.10}$$

일반적으로 첫 번째 층의 모든 유닛 수를 m, 다음 층의 모든 유닛 수를 n이라고 할 때, 네트워크를 구성하는 요소를 모두 벡터 및 행렬로 나타내면 [식 3.9] 및 [식 3.10]은 아래와 같이 됩니다.

$$\mathbf{x} = (x_1 \ x_2 \ ... \ x_m)^T \tag{3.11}$$

$$\mathbf{W} = \begin{pmatrix} w_{11} & w_{21} & \cdots & w_{n1} \\ w_{12} & w_{22} & \cdots & w_{n2} \\ \vdots & \vdots & & \vdots \\ w_{1m} & w_{2m} & \cdots & w_{nm} \end{pmatrix} \tag{3.12}$$

$$\mathbf{b} = (b_1 \ b_2 \ \cdots b_n)^T \tag{3.13}$$

$$\mathbf{u} = \mathbf{W}\mathbf{x} + \mathbf{b} \tag{3.14}$$

$$\mathbf{z} = f(\mathbf{u}) \tag{3.15}$$

위의 [식 3.14]의 계산을 최초 층부터 계산해, 출력 $\mathbf{z}$를 다음 층의 입력 $\mathbf{x}$로서 넣어 계산해 갑니다. 예를 들어 입력층, 은닉층, 출력층의 3층 구조에서 l을 계층을 나타내는 기호로 한 경우, 아래와 같은 식이 됩니다.

$$\mathbf{z}^{l+1} = f(\mathbf{W}^{l+1} f(\mathbf{W}^l \mathbf{x}^l + \mathbf{b}^l) + \mathbf{b}^{l+1}) \tag{3.16}$$

3.2.2 활성화 함수

3.1.1 단순 퍼셉트론 모델에서 설명한 활성화 함수는 다층 퍼셉트론에서도 사용합니다. 단순 퍼셉트론에서는 계단 함수를 활성화 함수로 했지만, 계단 함수처럼 어떤 일정한 임계값을 넘으면 활성화되는 형태의 같은 함수를 생각해, 다층 퍼셉트론에서는 아래에 열거하는 미분 가능한 비선형 함수를 선택합니다. 미분 가능하다는 말은 나중에 설명할 기울기 계산에 필요한 조건이 됩니다.

● **로지스틱 함수**

$$f(u) = \frac{1}{1 + e^{-u}} \tag{3.17}$$

● **쌍곡탄젠트(hyperbolic tangent) 함수**

$$f(u) = \tanh(u) \tag{3.18}$$

로지스틱 함수와 쌍곡탄젠트 함수는 일반적으로는 시그모이드 함수로 불리며, 각각 구간 [0, 1] 및 구간 [−1, 1] 범위를 가집니다.

또한, 최근에는 아래 함수를 이용하는 경우도 많아졌습니다.

● **ReLU(Rectified Linear Unit, 렐루)**

$$f(u) = \max(0, u) \tag{3.19}$$

ReLU는 수학적으로는 $u = 0$에서 미분 가능이 아니지만, $u = 0$인 경우의 미분을 0이라고 정의함으로써 프로그램상에서 사용할 수 있게 합니다. 시그모이드 함수처럼 출력 상한에 제약이 없고, 학습에서 수렴이 빨라진다고 확인되고 있어, 현재는 활성화 함수의 표준으로서 주로 이용됩니다.

덧붙여, 단순 퍼셉트론의 계단 함수가 두 값을 출력하는 것과는 달리, 이 활성화 함수들은 연속값을 출력한다는 점에 주의해야 합니다.

그럼, 다층 퍼셉트론에서 왜 활성화 함수로 비선형 함수를 이용해야 하는지 생각해 봅시다. 가령 선형 함수를 이용하는 경우를 검토하겠습니다. 가중치와 편향을 더한 신경망의 출력은 $\mathbf{u} = \mathbf{Wx} + \mathbf{b}$ 로 표현됐습니다. 이 식은 선형 함수입니다. 사상(Mapping) f를 선형으로 한 경우를 생각했으므로, $\mathbf{z} = f(\mathbf{u})$도 선형 함수입니다. 다층 퍼셉트론에서는 이 조합이 층수만큼 계속되지만, 이 선형 사상을 몇 개 겹쳐도 선형이 됩니다.

결국, 이런 경우는 최종 출력층에서 한 번만 선형 사상을 하는 것과 다름없으므로, 이미 여러 층을 겹치는 의미가 없어지고, 네트워크 전체의 표현력이 눈에 띄게 저하됩니다. 따라서, 활성화 함수는 비선형일 필요가 있습니다.

3.2.3 회귀 문제에서 다층 퍼셉트론 학습

신경망에서의 학습은 주어진 과제마다 다른 학습 규칙을 적용합니다. 구체적으로는 회귀 및 분류가 주요 과제가 되겠지요.

회귀란 어떤 데이터 X와 연속값인 데이터 Y 사이에 $Y = f(x)$라는 관계를 적용시키는 것입니다. Y가 이산값(카테고리나 클래스 등)을 취하는 경우는 분류라고 합니다.

우선은 회귀를 생각해봅시다.

머신러닝의 반복 해법에서는 제곱 오차가 자주 이용됩니다. 출력층의 출력값과 정답값의 차를 제곱한 값이 작으면 작을수록 정답에 가까우므로, 이 값을 최소화하는 매개변수를 결정할 수 있으면 됩니다. 덧붙여, *3.1 단순 퍼셉트론* 학습에서는 출력 및 학습 데이터가 두 가지 값만 가지므로, 단순히 그 값의 차를 이용했습니다.

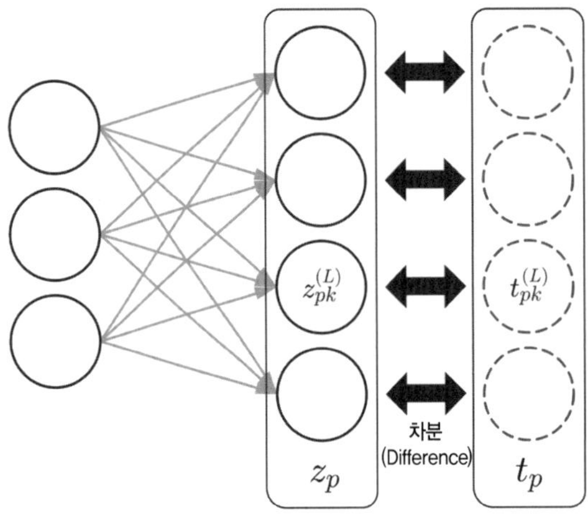

▲ **[그림 3.6]** 회귀 문제의 출력층 L

어떤 p번째 입력 데이터 $\mathbf{x}_p$ (예제 벡터)를 선택했을 때의 네트워크 출력층의 값을 $\mathbf{z}_p$, 거기에 대응하는 학습 데이터를 $\mathbf{t}_p$ 라고 하면, 제곱 오차 E_p 는 다음 식이 됩니다.

$$E_p = \frac{1}{2}(\mathbf{t}_p - \mathbf{z}_p)^2 \tag{3.20}$$

1/2을 곱하는 이유는 단순히 미분했을 때 2가 사라져 깔끔해지기 때문입니다. 미분이 필요한 것은 다음 절부터 설명해갑니다.

따라서, 모든 입력 데이터 $x_1, x_2 ... x_N$에 대한 오차 E는 E_p의 합계가 됩니다.

$$E = \sum_{p=1}^{N} E_p = \frac{1}{2} \sum_{p=1}^{N} (\mathbf{t}_p - \mathbf{z}_p)^2 \tag{3.21}$$

위 식에서 오차 E는 오차 함수 또는 손실 함수로 불리고, 학습 목적은 이 손실 함수를 최소화하는 [식 3.14]의 매개변수 $\mathbf{W}$와 편향 $\mathbf{b}$를 모든 층에서 구하는 것입니다. 실제로 구하는 방법은 다음 장부터 설명하므로, 이 항에서는 손실 함수를 최소화함으로써 학습한다고 기억해 두세요.

 분류 문제에서 다층 퍼셉트론 학습

회귀 문제에 이어서 분류 문제를 설명합니다. 분류란 일반적으로 특정 데이터가 여러 클래스 중 어디에 속하는지 결정하는 것이고 다클래스 분류 문제로서 생각합니다.

분류에 관해서도 앞서 설명한 회귀와 마찬가지로 출력층 값과 학습 데이터의 관계를 생각해 봅시다. 우선은 입력층에 주어지는 데이터 한 조의 샘플을 $\mathbf{x}_p(p = 1, 2, \dots, N)$로 나타내고, 이 데이터를 C개의 클래스로 분류해 봅시다.

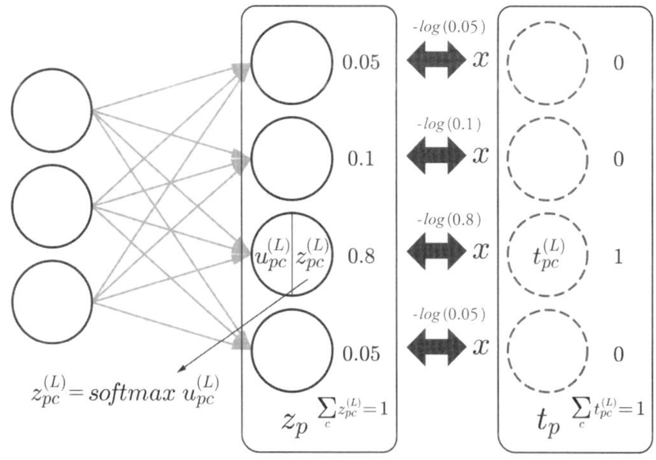

▲ [그림 3.7] 분류 문제의 출력값 L

출력층의 유닛 수를 클래스 수와 같은 C 라고 하면, 출력값은 $\mathbf{u}_p = \begin{pmatrix} u_{p1} & u_{p2} & \dots & u_{pC} \end{pmatrix}$ 로 나타내고, $\mathbf{x}_p$에 대응하는 클래스는 $\mathbf{t}_p$ 로 합니다. 한 조의 입력 데이터가 속하는 클래스는 언제나 하나이므로, $\mathbf{t}_p$ 가 그 클래스일 때는 1이 되고, 그 이외에는 0이 되는 One−Hot 벡터로 정의합니다.

$$\mathbf{t}_p = (t_{p1}\ t_{p2}\ \dots\ t_{pC})$$
$$\sum_c^C t_{pc} = 1 \tag{3.22}$$

이 단계에서 출력층의 $\mathbf{u}_p$의 값 각각이 어느 클래스에 속하는지 확률로 나타낼 수 있으면 편리할 것입니다. $\mathbf{t}_p$는 정의로부터 원래 확률로 간주할 수 있습니다. 결국, $\mathbf{t}_p$ 중 어떤 값이 1이라는 것은 그 클래스에 속할 확률이 100%이고, 0이라는 것은 0%를 뜻합니다. 예를 들어, 위 그림에서 나타낸 대로 C = 4일 때 $\mathbf{t}_p = (0, 0, 1, 0)$이라고 하면, $\mathbf{t}_p$는 클래스 3에 속합니다([그림 3.7]).

하지만, 출력층은 실수값이므로 그대로는 비교할 수 없습니다. 그래서 $\mathbf{u}_p$의 각각의 값(c 번째)을 아래에 나타낸 소프트맥스 함수를 이용해 확률로 변환합니다.

$$\varsigma(u_{pc}) = z_{pc} = \frac{e^{u_{pc}}}{\sum_{k=1}^{K} e^{u_{pk}}} \tag{3.23}$$

소프트맥스 함수는 어떤 출력층의 유닛 값이 출력층의 모든 유닛 중에서 어느 정도 비율을 차지하는지 정의하는 것으로, 확률이라고 생각할 수 있습니다. $\varsigma(u_{pc})$의 C개의 합계는 정의로부터 1이 됩니다. 또한, 소프트맥스 함수는 출력 결과를 사상한다는 관점에서 활성화 함수의 일종으로 파악할 수 있습니다.

수학적으로는 위와 같은 설명으로 충분하지만, 프로그래밍할 때는 따로 주의할 필요가 있습니다. 위 식에서 $e^{u_{pc}}$가 단조증가 함수이고, 컴퓨터의 자원은 유한하므로 계산시 값이 커지면 오버플로를 일으킵니다. 그러므로, 다음과 같이 $\mathbf{u}_p$의 최댓값을 각각의 값에서 빼서 오버플로를 피하는 처리가 이용됩니다.

$$\varsigma(u_{pc}) = z_{pc} = \frac{e^{u_{pc}-u_{p,max}}}{\sum_{k=1}^{K} e^{u_{pk}-u_{p,max}}} \tag{3.24}$$

다음으로 회귀 문제를 다룰 때와 마찬가지로 손실 함수를 정의하지만, 최종 출력은 확률이라고 정의했으므로 제곱오차 등 실숫값을 다루는 방법이 아닌, 확률 개념을 고려한 방법을 검토합니다(이후의 식에서는 p의 첨자를 생략합니다).

교차 엔트로피 함수는 같은 확률 공간에서 참의 확률 분포를 $p(x)$, 데이터로부터 얻은 확률 분포를 $q(x)$로 한 경우 다음과 같이 정의됩니다(p와 q는 이산확률변수).

$$H(p, q) = -\sum_x p(x) \log q(x) \tag{3.25}$$

$p(x)$를 t, $q(x)$를 z로 생각하면 다음과 같습니다.

$$H(t, z) = -\sum_{c=1}^{C} t_c \log(z_c) \tag{3.26}$$

앞서 설명한 정의에서 t는 원-핫(One-Hot) 벡터이며, 벡터 t와 z의 각 요소는 확률 변수입니다. 여기서 $t_c = 1$(다시 말해 나머지 요소 $t_{c'}$는 모두 0)인 경우에 $H(t, z)$를 최소화하려면 z_c 값을 t_c에 가깝게 하는 것말고는 선택지가 없습니다. z중 z_c 이외의 요소 $z_{c'}$가 어떤 값이든 $t_{c'} \log(z_{c'})$의 값은 0이 되고, $H(t, z)$에 영향을 미치지 않습니다. 이 점이 제곱 오차의 경우와 다릅니다.

다시 이 $H(t, z)$를 모든 입력 벡터에 대해 합을 구한 것을 손실 함수로 하고, 이를 최소화하는 매개변수 $\mathbf{w}$ 및 $\mathbf{b}$를 구합니다(샘플 번호를 의미하는 첨자 p를 다시 이용합니다). 다음과 같은 식을 소프트맥스 교차 엔트로피 오차 함수라고 부릅니다.

$$E = -\sum_{p=1}^{N} \sum_{c=1}^{C} t_{pc} \log(z_{pc}) \tag{3.27}$$

'*3.2 다층 퍼셉트론*'에서는 다층 퍼셉트론의 모델과 손실 함수의 정의를 설명했지만, 이 절에서는 손실 함수를 이용해서 어떻게 매개변수를 추정해가는지 설명합니다.

3.3.1 확률적 경사 하강법(Stochastic Gradient Descent, SGD)

다층 퍼셉트론의 정의에서 매개변수 $\mathbf{w}$ 및 $\mathbf{b}$는 아래에 나타낸 확률적 경사 하강법이라고 불리는 반복 해법으로 추정할 수 있습니다.

앞 절과 마찬가지로 이 항에서도 $\mathbf{b}$는 $\mathbf{w}$의 특수한 경우이므로 $\mathbf{w}$에만 주목합니다. 어떤 p번째 입력 샘플을 선택해서 아래 갱신식으로 $\mathbf{w}$를 갱신합니다.

$$\mathbf{w} \leftarrow \mathbf{w} - \eta \frac{\partial E_p}{\partial \mathbf{w}}$$

(3.28)

η(에타)는 '*3.1.3 단순 퍼셉트론의 학습 과정*'에서 설명했던 학습률입니다. E_p를 $\mathbf{w}$의 함수로 간주하고, $\mathbf{w}$를 미분의 음의 방향으로 약간 갱신합니다. 다음으로 다른 샘플을 선택해 똑같이 갱신합니다. 이 처리를 반복해 갱신량이 0이 되거나 끝없이 0이 된 시점에서 갱신을 정지합니다.

어떻게 이 반복 해법의 추정으로 학습이 가능한지 설명하고자 간단한 사례를 소개합니다. 식 $y = x^2 + 1$을 생각해 봅시다.

식을 그래프로 나타내면, [그림 3.8]과 같이 됩니다. 또한, 식을 x로 미분하면 $dy/dx = 2x$가 되고, y의 기울기(접선)를 나타냅니다(그림에서는 직선).

우선, 그림에 나타낸 대로 최초의 점(가장 오른쪽 점)을 임의로 선택합니다. 다음으로 그 기울기의 역방향(화살표)으로 조금 점을 이동하는 것을 반복합니다. 이 조작을 반복하면 접점이

y 가 가장 작아지는 점$(x = 0, y = 1)$에 가까워지고, 그 최소가 되는 점과 같거나 가장 가까운 점(가장 왼쪽 점)으로 수렴된 시점에서 반복을 정지합니다. 이 시점에서 기울기는 0이 되거나 0에 가까워지고, y 를 최소화하는 x 의 근사값이 구해집니다$(x = 0)$.

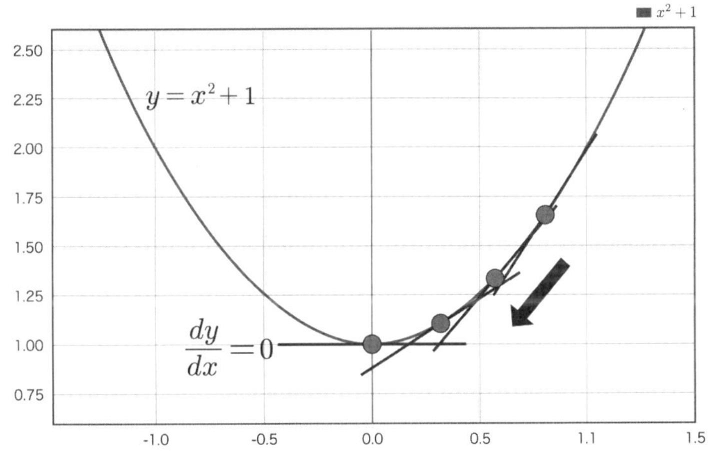

▲ [그림 3.8] y = x² + 1

단순한 알고리즘이지만 1차 미분만 가능하면 근사값을 얻을 수 있으므로, 신경망처럼 똑같은 처리를 반복할 경우 계산량 관점에서 강력한 해법이 됩니다.

이 항에서는 간단한 함수를 예로 들었지만, 손실 함수에도 동일한 알고리즘을 적용하기만 하면 됩니다. 단, 손실 함수는 일반적으로 볼록 함수가 아니므로, 예로 든 볼록 함수처럼 반드시 전역 최적해로 수렴된다고 할 수는 없습니다. 그렇지만 대부분 수동으로 시행착오를 거치거나 효율적인 최적화 알고리즘으로 최적의 학습률을 설정하면 학습할 때 국부 최적해로 정착한다는 것이 실증됐습니다.

3.3.2 미니배치(mini-batch)

앞에서는 하나의 입력 벡터(샘플)를 이용해 한 번 갱신했습니다. [식 3.27]의 손실 함수 E의 미분을 구하는 것은 엄밀해서, 각 입력 샘플 전체에서 기울기를 계산해 합한 것으로 일괄적으로 갱신할 필요가 있습니다. 이를 배치학습이라고 부릅니다. 대조적으로 앞에서 설명한 확률적 경사 하강법처럼 그때그때 데이터를 받아들여 학습을 하는 것을 온라인 학습이라고합니다.

배치학습의 단점은 사전에 모든 입력 샘플에서 구한 기울기 계산 결과를 갱신 때까지 유지해야 하는 점입니다. 이는 대규모 네트워크를 구축할 때 컴퓨터 메모리 용량을 생각하면 가혹한 제약입니다. 또한, 국부 최적해에 빠지면 거기서 벗어날 여지가 없습니다.

한편, 온라인 학습은 그때마다 계산한 기울기로 갱신하므로 메모리를 절약할 수 있습니다. 또 매 입력 샘플로 갱신하므로 한번 국부 최적해에 빠지더라도 벗어나기 쉽다는 특징이 있습니다.

단, 반대로 데이터에 편향이 있다는 점에서, 해를 탐색할 때 분산이 크고 낭비가 발생하므로 수렴까지는 시간이 필요합니다. 배치학습의 기울기는 하나의 입력 샘플에 대한 기울기의 총합으로서 엄밀하게 성립하지만, 온라인 학습에서는 먼저 구한 기울기의 업데이트가 나중에 구한 기울기 갱신에 영향을 주므로 수정량은 배치 처리의 수정량과는 조금 달라집니다. 학습률을 작게 잡아서 편차를 억제하고, 충분히 좋은 근사가 되도록 조정해야 합니다.

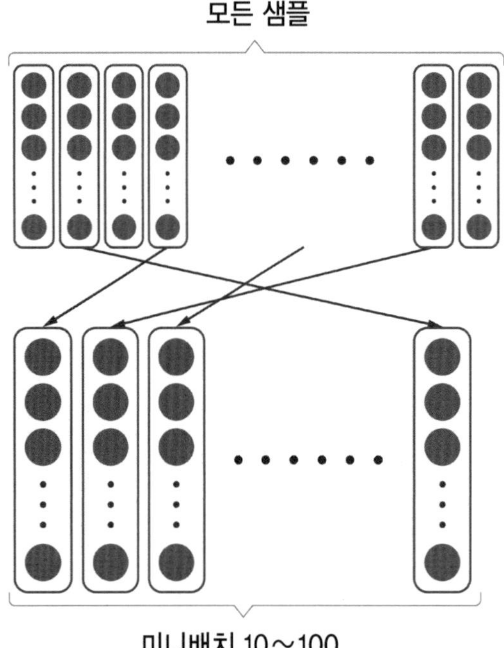

▲ [그림 3.9] 미니 배치

일반적으로는 배치학습과 온라인 학습의 장점을 조합한 미니배치([그림 3.9])가 자주 이용됩니다.

전체 데이터에서 무작위로 일부를 뽑아 몇 개 그룹으로 나눈 다음, 그 그룹을 이용해 확률적 경사 하강법처럼 기울기를 계산하고 갱신합니다. 그룹별로 갱신하므로 하나의 입력 샘플로 학습할 때보다 매끄럽게 수렴되고 계산도 병렬로 할 수 있습니다. 또 그만큼 계산에 시간이 걸리지 않아, 효율이 높은 것이 큰 장점입니다.

한 그룹에 포함되는 데이터 수(배치 크기) B는 문제에 맞게 결정할 필요가 있지만, 보통 대략 10~100 정도로 조정합니다. p번째 배치를 사용해 갱신하는 식은 다음과 같습니다.

$$\mathbf{w} \leftarrow \mathbf{w} - \eta \frac{1}{B} \frac{\partial E_p}{\partial \mathbf{w}}$$

(3.29)

앞 절에 이어서 다층 퍼셉트론 학습 절차를 설명했습니다. 손실함수 E 의 $\mathbf{w}$에 대한 미분 $\frac{\partial E}{\partial \mathbf{w}}$ 을 구하는 과정은 앞에서 나온 2차 함수의 예처럼 단순하지 않습니다. 미분하는 방법은 다음 장 이후에 설명합니다.

3.3.3 가중치 초기화

'*3.3.1 확률적 경사 하강법*'에서는 반복 해법으로 가중치 매개변수를 갱신하는 방법을 설명했습니다. 일반적으로 반복 해법의 결과는 초깃값에 의존합니다. 어떠한 값을 설정할 지는 문제마다 다르지만, 가급적 적당한 초깃값을 지정하는 게 중요합니다.

예를 들어 초깃값이 지나치게 작으면 초기 학습 시기에 얕은 국부 최적해 함정에 빠질 수 있고, 반대로 초깃값이 크면 국부 최적해 가까운 곳에서 수렴에 시간이 걸려 버립니다. 또한, 초깃값이 모두 같을 때 신경망의 각 유닛이 똑같이 학습하므로, 적절한 모델을 구축할 수 없게 될 수도 있습니다. 정해진 결정법은 없지만, 예를 들어 평균이 0이고 분산이 $\sigma^2(N(0, \sigma^2))$ 인 가우스 분포에 따르는 값을 사용합니다. 표준편차 σ 는 입력층 유닛 수를 N, λ를 조정 계수로 했을 때 $\lambda\sqrt{\frac{1}{N}}$ 로 합니다. 입력 유닛이 많을수록 분산을 억제하도록 정의합니다.

이 밖에도 다양한 초기화 방법이 제안되어 있습니다. 예를 들어, 활성화 함수에 **ReLU**를 이용할 경우는 **He** 초기화로 불리는 $\lambda\sqrt{\frac{2}{N}}$가 주로 이용됩니다. 반복해서 말하지만, 중요한 것은 적당히 랜덤한 것입니다. 덧붙여, 편향 b는 보통 0으로 초기화합니다.

04

오차역전파

4-1 순방향 계산

'*3장 신경망*'에서 설명한 다층 퍼셉트론에서는 입력층에서 출력층으로 순방향 계산이 필요합니다. 또한, 손실함수 E에 관한 w의 기울기 $\frac{\partial \mathbf{E}}{\partial \mathbf{w}}$ 를 계산해 w를 갱신하는 절차도 필요합니다. 이 장에서는 순방향으로 계산하는 방법과 기울기를 구하는 계산 방법을 구체적으로 설명합니다. 이 절에서는 순방향 계산과 기울기 계산의 계산 그래프(computational graph)와 미니배치(mini-batch)의 행렬 표현을 알아봅니다.

4.1.1 계산 그래프

'*3.2.1 다층 퍼셉트론 모델*'에서 설명한 것처럼, 예를 들어 3층 구조 퍼셉트론은 아래 식에 나타낸 대로 함수를 중첩해 표현합니다.

$$\mathbf{z}^{(2)} = s(\mathbf{W}^{(2)}\sigma(\mathbf{W}^{(1)}\mathbf{x}^{(1)} + \mathbf{b}^{(1)}) + \mathbf{b}^{(2)}) \tag{4.1}$$

1층에 대해 $\sigma(\mathbf{W}^{(1)}\mathbf{x}^{(1)} + \mathbf{b}^{(1)})$ 를 계산하고, 그 출력을 2층의 입력으로 합니다. 마지막으로 소프트맥스 s로 출력된 값과 학습 데이터의 오차를 측정하는, 소프트맥스 교차 엔트로피 오차 함수를 통해 출력된 시점에서 순방향 계산은 완료됩니다. 이를 그림으로 표현하면 [그림 4.1]과 같습니다.

그림 속 [∗], [+] 및 [σ]를 모두 함수로 간주하면, 데이터는 함수로 그때그때 맵핑되면서 입력층에서 출력층까지 통과해 나갑니다. 이런 계산 그래프를 이용해 순방향 계산 및 기울기 계산을 생각해 봅시다.

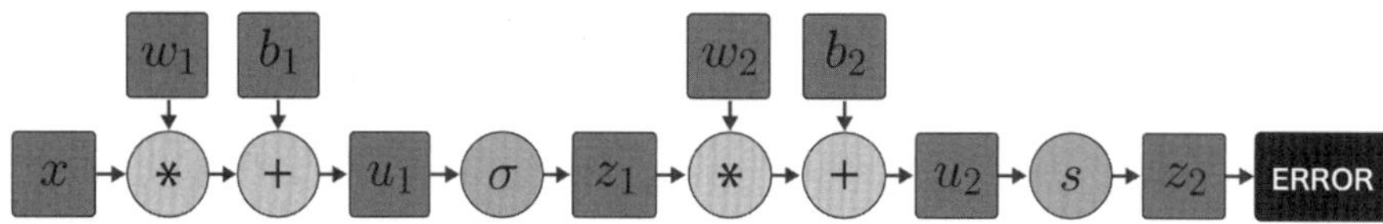

▲ [그림 4.1] 계산 그래프

 미니배치의 행렬 표현

*'2장 신경망을 위한 행렬 연산과 병렬 프로그래밍'*과 *'3장 신경망'*에서는 하나의 입력 샘플을 어떻게 처리하는지 설명하기 위해 입력을 벡터 혹은 유닛의 스칼라 값으로 다룹니다.

하지만, *'3.3.2 미니배치'*에서 설명한 대로 실제 입력 데이터는 미니배치로 표현됩니다. 미니배치란 어떤 샘플의 벡터를 사용할 샘플 수(배치 크기)만큼 모은 것입니다. 따라서, 차원이 하나 높아지고 행렬로서 표현됩니다.

예를 들어, 다음과 같이 2개 요소를 가진 3개의 샘플 데이터(벡터)를 상상해 봅시다.

$$
\begin{aligned}
\mathbf{z}_1 &= (z_{11}, z_{12})^{\mathrm{T}} \\
\mathbf{z}_2 &= (z_{21}, z_{22})^{\mathrm{T}} \\
\mathbf{z}_3 &= (z_{31}, z_{32})^{\mathrm{T}}
\end{aligned}
\tag{4.2}
$$

위 데이터를 모아서 행렬로 표현하면 다음과 같습니다.

$$
\mathbf{Z} = \begin{pmatrix} z_{11} & z_{21} & z_{31} \\ z_{12} & z_{22} & z_{32} \end{pmatrix}
\tag{4.3}
$$

예를 들어 $\mathbf{W}$를 3×2의 가중치 행렬이라고 하면, $\mathbf{Z}$와 곱한 행렬곱은 아래와 같이 나타낼 수 있습니다.

$$
\begin{aligned}
\mathbf{WZ} &= \begin{pmatrix} w_{11} & w_{21} \\ w_{12} & w_{22} \\ w_{13} & w_{23} \end{pmatrix} \begin{pmatrix} z_{11} & z_{21} & z_{31} \\ z_{12} & z_{22} & z_{32} \end{pmatrix} \\
&= \begin{pmatrix} w_{11}z_{11} + w_{21}z_{12} & w_{11}z_{21} + w_{21}z_{22} & w_{11}z_{31} + w_{21}z_{32} \\ w_{12}z_{11} + w_{22}z_{12} & w_{12}z_{21} + w_{22}z_{22} & w_{12}z_{31} + w_{22}z_{32} \\ w_{13}z_{11} + w_{23}z_{12} & w_{13}z_{21} + w_{23}z_{22} & w_{13}z_{31} + w_{23}z_{32} \end{pmatrix}
\end{aligned}
\tag{4.4}
$$

이제부터 이 책에서 미니배치는 위와 같은 행렬로 다룹니다.

'*3장 신경망*'에서 설명한 대로 신경망 학습에선 손실함수 E를 최소화하는 매개변수 W, b를 구할 필요가 있고, 확률적 경사 하강법으로 계산할 수 있습니다. 확률적 경사 하강법에서는 손실함수 E의 미분이 필요합니다. 이 절에서는 그 미분을 구할 때 전제가 되는 합성 함수의 미분과 연쇄법칙에 관한 수학적 지식을 확인해 둡시다.

4.2.1 합성함수의 미분

합성함수의 미분은 손실함수의 미분을 구할 때 필요한 수학적 기법입니다.

x에서 u가 정해지고, u에서 f가 정해질 때 아래 식이 성립합니다.

$$\frac{df}{dx} = \frac{df}{du} \cdot \frac{du}{dx} \tag{4.5}$$

합성함수 미분의 예로서 아래 식을 미분합시다.

$$f(x) = 2(x^2 + x + 1)^3 \tag{4.6}$$

우선, 아래와 같이 u를 정의합니다.

$$u = x^2 + x + 1$$

u를 정의하면, 다음과 같이 나타낼 수 있습니다.

$$f = 2u^3 \tag{4.7}$$

f, u를 각각 u, x로 미분합니다.

$$\begin{aligned}
f' &= \frac{df}{du} = 6u^2 = 6(x^2 + x + 1)^2 \\
u' &= \frac{du}{dx} = 2x + 1
\end{aligned} \tag{4.8}$$

미분의 연쇄법칙의 정의와 상기 결과로부터 다음 식이 유도됩니다.

$$\frac{df}{dx} = \frac{df}{du} \cdot \frac{du}{dx} = 6(x^2 + x + 1)^2(2x + 1) \tag{4.9}$$

4.2.2 미분의 연쇄법칙

연쇄법칙은 합성함수의 미분을 다변수 함수로 확장한 것입니다.

(x, y)로부터 (u, v)가 정해지고, (u, v)에서 f가 정해질 때 아래 식이 성립합니다.

$$\begin{aligned}
\frac{\partial f}{\partial x} &= \frac{\partial f}{\partial u}\frac{\partial u}{\partial x} + \frac{\partial f}{\partial v}\frac{\partial v}{\partial x} \\
\frac{\partial f}{\partial y} &= \frac{\partial f}{\partial u}\frac{\partial u}{\partial y} + \frac{\partial f}{\partial v}\frac{\partial v}{\partial y}
\end{aligned} \tag{4.10}$$

미분의 연쇄법칙의 예로서 다음 식의 $\frac{\partial f}{\partial x}$를 구합니다.

$$f(x, y) = (x^2 + y^2)\sin xy \tag{4.11}$$

여기서, 다음과 같이 u, v를 정의합니다.

$$\begin{aligned}
u(x, y) &= x^2 + y^2 \\
v(x, y) &= \sin xy
\end{aligned} \tag{4.12}$$

따라서, [식 4.11]은 다음과 같이 됩니다.

$$\begin{aligned}
f &= uv \\
\frac{\partial f}{\partial x} &= \frac{\partial f}{\partial u}\frac{\partial u}{\partial x} + \frac{\partial f}{\partial v}\frac{\partial v}{\partial x} \\
&= v(2x) + u(y\,\cos xy) \\
&= 2x\,\sin xy + (x^2 y + y^3)\cos xy
\end{aligned} \tag{4.13}$$

$\dfrac{\partial f}{\partial y}$ 에 대해서도 똑같이 계산해서 구할 수 있습니다.

위 식에 대해 [식 4.10]을 행렬로 표현하면, 다음과 같이 됩니다.

$$\mathbf{J} = \begin{pmatrix} \dfrac{\partial f}{\partial x} & \dfrac{\partial f}{\partial y} \end{pmatrix} \quad \mathbf{J}_A = \begin{pmatrix} \dfrac{\partial u}{\partial x} & \dfrac{\partial u}{\partial y} \\ \dfrac{\partial v}{\partial x} & \dfrac{\partial v}{\partial y} \end{pmatrix} \quad \mathbf{J}_B = \begin{pmatrix} \dfrac{\partial f}{\partial u} & \dfrac{\partial f}{\partial v} \end{pmatrix} \tag{4.14}$$

$$\mathbf{J} = \mathbf{J}_B \mathbf{J}_A$$

이처럼 도함수를 요소로 가진 행렬 $\mathbf{J}, \mathbf{J}_A, \mathbf{J}_B$ 를 야코비 행렬(Jacobian matrix)이라고 합니다.

일반적으로 $(x_1, \cdots, x_\ell)$ 로부터 $(u_1, \cdots, u_m)$ 이 정해지고, $(u_1, \cdots, u_m)$ 으로부터 $(f_1, \cdots, f_n)$ 이 정해진다고 했을 때, 각각의 야코비 행렬을 $\mathbf{J}_A$, $\mathbf{J}_B$ 라고 합니다. 이때 $(f_1, \cdots, f_n)$ 의 야코비 행렬은 $\mathbf{J}_B \mathbf{J}_A$ 가 됩니다.

위 식을 다시 일반화해서 i 를 중간 변수를 포함한 변수의 수라고 하면, 함수 f 의 미분은 i 개의 야코비 행렬의 곱으로 표현할 수 있습니다.

여기서 설명한 대로, 상위 층에서 구한 미분을 하위 층을 향해 곱하면서 미분 값을 거꾸로 거슬러 올라가는 과정을 신경망 계산 그래프에서 역전파라고 합니다.

$$\mathbf{J} = \mathbf{J}_i \mathbf{J}_{i-1} \mathbf{J}_{i-2} \cdots \mathbf{J}_1 \quad (i > 1) \tag{4.15}$$

4.2.3 다층 신경망에서의 각 매개변수 미분

'4.2.1 합성함수의 미분'과 '4.2.2 미분의 연쇄법칙'에서 설명한 미분의 연쇄법칙을 이용해, 다층 신경망에서 각 매개변수의 미분을 설명합니다.

다층 신경망에서 입력을 미니배치 행렬 $\mathbf{X}$ 로 한 경우, $l = (1, 2, \cdots, L)$ 계층은 아래와 같습니다.

덧붙여, f 는 활성화 함수이고 $\mathbf{W}$ 는 가중치 행렬, $\mathbf{b}$ 는 편향 벡터입니다.

$$\mathbf{X} = \mathbf{U}^{(1)} \tag{4.16}$$

$$\mathbf{Z}^{(l)} = f^{(l)}(\mathbf{U}^{(l)}) \tag{4.17}$$

$$\mathbf{U}^{(l+1)} = \mathbf{W}^{(l)}\mathbf{Z}^{(l)} + \mathbf{b}^{(l)} \tag{4.18}$$

여기서 손실 함수를 제곱 오차로 한 경우 출력층의 미분을 생각해 봅시다. 하나의 샘플 입력 p 의 경우, 출력층 L 의 유닛 j 에 주목하면, 손실 함수 E_p 는 다음과 같이 표현할 수 있습니다 (우변의 첨자 p 는 생략).

$$E_p = \frac{1}{2}\sum_{j=1}^{N}(z_j^{(L)} - t_j)^2 \tag{4.19}$$

단, 우변의 $z_j^{(L)}$ 은 항등사상 함수의 출력값입니다. 그런 경우는 $u_j^{(L)} = z_j^{(L)}$ 가 성립하므로, E_p 의 미분 $\frac{\partial E_p}{\partial u_j^{(L)}}$ 는 아래와 같은 식이 됩니다.

$$\frac{\partial E_p}{\partial u_j^{(L)}} = z_j^{(L)} - t_j \tag{4.20}$$

뒤에서 설명할 중간층 미분 설명과 일치시키고자 $\delta_j^{(L)} = z_j^{(L)} - t_j$ 라고 정의해 둡니다.

또한, 분류 문제에서의 출력층 $\delta_j^{(L)}$ 는 다음 그림과 같이 계산합니다([그림 4.2]).

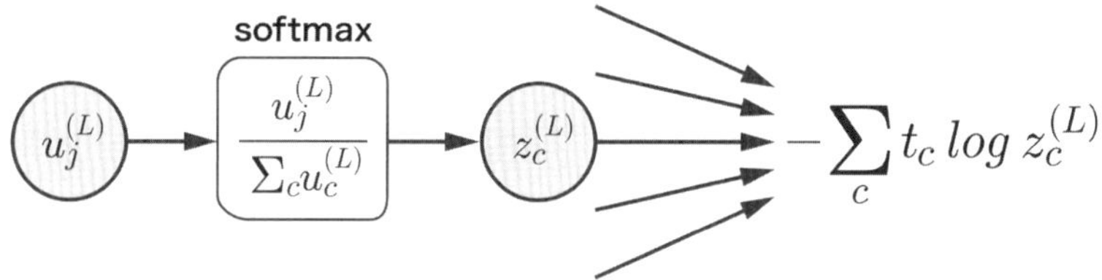

▲ [그림 4.2] 출력층의 미분

하나의 샘플 벡터 p 의 경우를 생각하면, 손실 함수 E_p 는 다음 식처럼 됩니다(우변 첨자 p
는 생략). 단, $z_c^{(L)}$ 은 소프트맥스 함수의 출력값입니다.

$$E_p = - \sum_c t_c \log z_c^{(L)} \tag{4.21}$$

이어서 출력층 L의 유닛 j 에 주목해 E_p 의 미분 $\frac{\partial E_p}{\partial u_j^{(L)}}$ 를 구합니다. 소프트맥스 함수의 미분
은 다음 식과 같이 됩니다(증명은 생략).

$$\frac{\partial z_c}{\partial u_j} = \begin{cases} z_c(1 - z_c) & c = j \\ - z_c z_j & c \neq j \end{cases} \tag{4.22}$$

원-핫(One-Hot) 벡터의 정의로부터 $\sum_c t_c = 1$ 이고, $z_c^{(L)}$은 $u_j^{(L)}$ 의 함수이므로, E_p 의
미분은 아래와 같고 손실 함수의 미분은 소프트맥스 함수의 출력과 학습 데이터의 차가 됩니다.
또한, 나중에 설명할 중간층의 미분 설명과 일치시키기 위해 $\delta_j^{(L)} = z_j^{(L)} - t_j$ 로 정의해 둡
니다.

$$\begin{aligned}
\frac{\partial E_p}{\partial u_j^{(L)}} &= - \sum_c t_c \frac{\partial E_p}{\partial z_c^{(L)}} \frac{\partial z_c^{(L)}}{\partial u_j^{(L)}} \\
&= - \sum_c t_c \log'(z_c^{(L)}) \frac{\partial z_c^{(L)}}{\partial u_j^{(L)}} \\
&= - \sum_c t_c \frac{1}{z_c^{(L)}} \frac{\partial z_c^{(L)}}{\partial u_j^{(L)}} \\
&= -t_j(1 - z_j^{(L)}) - \sum_{c \neq j} t_c(-z_j^{(L)}) \\
&= \sum_c t_c(z_j^{(L)} - t_j) \\
&= z_j^{(L)} - t_j
\end{aligned} \tag{4.23}$$

이처럼 출력층의 제곱 오차와 소프트맥스·교차 엔트로피 오차 함수의 미분 $\delta_j^{(L)}$은 양쪽 다
최종 출력과 학습 데이터의 차가 됩니다. 이를 모든 유닛 및 미니배치 행렬로 표현하면 다음과
같은 식이 됩니다.

$$\Delta^{(L)} = \frac{\partial \mathbf{E}_p}{\partial \mathbf{U}^{(L)}} = \mathbf{Z}^{(L)} - \mathbf{T} \tag{4.24}$$

출력층 매개변수는 u뿐이므로 출력층에서의 미분 계산은 이것으로 끝입니다.

출력층에서의 미분에 이어서 l층에서의 중간층 미분 $\frac{\partial E_p}{\partial w_{ji}^{(l)}}$ 를 설명합니다. 편향 b_j 는 가중치 w_0으로 나타낸다고 합시다. $u_j^{(l)}$는 $w_{ji}^{(l)}$의 함수이므로 미분의 연쇄법칙을 사용하면, 다음 식으로 분해할 수 있습니다([식 4.25]).

$$\frac{\partial E_p}{\partial w_{ji}^{(l)}} = \frac{\partial E_p}{\partial u_j^{(l)}} \frac{\partial u_j^{(l)}}{\partial w_{ji}^{(l)}} \tag{4.25}$$

위 식 우변의 2항은 [식 4.26]의 관계로 분해하면 이어지는 [식 4.27]이 됩니다.

$$u_j^{(l)} = \sum_i w_{ji}^{(l)} z_i^{(l-1)} \tag{4.26}$$

$$\frac{\partial u_j^{(l)}}{\partial w_{ji}^{(l)}} = z_j^{(l-1)} \tag{4.27}$$

[식 4.25]의 우변 2항에 이어서 우변 1항을 살펴봅시다. $z_i^{(l)}$ 는 $u_i^{(l)}$ 의 함수이므로 연쇄법칙으로 다음과 같이 전개할 수 있습니다(식 4.28).

$$\frac{\partial E_p}{\partial u_i^{(l)}} = \frac{\partial E_p}{\partial z_i^{(l)}} \frac{\partial z_i^{(l)}}{\partial u_i^{(l)}} \tag{4.28}$$

위 식에서 우변 1항에서, l층의 유닛 j와 $l+1$층의 관계에 주목하면, l의 출력은 $z_i^{(l)}$를 통해 $l+1$의 모든 유닛에 영향을 줍니다. 따라서, 미분의 연쇄법칙으로 다음과 같이 분해할 수 있습니다([그림 4.3]).

$$\frac{\partial E_p}{\partial z_i^{(l)}} = \sum_k \frac{\partial E_p}{\partial u_k^{(l+1)}} \frac{\partial u_k^{(l+1)}}{\partial z_i^{(l)}} \tag{4.29}$$

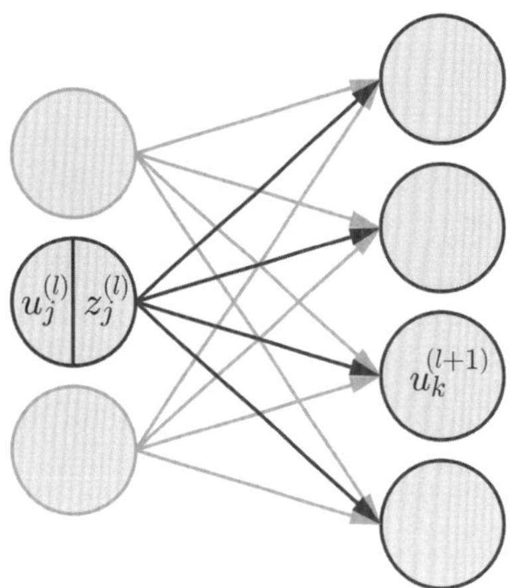

▲ [그림 4.3] l층의 유닛이 $l+1$층에 미치는 영향

따라서, [식 4.28]은 다음과 같이 됩니다.

$$\frac{\partial E_p}{\partial u_i^{(l)}} = \sum_k \frac{\partial E_p}{\partial u_k^{(l+1)}} \frac{\partial u_k^{(l+1)}}{\partial z_i^{(l)}} \frac{\partial z_i^{(l)}}{\partial u_i^{(l)}} \tag{4.30}$$

여기서 다음과 같이 $\delta_j^{(l)}$를 정의합니다.

$$\delta_j^{(l)} = \frac{\partial E_p}{\partial u_j^{(l)}} \tag{4.31}$$

[식 4.26]의 관계를 사용하면, [식 4.28]은 아래와 같이 됩니다.

$$\delta_j^{(l)} = \sum_k \delta_k^{(l+1)} w_{kj}^{(l+1)} f'(u_j^{(l)}) \tag{4.32}$$

또한, [식 4.25]는 아래처럼 구해집니다.

$$\frac{\partial E_p}{\partial w_{ji}^{(l)}} = \delta_j^{(l)} z_i^{(l-1)} \tag{4.33}$$

[식 4.32] 및 [식 4.33]을 미니배치 행렬 형식으로 표현하면, 각각 아래 식처럼 됩니다([식 4.34], [식 4.35]). 단, $\odot$는 행렬의 요소별 곱입니다.

$$\Delta^{(l)} = (\mathbf{W}^{(l+1)\mathrm{T}} \Delta^{(l+1)}) \odot f^{(l)'}(\mathbf{U}^{(l)}) \tag{4.34}$$

$$\frac{\partial \mathbf{E}_p}{\partial \mathbf{W}^{(l)}} = \Delta^{(l)} \mathbf{Z}^{(l-1)\mathrm{T}} \tag{4.35}$$

실제로는 편향을 별도로 다루기 위해, 편향 벡터 $\mathbf{b}$에 대한 $\mathbf{E}_p$의 미분을 아래에 나타냅니다. 단, v는 모든 요소가 1인 벡터입니다.

$$\frac{\partial \mathbf{E}_p}{\partial \mathbf{b}} = \Delta^{(l)} \mathbf{v}^{\mathrm{T}} \tag{4.36}$$

최종적으로 신경망 전체의 손실 함수 미분에 관해서 정리해 봅시다.

우선 [식 4.24]의 출력층 $\delta^{(L)}(\Delta^{(L)})$을 구합니다. [식 4.34]~[식 4.36]을 사용해, 출력층 $(l = L)$에서 입력층 $(l = 1)$을 향해 순방향 계산과 반대로 상위층인 $\delta^{(l)}(\Delta^{(l)})$를 전파시키면서, 각각의 매개변수의 미분을 구하고, 입력층에 도달한 단계에서 계산을 종료합니다.

계산이 끝난 시점에서 모든 매개변수의 미분이 완료됩니다. 이 항에서 설명한 이 일련의 계산 과정을 오차역전파법(Back Propagation: BP)이라고 부릅니다.

4.2.4 연쇄법칙의 시각적 표현

앞에서 설명한 미분의 연쇄법칙은 중간 변수를 만들면서 상위 야코비 행렬을 곱해 모든 변수의 미분값을 구할 수 있습니다.

이 항에서는 기본적인 역전파의 계산 패턴을 시각적으로 소개합니다. 역전파 시 δ의 계산이 어떻게 되는지 이해해 봅시다.

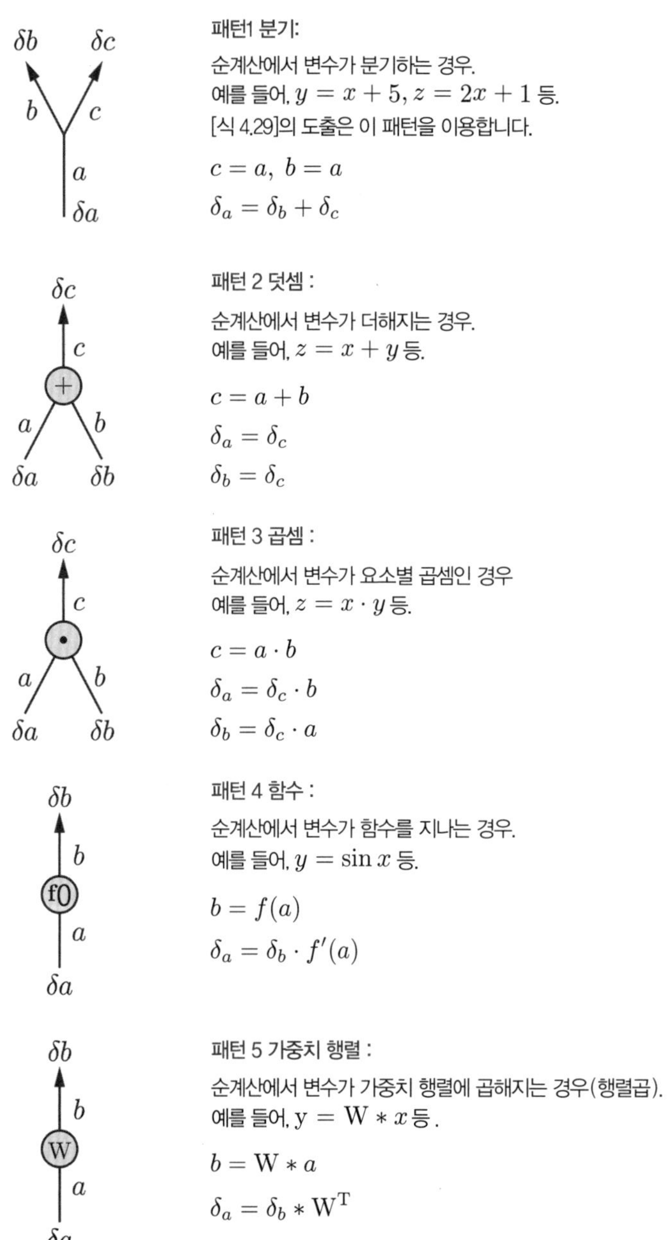

    각 패턴은 미분의 연쇄법칙이나 편미분 공식 등으로 명확하지만, 복잡한 네트워크의 역전파가 되면, 프로그래밍할 때 혼란스러워질 가능성도 있습니다. 그런 때는 지금 소개한 패턴을 바탕으로 역전파를 차분히 기술하도록 합시다.

오차전파법으로 신경망 학습이 가능하다는 것을 보여줬지만, 이 방법은 근본적인 문제를 안고 있습니다. 신경망은 층이 깊어질수록, 하위 층으로 오차가 전파됨에 따라 오차가 급격히 감소해 학습이 어려워집니다. 이 절에서는 어째서 이런 일이 일어나는지 간단한 예를 들어 설명합니다.

4.3.1 기울기 소실 문제란?

이 항에서는 신경망 구성에 활성화 함수로서 시그모이드 함수를 가정합니다.

$$\sigma(x) = \frac{1}{1 + e^{-x}}$$
$$\sigma'(x) = \sigma(1 - \sigma)$$

(4.37)

위 $\sigma(x)$가 가질 수 있는 범위는 [0, 1], $\sigma'(x)$가 가질 수 있는 범위는 [0, 0.25]가 됩니다.

여기서 아래 그림에 나타낸 대로 $input$ 과 $hidden_1$, $output$ 층이 있는 다층 신경망을 생각했을 때, 가중치 w_1의 기울기를 구하면 다음과 같은 식이 됩니다([식 4.38]).

덧붙여, 은닉층 $hidden_1$ 에는 시그모이드 함수를 적용합니다.

$$\frac{\partial E}{\partial w_1} = \frac{\partial E}{\partial output} \cdot \frac{\partial output}{\partial hidden_1} \cdot \frac{\partial hidden_1}{\partial w_1}$$

(4.38)

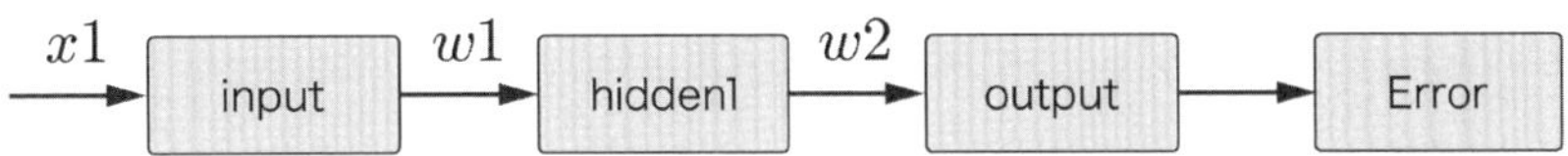

▲ [그림 4.4] 기울기 소실

$$\frac{\partial output}{\partial hidden_1} = \frac{\partial sigmoid(w_1 \cdot x_1)}{\partial hidden_1} \cdot w_2$$
$$\frac{\partial hidden_1}{\partial w_1} = \frac{\partial sigmoid(w_1 \cdot x_1)}{\partial w_1} \tag{4.39}$$

여기서 위의 [식 4.39] 때문에, w_1의 기울기는 아래의 식이 됩니다(식 4.40).

$$\frac{\partial E}{\partial w_1} = \frac{\partial E}{\partial output} \cdot \frac{\partial sigmoid(w_1 \cdot x_1)}{\partial hidden_1} \cdot w_2 \cdot \frac{\partial sigmoid(w_1 \cdot x_1)}{\partial w_1} \tag{4.40}$$

시그모이드 함수의 미분을 2번 곱하고 시그모이드 함수의 미분이 가질 수 있는 범위는 1보다 작으므로, w_1의 미분도 1보다 작은 값이 됩니다. 여기서, 신경망의 은닉층을 $hidden_2$, $hidden_3, \cdots$로 증가시키면, 증가분인 1보다 작은 값의 시그모이드 함수의 미분이 곱해집니다. 따라서, 구하는 가중치의 기울기는 층이 깊어짐에 따라 지수함수적으로 감소합니다.

4.3.2 기울기 소실 문제에 관한 대처

현재는 이런 기울기 소실 문제를 해결하는 다양한 기술이 고안됐습니다.

ReLU는 출력에 상한이 존재하지 않아 시그모이드 함수처럼 급격한 기울기 소실이 발생하지 않으므로, 기울기 소실 문제에 대한 강력한 해법 중 하나라고 할 수 있습니다. 이 뒤에 설명할 **LSTM**(Long Short-term Memory)도 기울기 문제를 강하게 의식한 구조이고, 원래 기울기 문제를 깊이 고찰했던 호흐라이터(Hochreiter)가 고안했습니다.

더 수학적이고 엄밀한 기울기 소실에 관한 설명은 호흐라이터의 논문[9]를 참조하세요.

05

C++를 이용한 신경망 구현

역방향 자동 미분 구현

이 장에서는 지금까지 설명한 지식과 함께 C++ 언어를 사용한 표준적인 순방향 신경망 구현에 관해 설명합니다.

이 장에서 설명할 역방향 자동 미분이란 '*4장 오차/역전파*'에서 설명한 미분의 연쇄법칙을 컴퓨터로 구현한 것입니다. 순방향 계산 시에 메모리 상에 계산 그래프를 구축하고, 역전파 시 미리 구축해 둔 계산 그래프를 거꾸로 거슬러 갑니다.

계산 그래프 중 일부인, 지금까지 살펴 본 선형 유닛에 주목해 설명을 진행합니다. 선형 유닛을 구축하는 프로그램 구조를 다음 그림처럼 나타낼 수 있습니다([그림 5.1]).

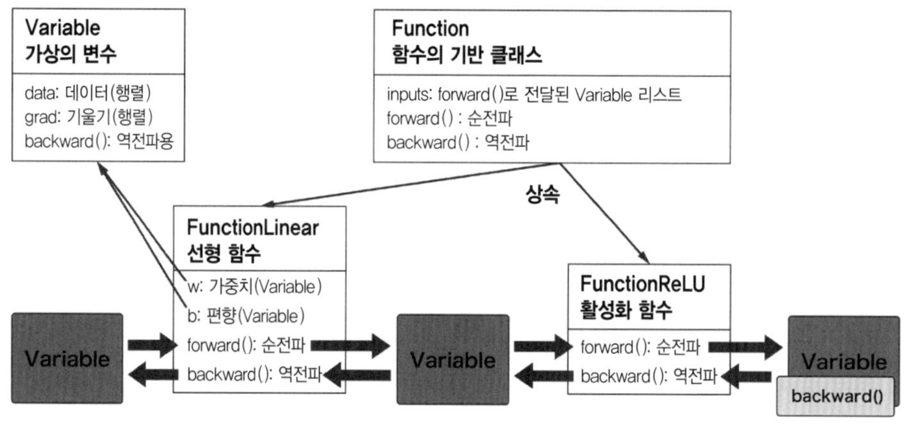

▲ [그림 5.1] 선형 유닛

5.1.1 변수

계산 그래프를 구축할 때, 무엇보다도 필요한 것은 계산 결과를 가질 변수입니다. 이 항에서는 아래 예제에 나타낸 대로 `Variable` 클래스로 정의합니다.

[코드 5.1] `variable.cpp`

```
1 : Variable::Variable(Function *f, int rows, int cols) {
2 :     data = cuMat(rows, cols);
3 :     grad = cuMat(rows, cols);
4 :
5 :     creator = f;
6 :
7 :     //·····
8 : }
```

이 예제 코드는 Variable 클래스의 생성자로, 인수로서 Function 클래스의 포인터와 행렬의 행 수와 열 수를 받습니다(Function 클래스는 나중에 자세히 설명합니다).

멤버 변수인 data는 순전파 시 계산 결과를 갖는 행렬, grad는 역전파 시 미분값(기울기)을 갖는 행렬입니다. 각각의 행렬은 '*2.3 행렬 연산*'에서 설명한 행렬 클래스 cuMat로서 생성합니다.

creator는 이 Variable 인스턴스 자신을 생성한 함수를 나타내며, Function 클래스의 포인터로 정의됩니다.

5.1.2 함수의 기반 클래스

이 책에서는 신경망 안의 각 연산은 모두 함수로서 정의합니다. 그 함수의 기반 클래스를 Function 클래스로 정의합니다.

[코드 5.2] `function.cpp`

```
1 : PVariable Function::forward(PVariable v) {
2 :     inputs.push_back(v);
3 :     PVariable r = forward(inputs, outputs);
4 :
5 :     return r;
6 : }
```

```
 7 : PVariable Function::forward(PVariable v1, PVariable v2){
 8 :     inputs.push_back(v1);
 9 :     inputs.push_back(v2);
10 :     PVariable r = forward(inputs, outputs);
11 :
12 :     return r;
13 : }
14 :
15 : void Function::backward(cuMat &p_grad){
16 :     backward(p_grad, inputs, outputs);
17 : }
```

이 예제 코드에 나타낸 대로, Function에는 forward 및 backward라는 멤버 함수가 있고, 각각 순전파와 역전파에 호출됩니다.

forward는 인수로서 PVariable 변수 v(미니배치 행렬)를 받아, 리스트 inputs에 추가하고 같은 이름의 멤버 함수 forward에 전달합니다. forward는 입력이 하나일 때와 둘 일 때를 대비해 2종류를 준비했습니다. 입력 v는 보통 M × N 행렬이고, N개의 샘플을 가진 미니배치 형식으로 되어 있습니다.

리스트 outputs도 전달하고 있지만, 이는 순전파와 역전파 양쪽에서 어떤 필요한 값을 설정하거나 참조하고 싶은 변수를 저장하는 경우를 대비해 준비한 것으로, 실제로는 사용하지 않는 경우가 대부분입니다.

5.1.3 활성화 함수의 정의

실제 계산을 하는 함수는 Function을 상속한 클래스 내에서 정의합니다. 활성화 함수의 정의예로서 ReLU 함수를 살펴봅시다. 아래에 예제 코드를 실었습니다.

[코드 5.3] function.cpp

```
 1 : PVariable FunctionReLU::forward(
        vector<PVariable > &inputs, vector<PVariable > &outputs){
```

```
 2 :        PVariable x = inputs.at(0);
 3 :        PVariable r = PVariable(new Variable(
               this, x -> data.rows, x -> data.cols));
 4 :        x -> data.relu(r -> data);
 5 :        return r;
 6 : }
 7 :
 8 : void FunctionReLU::backward(cuMat &p_grad,
               vector<PVariable > &inputs,
               vector<PVariable > &outputs){
 9 :        PVariable x = inputs.at(0);
10:        x -> grad += x -> data.relu_d() * p_grad;
11: }
```

예제 코드에 보이는 것처럼 FunctionReLU의 기반 클래스는 Function입니다. 기반 클래스 Function에서 FunctionReLU의 forward가 호출되고, 4행에서 입력 데이터 x를 바탕으로 ReLU의 정의에 따라 계산해 결과를 반환합니다.

backward도 마찬가지로 Function 클래스에서 호출되고, 10행에서 입력 데이터 x를 바탕으로 ReLU의 미분 정의에 따라서 값을 구하는 cuMat의 멤버 relu_d를 호출해 계산한 후, 상위 계층에서 넘어온 델타 p_grad를 곱한 값(행렬 요소끼리의 곱셈)을 입력 데이터 x의 미분 x -> grad에 모두 더합니다.

여기서 x -> grad에 모두 더하는 이유는 '*4.2.4 연쇄법칙의 시각적 표현*'에서 설명한 패턴 1에서 살펴본 대로 델타가 모두 더해지는 경우가 있기 때문입니다. 이 책에서 제공하는 예제 프로그램에선 특별한 이유가 없는 한, 어느 변수에서나 델타는 모두 더합니다.

5.1.4 선형함수의 정의

이어서 선형함수를 나타내는 FunctionLinear 클래스를 정의합니다. 다시 한 번 설명하면, 순전파는 다음과 같습니다.

$$\mathbf{X} = \mathbf{U}^{(1)}$$
$$\mathbf{Z}^{(l)} = f^{(l)}(\mathbf{U}^{(l)}) \tag{5.1}$$
$$\mathbf{U}^{(l+1)} = \mathbf{W}^{(l)}\mathbf{Z}^{(l)} + \mathbf{b}^{(l)}$$

역전파에서 각각의 기울기 계산은 다음과 같습니다.

$$\Delta^{(l)} = (\mathbf{W}^{(l+1)\mathrm{T}}\Delta^{(l+1)}) \odot f^{(l)'}(\mathbf{U}^{(1)})$$
$$\frac{\partial \mathbf{E}_p}{\partial \mathbf{W}^{(l)}} = \Delta^{(l)}\mathbf{Z}^{(l-1)\mathrm{T}} \tag{5.2}$$
$$\frac{\partial \mathbf{E}_p}{\partial \mathbf{b}} = \Delta^{(l)}\mathbf{v}^{\mathrm{T}}$$

[코드 5.4] function.cpp

```cpp
1 : class FunctionLinear: public Function {
2 :     public:
3 :     Variable *w;
4 :     Variable *b;
5 :
6 :     //....
7 : };
```

FunctionLinear는 Function의 상속 클래스로, [식 5.2]의 3번째 식을 나타내는 것입니다. 또한, 상기 예제 코드에서 FunctionLinear의 생성자 안의 *w 및 *b는 각각 가중치 행렬과 편향 벡터입니다.

[코드 5.5] function.cpp

```cpp
1 : FunctionLinear::FunctionLinear(Variable *w, Variable *b) :
            Function() {
2 :     this -> w = w;
3 :     this -> b = b;
4 : }
5 :
6 : PVariable FunctionLinear::forward(vector<PVariable > &inputs,
            vector<PVariable > &outputs){
```

```cpp
7 :         PVariable x = inputs.at(0);
8 :         PVariable r = PVariable(new Variable(
            this, w -> data.rows, x -> data.cols));
9 :        if (i1.cols == 0 || i1.cols != x -> data.cols){
10:            i1 = cuMat(1, x -> data.cols);
11:            i1.ones();
12:        }
13:        r -> data = w -> data.dot(x->data) + b -> data.dot(i1);
14:        return r;
15: }
16:
17: void FunctionLinear::backward(cuMat &p_grad,
        vector<PVariable > &inputs, vector<PVariable > &outputs){
18:        PVariable x = inputs.at(0);
19:        x -> grad += w -> data.transpose().dot(p_grad);
20:        w -> grad += p_grad.dot(x -> data.transpose());
21:        b -> grad += p_grad.dot(i1.transpose());
22: }
```

위 예제 코드에선 `FunctionLinear`의 인스턴스를 생성하는 곳에서 `FunctionLinear`의
생성자에 w 및 b를 넘겨줍니다. `FunctionLinear`는 넘겨받은 매개변수를 멤버 변수인 w, b에
설정합니다(2~3행). 이 w, b는 나중에 갱신 대상이 되는 매개변수입니다.

`forward` 내부의 계산은 [식 5.1]의 3번째 식을 그대로 구현한 것이므로, 넘어온 입력 데이터를
8행에서 [식 5.1]에 따라 계산합니다. 여기서 반환하는 값은 `PVariable` 클래스의 인스턴스입
니다.

덧붙여, 여기서는 '*1.2.2 공유 포인터*'에서 설명한 공유 포인터를 이용합니다. 함수 안에서
확보한 메모리를 함수 밖으로 전달하고 있으므로, 일반 포인터를 이용할 경우 메모리 해제 시점
이나 장소를 프로그래머가 주의 깊게 생각해서 구현해야만 합니다. 하지만, 공유 포인터를 이용
하면 그런 수고를 많이 줄일 수 있습니다.

또한, 계산 그래프를 구축하는 데 있어 중요한 점은 예제 코드 13행의 계산 결과를 저장하는
변수 r을 만들 때, r이 만들어진 함수가 어느 함수인지 가리키기 위해 `Variable` 클래스의 생

성자에 자기 자신인 this 포인터를 넘겨준다는 점입니다. 이 this 포인터는 Variable 클래스의 클래스 변수 creator라는 포인터에 대입됩니다. 결국, r과 r을 생성한 함수를 여기서 포인터를 써서 연결합니다.

이렇게 하면 함수에서 출력된 변수가 다음에 다른 함수의 입력이 되고, 함수의 내포 구조인 계산 그래프를 Variable → Function → Variable → Function → Variable로 일종의 리스트 구조처럼 더듬어 갈 수 있게 됩니다.

backward에서는 [식 5.2]의 첫 델타를 구하는 식 안의 $\left(\mathbf{W}^{(l+1)\mathrm{T}}\Delta^{(l+1)}\right) \odot f^{(l)'}\left(\mathbf{U}^{(1)}\right)$ 부분과 프로그램 속 19행째 식을 비교해 보면, $f^{(l)'}\left(\mathbf{U}^{(1)}\right)$항이 사라졌습니다. 활성화 함수 프로그램에서 계산한 값과 더 상위 함수 f 에서 계산된 델타 값이 곱해져 p_grad 변수로 정리되어 넘어 오기에 차이가 있지만, 실제로 실행되는 것은 수식과 프로그램이 완전히 같습니다. $f^{(l)'}\left(\mathbf{U}^{(1)}\right)$의 계산이 어디에서 이루어지는지만 차이가 있습니다.

덧붙여, dot는 행렬곱, transpose는 전치를 계산하는 cuMat의 함수입니다.

5.1.5 교차 엔트로피 오차 함수

마지막으로 교차 엔트로피 오차 함수를 살펴봅시다.

[코드 5.6] function.cpp

```cpp
 1 : PVariable FunctionSoftmaxCrossEntropy::forward(
        vector<PVariable > &inputs, vector<PVariable > &outputs){
 2 :     PVariable x = inputs.at(0);
 3 :     PVariable t = inputs.at(1);
 4 :
 5 :     PVariable rr3 = PVariable(
            new Variable(x -> data.rows, x -> data.cols));
 6 :
 7 :     x->data.softmax(rr3->data);
 8 :
 9 :     rr = PVariable(new Variable(rr3 -> data));
10:     rr3 -> data.softmax_cross_entropy(t -> data, rr3 -> data);
```

```cpp
11:        float sum = rr3->data.sum();
12:        sum /= rr3->data.cols;
13:        PVariable r = PVariable(new Variable(
               this, loss.rows, loss.cols));
14:        r -> data = loss * sum;
15:
16:        return r;
17: }
18:
19: void FunctionSoftmaxCrossEntropy::backward(cuMat &p_grad,
         vector<PVariable > &inputs, vector<PVariable > &outputs){
20:        PVariable x = inputs.at(0);
21:        PVariable t = inputs.at(1);
22 :       PVariable y = rr;
23:
24:        x -> grad += y->data - t -> data;
25: }
```

위 예제 코드를 보면 알 수 있듯이, forward에서는 순전파로 넘어오는 데이터 x와 학습 데이터 t라는 2가지 입력을 받아들입니다. 이 코드에서 중요한 것은 7행에서 소프트맥스를 계산하는 부분과 10행에서 교차 엔트로피 오차를 계산하는 부분입니다. 반환값은 11~12행에서 계산하는 교차 엔트로피 오차 함수가 반환하는 값의 미니배치 사이의 평균입니다.

이 forward가 반환하는 값은 학습 시 네트워크 전체의 오차이고, 이 오차가 어느 정도 학습이 진행됐는지를 측정하는 중요한 지표가 됩니다. 오차가 작으면 작을수록 학습이 진행됐다는 의미입니다.

backward는 소프트맥스 교차 엔트로피 오차 함수의 정의대로, 소프트맥스 함수의 출력에서 학습 데이터 값을 뺀 값을 기울기로 합니다(24행).

덧붙여, 프로그램 속의 softmax와 softmax_cross_entropy는 '4장 오차역전파'에서 설명한 소프트맥스와 소프트맥스 교차 엔트로피 오차 함수를 정의대로 구현한 것이고, cuMat의 행렬 연산의 일부로서 구현했습니다. 최종적으로는 CUDA 커널로서 구현했습니다. 자세한 것은 예제 소스 코드를 참조하세요.

5.1.6 역전파

계산 그래프를 구축하는 최소한의 조건을 갖추었으니, 계속해서 이 항에서는 역전파 구현에 관해 설명하겠습니다. 우선, 아래 예제 코드에 역전파의 심장부를 나타냈습니다.

[코드 5.7] variable.cpp

```cpp
 1 : void Variable::backward() {
 2 :     this->grad = seed;
 3 :     this->backward(this);
 4 : }
 5 :
 6 : void Variable::backward(Variable *v) {
 7 :     if (v == NULL) return;
 8 :
 9 :     if (v->creator != NULL) {
10:
11:         //.....
12:
13:         v -> creator -> backward(v -> grad);
14:
15:         for (int i = 0; i< v -> creator -> inputs.size(); i++) {
16:             PVariable nv = v -> creator -> inputs[i];
17:
18:             this -> backward(nv.get());
19:         }
20:     }
21: }
```

계산 그래프의 가장 상위 출력 결과, 다시 말해 분류 문제의 경우는 소프트맥스 교차 엔트로피 오차 함수의 출력으로부터 오차를 전파합니다. 그 시작이 되는 것이 위 예제 코드 첫 부분의 인수가 없는 backward()입니다.

Variable 자신의 기울기인 grad에 seed(모든 요소가 1인 행렬)를 설정하고, 자신의 backward()를 호출합니다(인수가 있는 두 번째 backward). 이 backward()는 13행에서 자기 자신을 생성한 함수 creator의 backward를 호출하고, 자신이 가진 기울기를 인수로서 전달합니다. creator가 소프트맥스 교차 엔트로피 오차 함수인 경우, 여기서 전달된 인수가 seed로 되어 있을 것입니다.

그 후, 함수인 creator에 입력되는 모든 변수 inputs를 하나씩 backward()에 넘겨주고 v 혹은 creator가 NULL이 될 때, 다시 말해 최초의 입력까지 더듬어 간 단계에서 계산을 마칩니다.

이대로 재귀적으로 Variable의 backward를 호출해 계산 그래프를 역순으로 계속 더듬어 가면 모든 매개변수의 기울기를 구할 수 있습니다. 이런 컴퓨터 상의 구현을 역방향 자동 미분이라고 부릅니다.

'*5.1 역방향 자동 미분 구현*'에서 설명한 함수 Function은 한 번 입력된 데이터에 어떤 계산을 해서 실행 결과를 한 번 출력하는, 문자 그대로 단순한 함수로서 정의합니다. 즉, 한 번 정의한 함수는 한 번만 계산에 이용한다는 규칙입니다.

따라서, 앞에서 설명한 FunctionLinear 등 매개변수 w, b를 갱신하는 함수의 경우, 그때마다 외부에서 w, b를 지정할 필요가 있습니다. 아래 그림처럼 외부 역할을 담당하는 클래스를 Graph로서 정의하고([그림 5.2]) 예제 코드를 소개합니다.

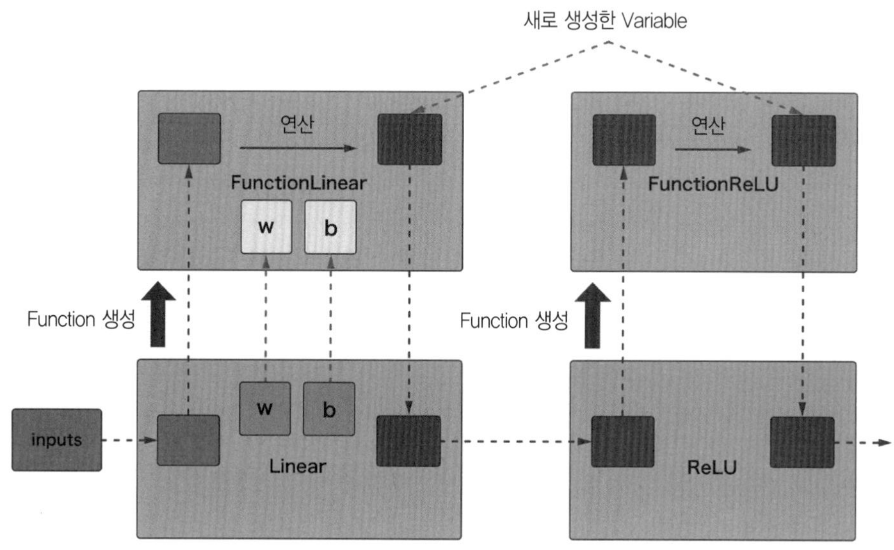

▲ [그림 5.2] 함수 래퍼(점선 화살표로 표시되는 래퍼·함수 사이나 각 래퍼 사이에서 전달되는 매개변수는 포인터)

[코드5.8] graph.h

```cpp
1 : class Graph {
2 :     public:
```

```cpp
 3 :         vector<PFunction > funcs_chain;
 4 :         virtual vector<Variable *> getParams();
 5 :
 6 :         Graph();
 7 :         virtual ~Graph();
 8 :
 9 :         virtual void toHostArray();
10:         virtual void fromHostArray();
11:
12:         void init();
13:         void remove_chain();
14:
15:         virtual PVariable forward(PVariable v);
16:         virtual PVariable forward(PVariable v1, PVariable v2);
17:
18:         virtual void zero_grads();
19:         virtual void reset_state();
20:
21:         //.....
22 : };
```

위 예제 코드에서는 몇 가지 멤버 변수와 함수가 정의되어 있으므로 차례대로 설명합니다. 우선, Function 클래스의 forward에 해당하는 것으로서 Graph 클래스에서도 forward가 정의되어 있습니다.

여기서 backward가 정의되지 않은 이유는 한 번 Function과 Variable을 통과해 계산 그래프가 구축되면, Function과 Variable의 양 클래스에서 역전파는 완결되고 Graph 클래스는 감지하지 않아도 되기 때문입니다.

Graph의 역할은 필요한 매개변수 유지와 Function의 시작입니다.

[코드 5.9] graph.cpp

```cpp
 1 : Linear::Linear(int output_size, int input_size,
          bool no_bias) : Graph() {
```

```
2 :        this -> w = new Variable(output_size, input_size);
3 :        this -> w -> randoms(0., sqrt((1./(float)input_size)));
4 :
5 :        this -> b = new Variable(output_size, 1);
6 : }
7 :
8 : PVariable Linear::forward(PVariable v){
9 :        Function *f = new FunctionLinear(w, b);
10:        PFunction pf(f);
11:        funcs_chain.push_back(pf);
12:
13:        return pf -> forward(v);
14: }
15:
16: vector<Variable *> Linear::getParams(){
17:        vector<Variable *> params;
18:        params.push_back(w);
19:        params.push_back(b);
20:
21:        return params;
22: }
```

이 예제 코드에서 Linear는 Graph의 상속 클래스입니다. 생성자로 가중치와 편향을 초기화해서 가집니다. 3행의 randoms(a, b)는 Variable 클래스의 함수로 평균 a, 표준편차 b를 따르는 가우스 분포로 랜덤하게 값을 생성하는 함수입니다. 이 함수로 w를 랜덤하게 초기화하고 있습니다. b의 초깃값은 0입니다.

forward 함수가 실제 선형함수 부분입니다. 9행에서 FunctionLinear의 인스턴스를 생성하고, 그때 매개변수 w, b를 전달합니다.

PFunction은 Function의 공유 포인터이며 다음과 같이 정의되어 있습니다.

[코드 5.10] function.h

```
1 : using PFunction = shared_ptr<Function>;
```

생성한 FunctionLinear 클래스의 인스턴스를 PFunction으로 해서, 생성한 함수를 관리하는 리스트 funcs_chain에 삽입합니다. 마지막으로 PFunction의 forward를 호출해 FunctionLinear의 forward를 실행한 후 결과를 그대로 반환합니다.

이처럼 Linear 클래스의 forward가 호출될 때마다 새로운 Function 클래스가 생성되어 실행됩니다. 덧붙여, getParams()는 학습 시에 변경해야 하는 매개변수를 목록으로 정리해서 반환하는 함수입니다.

5-3 모델

신경망 네트워크에서는 어떤 계산 그래프를 구축하는지는 자유입니다. 그러므로, 다양한 신경망 구성이 제안되고 있습니다. 따라서, 신경망을 정의하는 표준화된 구조가 있으면 편리합니다. 이 책에서는 임의의 신경망 구성을 모델이라고 부릅니다.

5.3.1 모델의 정의

모델을 구성하는 최소 단위는 변수 Variable이고, Variable을 생성하는 것은 함수 Function입니다. Function을 생성하는 것이 Graph이므로 Graph 단위로 모델을 정의해 갑니다. 아래에 모델을 정의한 예를 나타냈습니다.

[코드 5.11] model.h

```cpp
 1 : class Model {
 2 :
 3 :     //.....
 4 :
 5 :     map<string, Graph *> graphs;
 6 :     vector<UpdateParams *> updateParams;
 7 :
 8 :     //.....
 9 :
10:     void putG(string name, Graph *f){
11:         graphs[name] = f;
12:     }
13:
14:     Graph *G(string name){
15:         return graphs.at(name);
16:     }
```

```cpp
17:
18:     vector<UpdateParams *> &getUpdateParams(){
19:         for(auto gs : graphs){
20:             Graph *g = gs.second;
21:
22:             UpdateParams *p = new UpdateParams();
23:             for (Variable *pm : g -> getParams()){
24:                 p->add(pm);
25:             }
26:             updateParams.push_back(p);
27:         }
28:     }
29:
30:     //.....
31:
32:     return updateParams;
33: };
```

위 코드에선 putG() 로 Graph의 인스턴스를 graphs에 추가하고, G() 로 추출합니다. 아래는 그 사용 예입니다.

[코드 5.12] model.h

```cpp
1 : Model model;
2 : Linear *linear1 = new Linear(3, 7);
3 : ReLU *relu1 = new ReLU();
4 :
5 : model.putG("l1", linear1);
6 : model.putG("relu1", relu1);
7 :
8 : Linear *l2 = (Linear *) model.G("l1");
9 : Linear *relu2 = (ReLU *) model.G("relu1");
```

또한, [코드 5.11]에 나타낸 대로 getUpdateParams() 는 등록된 Graph 인스턴스로부터

학습 시에 갱신이 필요한 매개변수를 추출해 별도로 UpdateParams 클래스의 인스턴스로서
설정한 후, updateParams 리스트에 추가합니다.

따라서, updateParams는 등록된 모든 Graph의 갱신에 필요한 매개변수의 리스트가 됩니
다. 예를 들어 Linear 클래스라면 갱신에 필요한 파라미터는 w, b가 되고, Linear 클래스의
getParams() 안에 정의 되어 있습니다.

5.3.2 모델의 저장과 복원

앞에서 설명한 대로 모델을 정의함으로써 모델을 사용할 준비가 갖추어집니다. 정의한 모델
을 이용해 학습하고 학습된 모델로 테스트 데이터를 이용한 평가, 다시 말해 회귀와 분류가 가
능해집니다.

하지만, 이 상태로는 학습된 모델은 학습 실행 시 메모리에 저장되어 있는 동안만 사용할 수
있고, 임의의 시점에 평가를 하고 싶을 때는 다시 학습 해야만 합니다. 일반적으로 신경망 학습
에는 시간이 매우 오래 걸리므로, 평가 시점에서 다시 처음부터 학습하는 것은 현실적이지 않습
니다. 그러므로 학습된 모델을 영속적으로 저장하는 구조가 필요합니다. 모델을 저장하는 구조
자체는 신경망과 직접적인 관계가 없지만, 모델을 저장할 수 없으면 실용상 곤란하므로 이 항에
서는 모델을 보존하는 방법을 설명하겠습니다.

클래스 내용을 물리 미디어로 영속화할 때는 클래스 인스턴스가 차지하는 메모리 내용을 일
단 바이너리열로 변환해서 저장하고, 복원할 때는 그 반대를 실행함으로써 실현합니다. 이를 일
반적으로 시리얼라이즈라고 부르는데, 아쉽게도 C++는 시리얼라이즈 기능을 표준으로 갖추고
있지 않습니다. 그 대신 boost 라이브러리에 있는 boot_serialization을 사용하면 편리하
게 실행할 수 있습니다.

예를 들어 Model 클래스의 시리얼라이즈를 다음과 같이 정의할 수 있습니다.

[**코드 5.13**] model.h

```
1 : class Model {
2 :     public:
```

```
 3 :     map<string, Graph *> graphs;
 4 :
 5 :     //·····
 6 :
 7 :     private:
 8 :     friend class boost::serialization::access;
 9 :     template<class Archive>
         void serialize(Archive & ar, const unsigned int version){
10:            ar & graphs;
11:        }
12: };
```

위 예제 코드 8~11행이 boost_serialization 스타일의 정의입니다. private에
friend 클래스로서 serialization::access를 정의하고 serialize 함수를 정의합니다.

serialize 함수에는 Archive로 정의되는 ar과 시리얼라이즈하고 싶은 변수(여기서는
graphs)와 비트곱을 기술합니다. 어떤 변수(vector나 map도 포함)든 대부분 시리얼라이즈
할 수 있는 뛰어난 라이브러리지만, 유감스럽게도 공유 포인터만은 저장할 수 없습니다.

boost_serialization 라이브러리를 사용해, 그밖의 클래스 Graph, Function,
Variable, cuMat와 각각의 파생 클래스도 마찬가지로 정의를 기술합니다. 예를 들어 Graph
의 파생 클래스 Linear의 정의는 다음과 같습니다.

[코드 5.14] graph.h

```
1 : class Linear : public Graph {
2 :     public:
3 :
4 :     Variable *w, *b;
5 :     //·····
6 :
7 :     private:
8 :     friend class boost::serialization::access;
9 :     template<class Archive>
```

```cpp
10:        void serialize(Archive & ar, const unsigned int version){
11:             ar & boost::serialization::base_object<Graph>(*this);
12:             ar & w;
13:             ar & b;
14:        }
15:        // .....
16: };
```

위 예제 코드에서 저장하고 싶은 것은 학습된 w와 b입니다. 11행은 기반 클래스를 boost에 알려주는 부분으로 꼭 기술해야 합니다. 파생 클래스일 경우는 잊지 말고 기술합니다.

이어서 실제로 저장하고 복원하는 방법을 아래 예제 코드로 예를 들어 설명하겠습니다.

[코드 5.15] model.h

```cpp
1 : class Model {
2 :      // .....
3 :
4 :      void save(string path){
5 :          for(auto gs : graphs){
6 :              Graph *g = gs.second;
7 :              g->toHostArray();
8 :          }
9 :          std::ofstream ofs(path);
10:          boost::archive::binary_oarchive oa(ofs);
11:
12:          oa.register_type<Linear>();
13:          oa.register_type<ReLU>()
14:          oa.register_type<SoftmaxCrossEntropy>();
15:          oa.register_type<Plus>();
16:
17:          oa << *this;
18:          ofs.close();
19:      }
20:
```

```cpp
21:        void load(string path){
22:            std::ifstream ifs(path);
23:            boost::archive::binary_iarchive ia(ifs);
24:
25:            ia.register_type<Linear>();
26:            ia.register_type<ReLU>();
27:            ia.register_type<SoftmaxCrossEntropy>();
28:            ia.register_type<Plus>();
29:
30:            ia >> *this;
31:            ifs.close();
32:            for(auto gs : graphs){
33:                Graph *g = gs.second;
34:                g->fromHostArray();
35:            }
36:            getUpdateParams();
37:        }
38:
39:        // .....
40: }
```

저장할 때는 Model 클래스의 save에 저장할 경로를 지정해 호출하기만 하면 됩니다. 위 코드에선 17행이 실제로 Model 인스턴스가 boost에 의해 저장이 이루어지는 부분입니다.

복원할 때도 저장할 때와 마찬가지로 저장된 모델의 경로를 지정해 load를 호출하기만 하면 됩니다. 30행이 실제로 Model의 인스턴스가 boost에 의해 복원되는 부분입니다.

boost 라이브러리는 Model 클래스의 인스턴스뿐만 아니라, 관련 클래스의 인스턴스 전체에 대해서도 저장 및 복원을 실행할 수 있습니다. 단, 저장 및 복원은 boost_serialization를 정의한 클래스에 한정됩니다.

또한, 조금 번거롭지만 주의해야 할 것은 예제 코드 12~15행과 25~28행처럼 저장 및 복원하는 클래스의 타입을 boost로 명시할 필요가 있습니다.

옵티마이저

신경망 프레임워크로서 남아 있는 것은 매개변수 학습입니다. Model의 기능으로 학습할 매개변수 목록을 가져올 수 있으므로, 이 절에서는 가져온 매개변수를 실제로 학습하는 부분을 구축합니다.

이 책에서는 취득한 매개변수의 학습을 담당하는 부분을 옵티마이저로 부릅니다. 학습이란 결국 매개변수를 경사 하강법으로 갱신하는 일입니다.

5.4.1 옵티마이저의 기반 클래스

다음은 옵티마이저의 기반 클래스입니다.

[코드 5.16] `optimizer.cpp`

```cpp
1 : Optimizer::Optimizer(Model *model, float learning_rate) {
2 :     this -> model = model;
3 :     lr = learning_rate;
4 : }
5 :
6 : void Optimizer::init() {
7 :     epoch = 1;
8 :     updateParams = model->getUpdateParams();
9 :     delOpts();
10:
11:     for (int i = 0; i < updateParams.size(); i++) {
12:         UpdateParams *up = updateParams.at(i);
13:         for (int j = 0; j < up -> params.size(); j++) {
14:             Variable *v = up -> params.at(j);
15:             opts.push_back(createOptimizerParams(v));
16:
```

```cpp
17:         }
18:     }
19: }
20:
21: void Optimizer::update() {
22:     int k = 0;
23:     for (int i = 0; i < updateParams.size(); i++) {
24:         UpdateParams *up = updateParams.at(i);
25:         for(int j = 0; j < up->params.size(); j++){
26:             Variable *v = up->params.at(j);
27:             update_param(v, *opts.at(k));
28:             k++;
29:         }
30:     }
31:     epoch++;
32:     zero_grads();
33: }
34:
35: void Optimizer::zero_grads() {
36:     for (int i = 0; i < updateParams.size(); i++) {
37:         UpdateParams *up = updateParams.at(i);
38:         for(int j = 0; j < up -> params.size(); j++){
39:             Variable *v = up -> params.at(j);
40:             v -> grad *= 0;
41:         }
42:     }
43: }
```

생성자에서 모델의 포인터와 경사 하강법의 학습률 lr ()을 받아들입니다.

모델이 적합한 구성으로 구축됐음을 전제로 외부에서 init ()를 호출합니다. init () 안에서는 우선 모델에 등록을 마친 갱신이 필요한 매개변수 전체 리스트를 가져옵니다(8행).

가져온 리스트에서 실제로 갱신에 사용할 Variable 변수 v를 골라냅니다(11~14행). v에는 Function에서 수시로 갱신된 매개변수가 들어옵니다.

createOptimizerParams()로 옵티마이저에 필요한 매개변수를 저장하는 클래스 (OptimizerParams)를 생성하고, 리스트 opts에 추가합니다(15행). 옵티마이저 종류에 따라 필요한 정보가 다르므로, 각 옵티마이저에서 OptimizerParams 클래스를 상속해 독자적인 변수를 가질 수 있게 하기 위해서입니다.

update()를 외부에서 호출해 init()와 마찬가지로 v를 골라내고, v에 대한 Optimizer Params의 인스턴스와 함께 update_param()에 전달함으로써 경사 하강법을 실행합니다 (27행).

덧붙여, 32행에서 호출되는 zero_grads()는 중요한 역할을 당담합니다. 모든 매개변수 갱신이 끝나면, 다음 갱신에 대비해 각 매개변수의 기울기를 저장한 Variable의 grad를 모두 0으로 초기화합니다. 1회 역전파하는 동안, grad는 Function으로 기울기를 구할 때 모두 더한다는 규칙으로 했으므로, 덮어써질 일이 없기 때문입니다.

5.4.2 옵티마이저의 예

이 항에서는 옵티마이저의 하나로서 가장 단순한 경사 하강법을 실행하는 클래스 Optimizer SGD를 설명합니다.

[코드 5.17] optimizer_sgd.cpp

```
 1 : class OptimizerSGDParams : public OptimizerParams {
 2 :     public:
 3 :     cuMat ndw;
 4 :
 5 :     OptimizerSGDParams(int output_units, int input_units) {
 6 :         ndw = cuMat(output_units, input_units);
 7 :     }
 8 : };
 9 :
10: class OptimizerSGD : public Optimizer {
11:     public:
12:     OptimizerSGD(Model *model, float lr) :
            Optimizer(model, lr) {
```

```
13:      }
14:
15:     OptimizerParams *createOptimizerParams(Variable *v) {
16:         return new OptimizerSGDParams(
17:     }                v -> data.rows, v -> data.cols);
18:
19: void update_param(Variable *w, OptimizerParams &opp) {
20:     OptimizerSGDParams &op = (OptimizerSGDParams &)opp;
21:     w -> grad.mul(-lr, op.ndw);
22:     w -> data.plus(op.ndw, w -> data);
23:     }
24: };
```

이 코드의 OptimizerSGD 클래스는 Optimizer의 파생 클래스입니다.

createOptimizerParams로 OptimizerParams의 파생 클래스 OptimizerSGDParams 를 생성합니다. 필요한 것은 ndw 변수뿐입니다. 여기서는 단순한 임시 변수로서 정의되어 있지만, 그 밖의 옵티마이저에서는 1회 역전파 동안 이동 평균 등의 값을 유지할 변수가 필요한 경우가 있습니다.

기반 클래스 Optimizer의 update에서 update_params이 호출되면, 실제 경사 하강법이 실행됩니다. 20행에서 필요한 매개변수를 가져오고, 21, 22행에서 다음 식을 실행합니다.

$$\mathbf{w} \leftarrow \mathbf{w} - \eta \frac{\partial E_p}{\partial \mathbf{w}} \tag{5.3}$$

이 장에서 구현한 프로그램을 사용해 신경망을 이용한 학습과 평가를 합니다. 이 절에서는 학습 대상으로서 MNIST를 골랐습니다. MNIST(Modified National Institude of Standards and Technology database)는 미국 NIST^{미국국립표준기술연구소}에서 만들어진 데이터를 변경한 서브셋으로 0~9를 손으로 쓴 숫자 이미지, 약 7만 개가 들어있는 데이터셋입니다. 이를 사용해 이미지 인식을 합니다.

여기서 말하는 이미지 인식이란 주어진 손글씨 숫자 이미지가 0~9 중 어디에 해당하는지 추정하는 것으로, 분류 문제로서 정식화할 수 있습니다.

5.5.1 MNIST 데이터셋 구하기

MNIST 데이터셋은 아래 사이트 'THE MNIST DATABASE of handwritten digits(손으로 쓴 디지털 MNIST 데이터베이스)'에서 구할 수 있습니다.

`URL` http://yann.lecun.com/exdb/mnist/

train-images-idx3-ubyte.gz	학습용 이미지 데이터 6만 개
train-labels-idx1-ubyte.gz	학습용 이미지 데이터에 대응하는 라벨
t10k-images-idx3-ubyte.gz	평가용 이미지 데이터 1만 개
t10k-labels-idx1-ubyte.gz	평가용 이미지 데이터에 대응하는 라벨

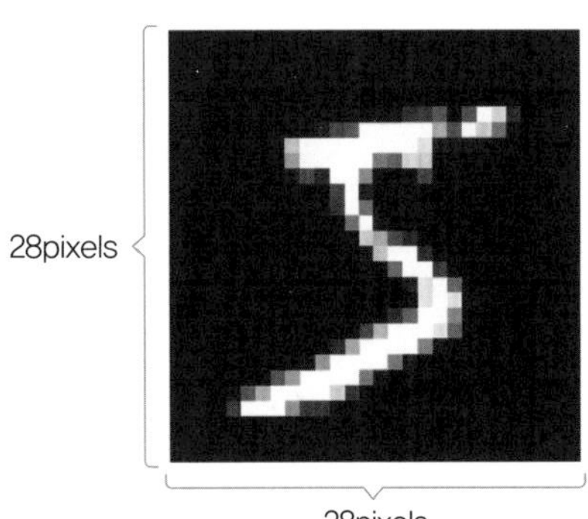

◀ [그림 5.3] MNIST 이미지 예

 MNIST 데이터 형식

학습용 및 평가용 이미지 데이터베이스에는 [그림 5.3]과 같은 256계조의 그레이스케일(28 × 28픽셀)로 된 손으로 쓴 숫자 이미지 데이터가 들어있습니다. 그림에는 손으로 쓴 숫자 '5'를 예로 들었습니다. 이미지 데이터는 아래 표에 나타낸 바이너리 형식으로 되어 있고, 복수의 이미지가 하나의 파일에 저장되어 있습니다.

오프셋	자료형	값	설명
0000	32비트 integer	0x00000803(2051)	매직 넘버
0004	32비트 integer	60000	이미지 수
0008	32비트 integer	28	이미지 1장당 행 수(세로 픽셀)
0012	32비트 integer	28	이미지 1장당 열 수(가로 픽셀)
0016	unsigned byte	??	픽셀값
0017	unsigned byte	??	픽셀값
⋮			
xxxx	unsigned byte	??	픽셀값

오프셋 0012까지가 헤더로, 매직 넘버에는 데이터 타입과 벡터·행렬의 종류가 비트열로 담겨있습니다. 헤더 이후가 실제 이미지 데이터입니다. 28 × 28 이미지의 픽셀 값을 한 행씩 나열한 것이 이미지 수만큼 계속됩니다. 결국, 28 × 28 = 784픽셀이 한 행이고, 이미지 수만큼의 행렬을 가진 데이터가 됩니다.

학습 및 평가용 라벨 데이터는 이미지 데이터와 마찬가지로, 아래 표에 나타낸 바이너리 형식으로 구성됩니다. 오프셋 0008부터가 실제 라벨 데이터입니다.

오프셋	자료형	값	설명
0000	32비트 integer	0x00000801(2049)	매직 넘버
0004	32비트 integer	60000	이미지 수
0008	unsigned byte	??	라벨 값
0009	unsigned byte	??	라벨 값
⋮			
xxxx	unsigned byte	??	라벨 값

5.5.3 분류 모델

이번 절에서는 [그림 5.4]에 나타낸 분류 모델을 구축합니다.

입력층에서는 전항 *'MNIST 데이터 형식'*에서 설명한 한 이미지를 784차원의 픽셀 값으로 나타낸 벡터를 입력합니다.

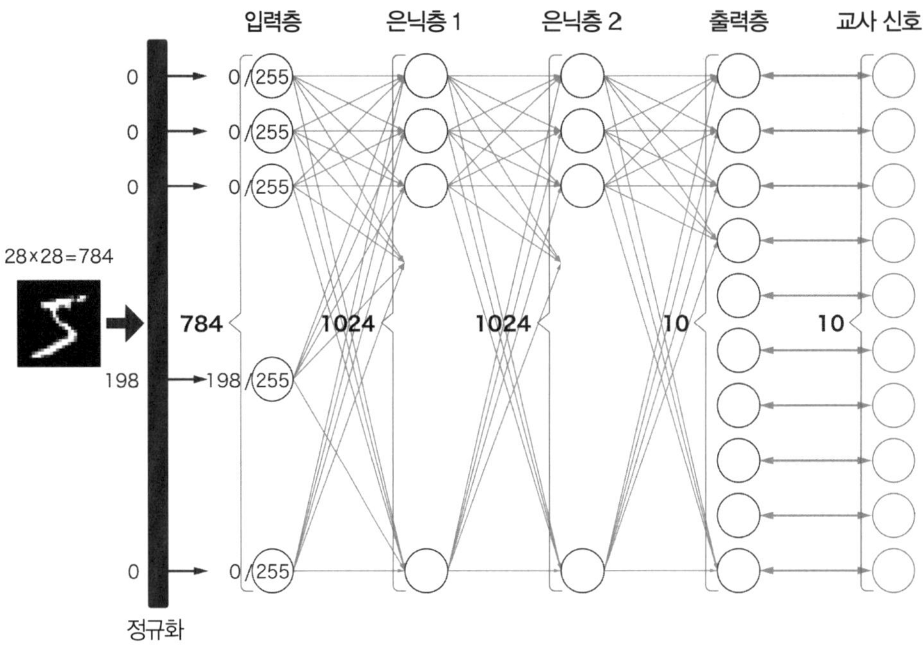

▲ [그림 5.4] MNSIT 분류 모델

그때, 원래 이미지의 픽셀은 2차원 위치 정보를 잃어버린다는 점에 주의하세요. 다음은 데이터의 전처리에 해당하는 코드입니다.

[코드 5.18] `test.cpp`

```cpp
1 : int main(){
2 :     //‥‥‥
3 :
4 :     int totalSampleSize = 60000;
```

```cpp
5 :        int totalTestSize = 10000;
6 :        int batchSize = 100;
7 :        int i_size = 784;
8 :        int n_size = 1024;
9 :        int o_size = 10;
10:
11:        vector<vector<float>> train_data, test_data;
12:        vector<float> label_data, label_test_data;
13:
14:        Mnist mnist, mnist_test;
15:        train_data = mnist.readTrainingFile(
               "train-images-idx3-ubyte");
16:        label_data = mnist.readLabelFile(
               "train-labels-idx1-ubyte");
17:        test_data = mnist_test.readTrainingFile(
               "t10k-images-idx3-ubyte");
18:        label_test_data = mnist_test.readLabelFile(
               "t10k-labels-idx1-ubyte");
19:
20:        Dataset *dataset = new Dataset();
21:        dataset->standrize(&train_data);
22:        vector<BatchData *> bds;
23:        for(int i = 0; i<totalSampleSize/batchSize; i++){
24:            BatchData *bdata = new BatchData(
                   i_size, o_size, batchSize);
25:            dataset -> createMiniBatch(
                   train_data, label_data, bdata->getX(),
                   bdata -> getD(), batchSize, o_size, i);
26:            bds.push_back(bdata);
27:        }
28:        dataset->standrize(&test_data);
29:        vector<BatchData *> bds_test;
30:        for(int  i = 0; i<totalTestSize/batchSize; i++){
31:            BatchData *bdata = new BatchData(
                   i_size, o_size, batchSize);
```

```
32:        dataset -> createMiniBatch(test_data,
           label_test_data, bdata -> getX(),
             bdata -> getD(), batchSize, o_size, i);
33:        bds_test.push_back(bdata);
34:    }
35:
36:    //·····
```

상기 코드의 11~14행에서 학습 및 평가용 데이터를 읽어들입니다. 여기서의 Mnist 클래스는 MNIST의 데이터 형식에 따라서 읽어들이고 vector에 저장하기만 하는 클래스입니다.

Dataset 클래스를 사용해 입력 벡터 각 요소의 픽셀 값은 그대로 사용하는 게 아니라, 다음과 같이 표준화합니다(17행과 24행).

$$\hat{x} = \frac{x - \mu}{\sigma} \tag{5.4}$$

단, μ는 입력의 평균, σ는 분산입니다.

데이터가 음수가 아닌 [0, 1] 범위에 들어가는 것이 좋은 경우에는 다음과 같이 단순하게 정규화해도 문제 없습니다.

$$\hat{x} = \frac{x}{255} \tag{5.5}$$

BatchData 클래스는 주어진 모든 샘플에서 미니배치를 작성하는 클래스입니다. 배치 크기를 100으로 했으므로, 만들어지는 미니배치 수는 60,000 ÷ 100 = 600이 됩니다.

다음으로 은닉층이 2개 이어지는 구성으로 되어 있습니다. 2개의 은닉층은 각각 1,024개 유닛을 가집니다. 활성화 함수로는 ReLU를 이용합니다.

마지막으로 출력층의 구성은 0~9의 숫자를 분류하는 모델을 구축하는 것이 목적이므로, 출력층 유닛 수는 10이 됩니다. 출력값과 교사 신호와의 오차를 소프트맥스 교차 엔트로피 오차 함수로 계산하고, 오차전파법으로 각 매개변수를 갱신합니다. 오차가 충분히 작아진 단계에서 학습을 마칩니다.

이어서, 다음 예제 코드를 살펴봅시다. 신경망 전체의 구성을 Model 클래스로 정의합니다.

[코드 5.19] test.cpp

```cpp
1 : Model model;
2 :
3 : int main(){
4 :     // .....
5 :
6 :     model.putG("g1", new Linear(n_size, i_size));
7 :     model.putG("g_relu1", new ReLU());
8 :     model.putG("g2", new Linear(n_size, n_size));
9 :     model.putG("g_relu2", new ReLU());
10:     model.putG("g3", new Linear(o_size, n_size));
11:     model.putG("g_softmax_cross_entoropy",
                new SoftmaxCrossEntropy());
12:     model.putG("g_softmax", new Softmax());
13:
14:     // .....
```

다음으로 옵티마이저의 정의와 초기화입니다.

[코드 5.20] test.cpp

```cpp
1 : int main(){
2 :     // .....
3 :     float learning_rate = 0.001;
4 :
5 :     OptimizerAdam optimizer(&model, learning_rate);
6 :     optimizer.init();
7 :     // .....
```

OptimizerAdam 클래스는 Optimizer 클래스의 상속 클래스로, 확률적 경사 하강법 (SGD)을 효율적으로 수행하기 위한 옵티마이저입니다. 자세한 내용은 다음 장부터 설명할 것 이므로, 여기서는 경사 하강법 뿐만 아니라 매개변수를 갱신하는 방법만 알아둡시다.

모델과 학습률을 넘겨주고 init()으로 초기화합니다. 다음은 실제로 학습하는 예제 코드입니다.

[코드 5.21] test.cpp

```cpp
 1 : void asMatrix(PVariable x1, float *X){
 2 :     x1->data.memSetHost(X);
 3 : }
 4 : // .....
 5 :
 6 : int main(){
 7 :     int epochNums = 30;
 8 :     int totalSampleSize = 60000;
 9 :     int totalTestSize = 10000;
10:
11:     // .....
12:
13:     for(int k = 0; k<epochNums; k++){
14:
15:         std::random_shuffle(bds.begin(), bds.end());
16:
17:         float sum_loss = 0.0;
18:         float accurecy = 0.0;
19:
20:         for(int i = 0; i<totalSampleSize/batchSize; i++){
21:
22:             PVariable x1(new Variable(i_size, batchSize));
23:             PVariable d(new Variable(o_size, batchSize));
24:
25:             float *X = bds.at(i) -> getX();
26:             float *D = bds.at(i) -> getD();
27:             asMatrix(x1, X);
```

```cpp
28:            asMatrix(d, D);
29:
30:            PVariable h3 = forward_one_step(model, x1, true);
31:
32:            PVariable loss = model.G(
33:                "g_softmax_cross_entoropy") -> forward(h3, d);
34:            sum_loss += loss->val();
35:
36:            loss->backward();
37:
38:            optimizer.update();
39:
40:            accurecy += getAccurecy(model.G(
                "g_softmax"), h3, d, batchSize);
41:
42:            model.unchain();
43:        }
44:
45:        float loss_mean = sum_loss / (
                (float)totalSampleSize/batchSize);
46:        float accurecy_mean = accurecy / (
                (float)totalSampleSize/batchSize);
47:        cout << "epoch:" << k+1 << " loss:" << loss_mean <<
                " accurecy:" << accurecy_mean*100 << endl;
48:
49:        float test_acc = test_accurecy(model, bds_test, i_size,
                o_size, totalTestSize, batchSize);
50:        cout << "test accurecy: " << test_acc*100 << "%" <<
                endl;
51:    }
52:
53:    model.save("mlp_test.model");
54: }
```

위 예제 코드의 13행에서 1학습에 얼마 동안 반복할지 정의합니다. 이 책에선 학습의 한 단계를 에폭이라고 합니다. 15행에서 전체 샘플의 순서를 무작위로 섞습니다. 이렇게 이유는 입력에 편차가 생기지 않도록 하기 위해서입니다.

20행에서 작성된 미니배치 수(600)만큼 반복합니다. 25~26행에서 해당하는 미니배치를 추출하고, 27~28행에서 PVariable 변수에 미니배치 값을 설정합니다. asMatrix()는 이 처리를 위해 정의한 단순한 함수입니다.

30행이 순전파에 해당하는 부분으로 forward_one_step (후술)을 호출합니다. 32, 33행에서 소프트맥스 교차 엔트로피 오류 함수가 출력하는 오차를 구해 sum_loss에 더합니다. 36행 backward()로 역전파를 실행한 후에 38행 update()로 매개변수를 갱신합니다.

40행에서 getAccurecy(후술)로 학습 데이터의 정답률을 계산해 accurecy에 저장합니다. 42행 unchain()은 Model에 정의된 Graph 및 순전파로 구축한 계산 그래프의 체인을 일단 모두 끊고, 변수를 재설정하는 Model 클래스의 함수입니다.

45~47행에서 각 미니배치로 얻은 오차의 평균값을 구해 출력합니다. 또한 49, 50행에서는 test_accurecy(후술)를 이용해 평가용 데이터의 정답률을 계산해서 출력합니다.

정의된 에폭 수만큼 이상의 내용을 반복함으로써 학습이 종료됩니다. 53행에서 Model의 save()를 호출해 지정한 파일에 모델을 저장합니다.

예제는 약간 길어 보이지만 전반부는 입력 데이터의 준비입니다. 본질적으로 중요한 부분은 30~38행에 있는 순전파와 역전파 및 매개변수 업데이트 부분으로, 여러 줄로 기술된 것을 알 수 있습니다.

덧붙여, 저장된 모델을 사용하고 싶을 때는 다음 코드의 예를 기술하면 모델이 복원되어 바로 사용할 수 있는 상태가 됩니다.

[코드 5.22] test.cpp

```
1 : Model model_train;
2 : model_train.load("mlp_test.model");
```

30행에 있는 순전파를 실행하는 함수 forward_one_step은 다음와 같습니다. 각각 Model에서 정의한 Graph의 인스턴스의 forward()를 차례로 연쇄적으로 호출함으로써 계산 그래프를 구축하고 결과를 반환합니다.

[코드 5.23] test.cpp

```
1 : PVariable forward_one_step(
            Model &model, PVariable x1, bool is_train) {
2 :     PVariable h1 = model.G("g_relu1")->
            forward(model.G("g1")->forward(x1));
3 :     PVariable h2 = model.G("g_relu2")->
            forward(model.G("g2")->forward(h1));
4 :     PVariable h3 = model.G("g3")->forward(h2);
5 :
6 :     return h3;
7 : }
```

40행에서 정답률을 계산하는 getAccurecy는 다음과 같습니다.

maxRowIndex()를 이용해, 미니배치 중 샘플의 각 요소와 쌍이 되고, 교사신호와 비교되는 데이터의 각 요소가 최대가 되는 인덱스(0~9의 하나)를 각각 취득합니다. 인덱스가 같으면 정답, 다르면 오답으로 모든 미니배치의 평균을 내서 반환합니다.

[코드 5.24] test.cpp

```
1 : float getAccurecy(Graph *g_softmax,
            PVariable h, PVariable d, int batchSize){
2 :     PVariable y = ((Softmax *)g_softmax) -> forward(h);
3 :
4 :     int maxIdx[batchSize];
5 :     y->data.maxRowIndex(maxIdx);
6 :     // h -> data.maxRowIndex(maxIdx);
7 :
8 :     int maxIdx_d[batchSize];
9 :     d -> data.maxRowIndex(maxIdx_d);
```

```
10:
11:        int hit = 0;
12:        for(int i = 0; i < batchSize; i++){
13:            if (maxIdx_d[i] == maxIdx[i]) hit++;
14:        }
15:        float accurecy = ((float)hit) / ((float) batchSize);
16:        return accurecy;
17: }
```

위 코드 예제에서는 소프트맥스 함수(5행)를 통과하지만, 최댓값을 알면 되므로 사실 5행 대신 코멘트 아웃한 6행의 코드를 사용해도 결과는 마찬가지입니다.

다시 말해, 이곳에서의 평가에 소프트맥스 함수를 사용할 필요는 없지만(그런 경우 2행도 필요 없음), 학습할 때와 평가할 때 같은 편이 이해하기 쉬워 일부러 이렇게 했습니다.

평가용 데이터를 사용해 정답률을 산출하는 49, 50행의 test_accurecy는 다음과 같습니다.

[코드 5.25] test.cpp

```
1 : float test_accurecy(Model &model,
          vector<BatchData *> &bds_test, int i_size,
          int o_size, int totalTestSize, int batchSize){
2 :     float accurecy = 0.0;
3 :     int predict_epoch = totalTestSize/batchSize;
4 :     for(int i = 0; i<predict_epoch; i++){
5 :
6 :         std::random_shuffle(bds_test.begin(), bds_test.end());
7 :
8 :         PVariable x1(new Variable(i_size, batchSize));
9 :         PVariable d(new Variable(o_size, batchSize));
10:
11:         float *X = bds_test.at(i) -> getX();
12:         float *D = bds_test.at(i) -> getD();
13:         asMatrix(x1, X);
14:         asMatrix(d, D);
```

```
15:
16:        PVariable h3 = forward_one_step(model, x1, false);
17:
18:        accurecy += getAccurecy(model.G("g_softmax"), h3, d,
            batchSize);
19:
20:        model.zero_grads();
21:        model.unchain();
22:    }
23:
24:    return accurecy/((float)predict_epoch);
25: }
```

기본적으로는 학습 시 코드와 거의 같지만, 평가용 데이터 bds_test를 인수로 하고 forward_one_step의 세 번째 인수에 false(평가임을 전달한다)를 넘겨주는 것이 다릅니다.

참고로 이 프로그램을 30에폭 실행하면 loss가 소수점 이하 3자리로 수렴할 것입니다. 평가용 데이터의 정답률도 98% 정도로 수렴합니다. 은닉층이 2개인 단순한 네트워크라는 것을 고려하면, 신경망 이외의 분류 방법과 비교해도 그런대로 손색없는 결과라고 할 수 있습니다.

이 절에서 데이터셋으로 이용하는 Iris란 3종류 붓꽃(식물)의 꽃잎과 꽃받침 길이와 폭을 측정해 값을 수집한 데이터셋입니다. 머신러닝 교과서 등에서 오래전부터 학습 소재로 많이 다루어진 유명한 데이터셋의 하나입니다.

5.6.1 Iris의 데이터 형식

Iris 데이터는 아래 그림에 나타낸 대로 꽃잎 길이, 꽃잎 폭, 꽃받침 길이, 꽃받침 폭, 붓꽃 종류가 하나의 레코드로서 기록되어 있습니다. 세 종류의 붓꽃 setosa, versicolor, virginica 순으로 각각 50 레코드씩 나열해 총 150 레코드가 됩니다.

단, 실제로 사용할 때는 종류는 문자열이 아니라 setosa = 0, versicolor = 1, virginica = 2로 정의해 수치로 다룹니다.

	꽃잎의 길이	꽃잎의 너비	꽃받침 길이	꽃받침 너비	종류
50	5.1	3.5	1.4	0.2	setosa
	4.9	3.0	1.4	0.2	setosa
	· · ·	· · ·	· · ·	· · ·	· · ·
50	7.0	3.2	4.7	1.4	versicolor
	6.4	3.2	4.5	1.5	versicolor
	· · ·	· · ·	· · ·	· · ·	· · ·
50	6.3	3.3	6.0	2.5	virginica
	5.8	2.7	5.1	1.9	virginica
	· · ·	· · ·	· · ·	· · ·	· · ·

▲ [그림 5.5] Iris의 데이터 형식

5.6.2 ## 분류 모델

Iris 데이터를 학습하고 임의의 꽃잎과 꽃받침에서 길이와 너비가 주어진 경우, 어떤 종류의 붓꽃인지 추정하는 모델을 구축합니다.

[코드 5.26] `test.cpp`

```cpp
 1 : int main(){
 2 :
 3 :     int epochNums = 2000;
 4 :     int epochAENums = 2000;
 5 :
 6 :     int batchSize = 10;
 7 :     int i_size = 4;
 8 :     int n_size = 10;
 9 :     int o_size = 3;
10:     float learning_rate = 0.001;
11:     float dropout_p = 0.5;
12:
13:     vector<vector<float>> train_data, test_data;
14:     vector<float> label_data, label_test_data;
15:
16:     Iris iris(0.3);
17:     train_data = iris.getTrainData();
18:     label_data = iris.getLabelData();
19:     test_data = iris.getTestTrainData();
20:     label_test_data = iris.getTestLabelData();
21:
22:     int totalSampleSize = train_data.size();
23:     int totalTestSize = test_data.size();
24:
25:     Dataset *dataset = new Dataset();
26:     dataset->standrize(&train_data);
27:     ..............................
28: }
```

6행에서 배치 크기를 정의합니다. 데이터는 150 레코드 밖에 없으므로, 배치 크기도 작게 설정합니다. 7행의 i_size는 입력 데이터의 크기입니다. Iris의 데이터 형식으로 알 수 있듯이, 입력 데이터는 꽃잎과 꽃받침 각각의 길이와 폭 4개입니다.

8행의 n_size는 은닉층의 크기로, 10이라고 정의했습니다(더 커도 수렴합니다). 9행의 o_size는 출력층 크기로 붓꽃 종류와 같은 수인 3이 됩니다. 10행은 학습률, 11행은 드롭아웃률입니다(후술합니다).

16행에서 Iris 클래스의 인스턴스를 생성합니다. 인수인 0.3은 전체 데이터 중 평가용 데이터의 비율입니다. 따라서 150 × 0.3으로 평가용 샘플은 45 레코드, 학습용 샘플은 105 레코드가 됩니다. 17~20행에서 각각 데이터와 라벨 데이터를 목록으로 확보합니다. 22, 23행에서 각각 학습·평가용 샘플의 레코드 수를 기록합니다.

또한, 이 책의 프로그램에서는 Iris 클래스는 소스 코드의 iris.h에 전술한 데이터를 포함해 하드 코딩했습니다. 25행 이후의 main 함수 내부는 MNIST의 소스 코드와 아래에서 언급하는 부분을 제외하고 같습니다. 특별히 언급하지 않는 한 같은 소스 코드를 이용한다고 생각하십시오.

다음은 모델에 포함된 함수의 정의입니다.

[코드 5.27] test.cpp

```
 1 : Model model;
 2 : model.putG("g1", new Linear(n_size, i_size));
 3 : model.putG("g_relu1", new ReLU());
 4 : model.putG("g_drop1", new Dropout(dropout_p));
 5 : model.putG("g2", new Linear(n_size, n_size));
 6 : model.putG("g_relu2", new ReLU());
 7 : model.putG("g_drop2", new Dropout(dropout_p));
 8 : model.putG("g3", new Linear(o_size, n_size));
 9 : model.putG("g_softmax_cross_entoropy",
             new SoftmaxCrossEntropy());
10: model.putG("g_softmax", new Softmax());
```

Iris 데이터셋은 레코드가 적어 과적합을 일으키기 쉬우므로, 드롭아웃을 정의합니다. 그것을 제외하면 앞 절의 MNIST와 마찬가지로 은닉층을 2층으로 한 네트워크를 구축하고 있습니다. 또한, 드롭아웃에 관해서는 후술하는 '6.2.2 드롭아웃'에서 자세히 설명합니다.

아래 코드 예에 계산 그래프를 구축하는 부분을 나타냈습니다. 드롭아웃의 정의가 있으므로, 앞 절 MNIST의 경우와는 일부 내용이 다릅니다.

[코드 5.28] test.cpp

```cpp
1 : PVariable forward_one_step(
         Model &model, PVariable x1, bool is_train) {
2 :
3 :     ((Dropout *)model.G("g_drop1"))->isTrain(is_train);
4 :     ((Dropout *)model.G("g_drop2"))->isTrain(is_train);
5 :
6 :     PVariable h1 = model.G("g_drop1")->
             forward(model.G("g_relu1")->
             forward(model.G("g1") -> forward(x1)));
7 :     PVariable h2 = model.G("g_drop2")->
             forward(model.G("g_relu2")->
             forward(model.G("g2") -> forward(h1)));
8 :     PVariable h3 = model.G("g3") -> forward(h2);
9 :
10:     return h3;
11: }
```

위 코드의 3,4행에서 학습 또는 평가 중 하나를 나타내는 플래그를 Dropout 클래스에 통지합니다. 6행에서 첫 번째 은닉층을 구축합니다. 그때 드롭아웃을 집어 넣습니다. 7행은 다음 은닉층으로 정의는 같습니다. 8행에서 출력층을 정의하고 그 출력 결과를 반환합니다.

Iris 데이터셋의 데이터 수가 매우 적기 때문에 추정 결과에는 그에 상응하는 차이가 나오지만, 평가용 데이터의 추정 정확도는 대략 95% 전후로 안정됩니다.

붓꽃의 분류가 가능해져도 대다수의 사람과 무관하고 유용하다고는 할 수 없습니다. 중요한 것은 다양한 매개변수를 가진 데이터를 신경망으로 추정하는 절차를 간단한 데이터셋을 통해 알 수 있다는 사실입니다.

Iris 데이터셋으로는 꽃잎과 꽃받침의 길이와 너비로 붓꽃의 종류를 추정할 수 있었습니다. 예를 들어 이것을 날씨와 시간대, 방문자 수 등을 매개변수로 한 상품의 매출 예측 또는 이메일에 포함된 금지 단어 수와 IP 주소 범위 등을 바탕으로 한 스팸 메일 판정, 상품 종류 및 단가, 구입 시간 등 각종 구매 정보를 이용한 구매 예측 등 다양한 과제로 대체할 수 있습니다.

학습 최적화와 오버피팅

'*3장 신경망*'에서는 손실 함수의 매개변수 추정에 있어서 확률적 경사 하강법을 설명했습니다. 하지만, 기울기를 음의 방향으로 움직일 때, 탐색 영역에 깊은 골짜기가 있을 경우 골짜기 끄트머리에서 깊게 꺾이는 일이 빈번하게 일어납니다. 이렇게 되면 골짜기에서 탈출하지 못해 탐색 효율이 저하됩니다.

이런 때 학습 효율을 향상시키는 수단으로서 모멘텀 SGD를 필두로 주로 사용하는 방법을 몇 가지 소개합니다.

6.1.1 모멘텀 SGD

모멘텀 SGD는 기본적인 확률적 경사 하강법(SGD: Stochastic Gradient Descent)에 관성(모멘텀)을 부여하는 기법입니다. t를 미니배치라고 하고 그때의 손실 함수의 기울기를 $\nabla f(\mathbf{w}^{(t)})$, 갱신량을 $\Delta\mathbf{w}^{(t)}$, 조정계수를 μ라고 했을 때의 갱신량의 정의를 아래의 식으로 정합니다.

$$\Delta\mathbf{w}^{(t+1)} = -\eta\nabla f(\mathbf{w}^{(t)}) + \mu\Delta\mathbf{w}^{(t)} \tag{6.1}$$

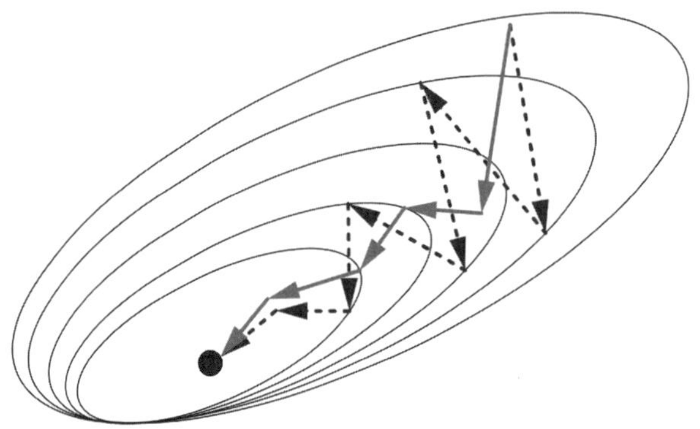

▲ [그림 6.1] SGD에서의 학습 모습

우변 둘째 항은 전회 갱신량에 비례하고, 계속 전회까지의 갱신 방향을 유지하려는 작용이 있어 모멘텀 항으로 불립니다. 확률적 경사 하강법으로 탐색 시 편차를 줄이고 학습의 수렴을 앞당기는 효과가 있습니다. 상관계수 μ는 이전 갱신 방향을 어느 정도 유지할지 결정하는 하이퍼파라미터로, 보통 $0.7 \sim 0.9$ 정도의 값이 사용됩니다.

[그림 6.1]의 타원은 손실 함수의 등고선 한 가운데 점이 최적해의 위치를 나타내고, 실선 화살표가 모멘텀 SGD, 점선 화살표가 단순한 SGD를 나타냅니다. 각각 최적해로 수렴하는 모습을 나타냅니다.

6.1.2 NAG

좀 더 영리한 SGD 변형도 존재합니다. 고안자의 이름을 따서 NAG(Nesterov Accelerated Gradient)라고 불립니다.

$$\Delta \mathbf{w}^{(t+1)} = -\eta \nabla f(\mathbf{w}^{(t)} + \mu \Delta \mathbf{w}^{(t)}) + \mu \Delta \mathbf{w}^{(t)} \tag{6.2}$$

갱신 방향을 결정할 때, 보통 SDG가 손실 함수의 기울기만 사용하는 반면, NAG는 $\mu \Delta \mathbf{w}^{(t)}$로 나타낼 수 있는 과거의 갱신 방향을 손실 함수의 기울기에 가미해 갱신 방향을 결정합니다.

NAG는 갱신 시 향할 방향의 예측 값을 갱신에 사용한다고도 해석할 수 있습니다. 실제로 SGD보다 NAG 쪽이 국부해에서 빠르게 벗어나고 수렴도 빨라집니다.

모멘텀 SGD와 NAG는 갱신량 자체에 변화를 더하는 방법이지만, 학습률을 변화시킴으로써 학습을 효율화하는 방법도 생각할 수 있습니다. 다음 항부터는 그 대표적인 최적화 방법을 소개합니다.

6.1.3 AdaGrad

AdaGrad[12]는 각 매개변수에 맞춰 학습률을 자동으로 조정하는 것이 가장 큰 특징입니다. 어떤 타임스텝 t에서 손실 함수의 기울기를 $\mathbf{g}_t$라고 할 때, 갱신량을 다음과 같이 정의합니다.

---

*[12] '참고 문헌'(p. 256)을 참조하세요.

$$\Delta \mathbf{w}_{t+1} = \Delta \mathbf{w}_t - \eta \frac{1}{\sqrt{\mathbf{G}_t + \epsilon}} \odot \mathbf{g}_t$$

$$\mathbf{G}_t = \sum_{\tau=1}^{t} \mathbf{g}_\tau^2 \tag{6.3}$$

위의 $\mathbf{G}_t$ 는 t 스텝까지의 $\mathbf{g}_t$의 제곱합입니다. ϵ는 컴퓨터 상에서 계산 불능을 피하기 위한 작은 상수(1.0^{-8} 등), $\odot$는 행렬 요소끼리의 곱셈을 나타냅니다. 학습률 η는 0.01 등이 사용됩니다. 기울기가 클 때는 갱신량이 작아지고, 기울기가 작을 때는 갱신량이 커지는 경향이 되도록 제곱합을 이용하는 것이 핵심입니다.

전체적으로 학습 초기 단계에서는 큰 값이고, 단계가 늘어남에 따라 갱신량이 작아지게 설계됐지만, 단점으로는 제곱합을 이용하고 있어 항상 지속적으로 감소하는 것입니다. 학습을 무한히 계속한다면, 결국 학습이 전혀 진행되지 않게 된다고 생각할 수 있습니다.

6.1.4 RMSprop

RMSprop[13]는 전항에서 소개한 AdaGrad의 결점을 개량한 버전입니다. 타임 스텝 t에서의의 g_t제곱과 과거의 제곱의 이동 평균을 취합니다.

$$H_t = \gamma H_{t-1} + (1 - \gamma)g_t^2 \tag{6.4}$$

H_t 를 AdaGrad의 [식 6.2]의 G_t 로 치환합니다.

$$\Delta \mathbf{w}_{t+1} = \Delta \mathbf{w}_t - \eta \frac{1}{\sqrt{\mathbf{H}_t + \epsilon}} \odot \mathbf{g}_t \tag{6.5}$$

AdaGrad에서는 기울기의 제곱 g_t^2 을 모두 사용했지만, 이동 평균을 취함으로써 갱신량이 급격히 변화하는 것을 억제했습니다. 학습률 $\eta = 0.001$, $\gamma = 0.9$ 정도를 지정합니다.

---

*[13] '참고 문헌'(p. 256)을 참조하세요.

6.1.5 **AdaDelta**

AdaDelta[14]는 RMSprop와 거의 같은 시기에 제안된 방법으로, RMSprop의 단위가 매개
변수의 단위와 일치하지 않으면 지적을 수정하는 방식입니다. 여기서 매개변수 갱신량의 제곱
에 대한 이동 평균을 생각합니다.

$$\mathbf{S}_t = \gamma\mathbf{S}_{t-1} + (1 - \gamma)\Delta\mathbf{w}_t^2 \tag{6.6}$$

$\mathbf{S}_t$ 는 미지이므로, 하나 전까지의 값 $\mathbf{S}_{t-1}$ 으로 근사함으로써 RMSprop 갱신식에서 η 를 치
환하면 RMSprop의 학습률 η 가 이제는 필요없어집니다.

$$\Delta\mathbf{w}_{t+1} = \Delta\mathbf{w}_t - \frac{\sqrt{\mathbf{S}_{t-1} + \epsilon}}{\sqrt{\mathbf{H}_t + \epsilon}} \odot \mathbf{g}_t \tag{6.7}$$

6.1.6 **Adam**

Adam[15]은 RMSprop와 AdaDelta가 이용하는 기울기의 제곱 이동 평균 v_t 에 더해, 기울기
의 이동평균 m_t 를 가집니다.

$$m_t = \beta_1 m_{t-1} + (1 - \beta_1)g_t \tag{6.8}$$
$$v_t = \beta_2 v_{t-1} + (1 - \beta_2)g_t^2$$

m_t 는 기울기의 일차 모멘트(평균), v_t 는 이차 모멘트(분산)의 어림값입니다. 여기서 t 스텝
에서의 어림 기댓값인 $E[v_t]$와 진짜 기댓값 $E[g_t^2]$가 어느 정도 차이나는지 구합니다.

$$
\begin{aligned}
E[v_t] &= E[\beta_2 v_{t-1} + (1 - \beta_2)g_t^2] \\
&= E\left[(1 - \beta_2)\sum_{i=1}^{t}\beta_2^{t-i} \cdot g_i^2\right] \\
&\simeq E[g_t^2] \cdot (1 - \beta_2)\sum_{i=1}^{t}\beta_2^{t-i} \\
&= E[g_t^2]\left(\sum_{i=1}^{t}\beta^{t-i} - \sum_{i=0}^{t-1}\beta^{t-i}\right) \\
&= E[g_t^2] \cdot (1 - \beta_2^t)
\end{aligned}
\tag{6.9}
$$

---

*[14][15] '참고 문헌'(p. 256)을 참조하세요.

[식 6.9]처럼 $1 - \beta_2^t$ 만 다르므로, $1 - \beta_2^t$ 로 나눠 이 진짜 기댓값에서의 편향을 보정합니다. m_t 에 관해서도 마찬가지입니다.

$$\hat{m}_t = \frac{m_t}{1 - \beta_1^t}$$
$$\hat{v}_t = \frac{v_t}{1 - \beta_2^t} \tag{6.10}$$

끝으로, 갱신식은 아래와 같습니다.

$$\Delta w_t = \Delta w_{t-1} - \eta \frac{\hat{m}_t}{\sqrt{\hat{v}_t + \epsilon}} \tag{6.11}$$

기본적으로 평균이 크면 갱신량은 커지지만, 그와 동시에 분산이 클 때는 갱신량이 작아지고, 분산이 작을 때는 갱신량이 커집니다. Adam의 논문에서는 하이퍼파라미터가 각각 $\eta = 0.001$, $\beta_1 = 0.9$, $\beta_2 = 0.999$ 로 되어 있습니다.

6.1.7 Adam의 구현

이 항에서는 앞에서 소개한 Adam을 구현합니다.

[코드 6.1] optimizer_adam.cpp

```cpp
 1 : class OptimizerAdamParams : public OptimizerParams {
 2 :     public:
 3 :         cuMat adam_w_m; cuMat adam_w_v;
 4 :         cuMat ndw;
 5 :
 6 :         OptimizerAdamParams(int output_units, int input_units) {
 7 :             adam_w_m = cuMat(output_units, input_units);
 8 :             adam_w_v = cuMat(output_units, input_units);
 9 :             ndw = cuMat(output_units, input_units);
10 :         }
11 : };
```

```cpp
12:
13: class OptimizerAdam : public Optimizer {
14:     public :
15:     float beta1 = 0.9;
16:     float beta2 = 0.999;
17:
18:     OptimizerAdam(Model *model, float lr) :
19:             Optimizer(model, lr):{}
20:     OptimizerParams *createOptimizerParams(Variable *v){
21:         return new OptimizerAdamParams(v -> data.rows,
                                            v -> data.cols);
22:     }
23:
24:     float lr_f(float alpha, int epoch){
25:         float fix1 = 1.0 - std::pow(beta1, epoch);
26:         float fix2 = 1.0 - std::pow(beta2, epoch);
27:         return alpha * std::sqrt(x2) / fix1;
28:     }
29:
30:    void update_param(Variable *w, OptimizerParams &opp) {
31:        OptimizerAdamParams &op = (OptimizerAdamParams &)opp;
32:        op.adam_w_m.adam2(op.adam_w_v, w -> grad, op.ndw, beta1,
                beta2, lr_f(-lr, epoch), 1e-8);
33:        w -> data.plus(op.ndw, w -> data);
34:    }
35: };
```

위 코드의 OptimizerAdamParams 클래스에서는 지난 갱신량을 보존하기 위한 변수를 정의하고 있습니다. 실제 계산 부분은 32행의 adam2()를 호출하는 한 군데입니다. 매개변수는 33행에서 갱신하고 있습니다. adam2()는 cuMat 클래스에서 정의되어 있고, 내부에서는 다음 예제 코드와 같이 CUDA 커널을 호출합니다.

[코드 6.2] adam2_kernel.cu

```
 1 : __global__ void adam2_kernel:(
 2 :         float *__restrict__mm,
 3 :         float *__restrict__mv,
 4 :         const float *__restrict__mg,
 5 :         float *__restrict__dst,
 6 :         float beta1, float beta2,
 7 :         float lr, float e, int m, int n){
 8 :
 9 :     int row = blockIdx.y * blockDim.y+threadIdx.y;
10:     int col = blockIdx.x * blockDim.x+threadIdx.x;
11:
12:     if (row < m && col < n){
13:         int idx = row * n + col;
14:         mm[idx] += (1.0f - beta1) * (mg[idx] - mm[idx]);
15:         mv[idx] += (1.0f - beta2) * (mg[idx] mg[idx] - mv[idx]);
16:         dst[idx] = lr * mm[idx] / (std::sqrt(mv[idx]) + e);
17:     }
18: }
19:
20: void adam2_kernel_exec(
        float *mm, float *mv, const float *mg,float *dst,
        float beta1, float beta2, float lr, float e, int m, int n){
21:
22:    dim3 block(BLOCK_SIZE, BLOCK_SIZE);
23:    dim3 grid((n+block.x-1)/block.x, (m+block.y-1)/block.y);
24:
25:    adam2_kernel<<<grid,block>>>(
        mm, mv, mg, dst, beta1, beta2, lr, e, m, n);
26:    cudaThreadSynchronize();
27: }
```

위 예제의 14~16행이 Adam의 계산 부분입니다. 커널에서 정의하지 않고 cuMat 기본 연산을 결합해 구현할 수 있지만, 커널 호출이 많아지기 때문에 실행 속도가 느려집니다. 일부러 커널화함으로써 한 번에 계산할 수 있습니다.

오버피팅 대책

딥러닝뿐만 아니라 통계적으로 데이터에서 매개변수를 추정하는 학습 모델에서는 종종 학습 데이터 (학습에 사용하는 데이터)에 과도하게 적합한 모델이 구축되는 경우가 있습니다. 이 상태를 과적합 혹은 오버피팅(overfitting)이라고합니다.

오버피팅 모델은 테스트 시 미지의 데이터에 약해 좋은 모델이라고는 할 수 없습니다. 반대로 적절하게 데이터에 적합한 모델을 일반화 성능이 높은 모델이라고 할 수 있습니다. 오버피팅은 모델의 자유도가 높은 경우에 일어나기 쉽지만, 그렇다고 무턱대고 자유도를 낮추면 반대로 다양한 표현을 해치기 쉽습니다.

아래 그림은 모델의 오버피팅을 나타내는 개념도입니다. 다수의 점은 이산 데이터를 나타냅니다. 점선은 학습된 모델이 데이터에 과도하게 적합한 예로, 명백하게 좋은 예측과 분류를 기대할 수 없습니다. 반대로 실선은 비교적 데이터의 불규칙함을 표현하고 있어, 좋은 모델의 예라고 할 수 있습니다.

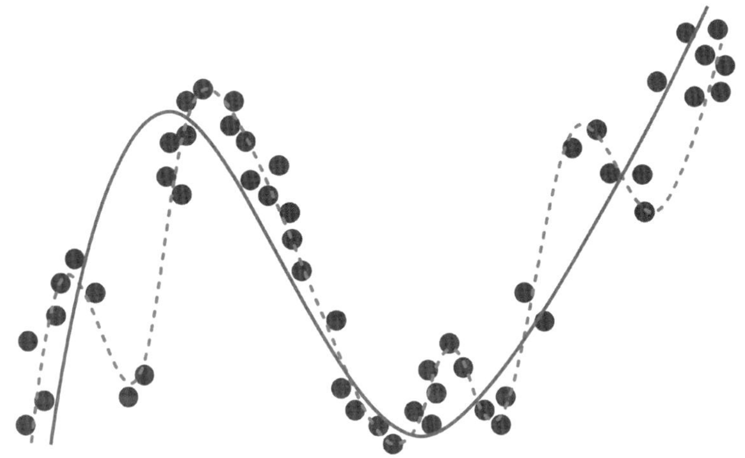

▲ [그림 6.2] 오버피팅

오버피팅을 억제하기 위해 모델에 적절한 제한을 가하는 방법을 생각하겠습니다. 고전적인 방법으로서 모델에 정규화 항을 부여해 표현할 수 있는 범위를 제한하는 방법이 있습니다.

아래 식처럼 손실 함수 E에 정규화 항 $\lambda \frac{1}{p} \|\mathbf{w}\|_p^p$ 를 추가합니다.

$$E(\mathbf{w}) + \lambda \frac{1}{p} \|\mathbf{w}\|_p^p = E(\mathbf{w}) + \lambda \frac{1}{p} \sum_i |w_i|^p \tag{6.12}$$

$p = 1, 2$일 때를 L1, L2 정규화로 부르고 각각 특징이 있습니다.

L1 정규화에서는 매개변수 중 몇 개인가 0이 되도록 학습이 수렴해 희소한 결과가 얻어집니다. 반면에 L2 정규화에서는 L1 보다는 매끄럽게 수렴합니다.

L1, L2 정규화로 어떻게 오버피팅을 막을 수 있는지는 머신러닝 문헌 등에서 다수 많이 소개되어 있으므로 자세한 설명은 생략합니다. 정규화를 매개변수가 움직이는 범위에 제한을 설정함으로써 입력 데이터에 과도하게 적합하는 현상을 피하고, 적절히 일반화된 모델을 구축할 수 있습니다. 신경망 학습에서는 종종 L2 정규화가 이용되므로 아래에 개요를 소개합니다.

$$E(\mathbf{w}) + \lambda \frac{1}{2} \|\mathbf{w}\|_2^2 = E(\mathbf{w}) + \lambda \frac{1}{2} \sum_i |w_i|^2 \tag{6.13}$$

위 식으로부터 미니배치에서의 갱신식은 아래와 같이 됩니다.

$$\mathbf{w} \leftarrow \mathbf{w} - \eta \frac{1}{B} \left(\frac{\partial E_p}{\partial \mathbf{w}} + \lambda |\mathbf{w}| \right) \tag{6.14}$$

λ 는 정규화의 강도를 조절하는 하이퍼파라미터이고, 일반적으로 0.01 같은 작은 값을 설정합니다. 너무 크면 모델의 평활화가 너무 지나쳐 엉성한 모델이되고 너무 작으면 정규화 효과가 사라져 버리기 때문에, 대상에 따라 적당히 조정합니다.

 드롭아웃

드롭아웃(Dropout)은 신경망에서의 오버피팅을 막기 위한 효과적인 수단입니다. [그림 6.3]에 보이는 점선의 ○로 표시되는 대로 학습 시에 네트워크를 구성하는 유닛 일부를 무작위로 존재하지 않는 것으로 해서 학습합니다. 1회 매개변수 갱신이 끝나면, 또 임의로 무효로 할 유닛을 다시 선택해 학습을 계속합니다. 학습 종료 후 평가 시에는 모든 유닛을 사용합니다.

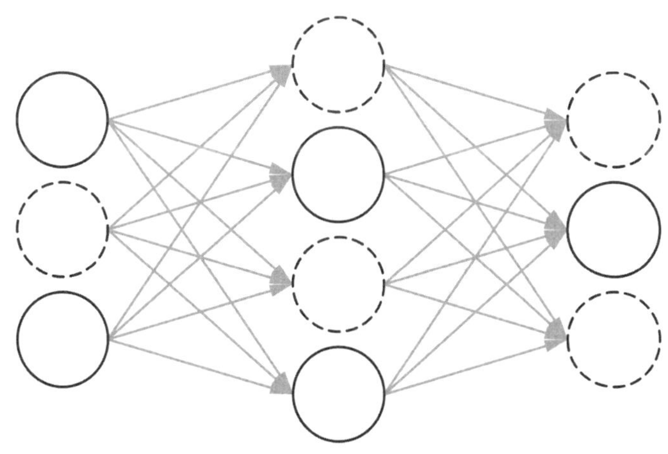

▲ [그림 6.3] 드롭아웃

어느 정도의 유닛을 무효로 할지 나타내는 하이퍼파라미터 p 를 [0, 1] 범위에서 확률로써 정의합니다. 입력층에서 $p = 0.3$, 은닉층(중간층)에서 $p = 0.5$ 근처로 조정하는 것이 일반적입니다. 출력층은 보통 드롭아웃하지 않습니다. 입력층은 입력 데이터가 적을 경우 드롭아웃하지 않는 경우도 흔히 있습니다.

오버피팅을 막을 수 있는 이유 중 첫 번째는 드롭아웃으로 차원이 감소해, 학습할 때 원래 있어야 할 유닛의 주변 유닛이 역할을 대신 떠맡도록 학습이 진행되는 것입니다(더 낮은 차원으로 학습함으로써 일반화가 진행). 두 번째는 매번 무효로 하는 유닛이 바뀌므로, 갱신할 때마다 다른 학습기를 훈련해서 평균을 내는 것과 같습니다. 일반적으로 다른 학습기로 학습한 모델의 평균을 취하면 일반화 능력이 강해집니다. 일반적으로 앙상블 학습이라고 합니다.

드롭아웃의 구현으로서 실제 프로그래밍에서는 학습 시 순전파와 역전파 모두 무효화 대상 유닛의 출력을 0으로 함으로써 유닛을 무효로 합니다. 정의로 볼 때 엄밀하게 말하자면 이 구현은 틀렸습니다. 원래는 무효화 대상 유닛에는 입력조차 없지만, 결과는 마찬가지입니다. 순전파와 역전파에 관해서는 다음 장부터 자세히 설명합니다.

확률 p에서 0이 출력되므로, 전체 출력은 드롭아웃 하지 않을 경우보다 확률 $1 - p$ 만큼 줄어듭니다. 원래 드롭아웃 없는 확률(= 1)에 가까워지도록 0 이외의 출력을 $\frac{1}{1-p}$ 배해서 보정합니다. 예를 들어 $p = 0.3$의 확률로 드롭아웃 할 경우는 $0 * 0.3 + \frac{1}{1-0.3} * 0.7 = 1$로 합니다.

드롭아웃의 단점은 유닛을 무효로 한 수에 비례해 드롭아웃이 없을 때보다 학습 진행이 느려진다는 것입니다. 그러므로 학습 횟수를 더 많이 잡을 필요가 있습니다.

6.2.3 드롭아웃 구현

이어서 드롭아웃 구현을 설명합니다.

[코드 6.3] graph.cpp

```cpp
 1 : Dropout::Dropout(float dropout_rate) : Graph() {
 2 :     this -> dropout_rate = dropout_rate;
 3 : }
 4 :
 5 : PVariable Dropout::forward(PVariable v){
 6 :     if (this -> is_train) {
 7 :         Function *f = new FunctionDropout(dropout_rate);
 8 :         PFunction pf(f);
 9 :         funcs_chain.push_back(pf);
10 :         return pf -> forward(v);
11 :     }
12 :     else{
13 :         return v;
14 :     }
15 : }
16 :
17 : void Dropout::isTrain(bool is_train){
18 :     this -> is_train = is_train;
19 : }
```

위 예제에서 볼 수 있듯이, Dropout 클래스는 Graph를 상속합니다. 생성자에서는 드롭아웃 률을 받습니다(2행). forward()는 학습인지 평가인지 나타내는 플래그 is_train에 맞춰, 학습할 때는 실제 드롭아웃을 실행하는 FunctionDropout의 인스턴스를 생성해 forward() 를 호출하고 결과를 반환합니다. 평가할 때는 드롭아웃 하지 않으므로 넘어온 변수를 그대로 반환합니다. 17행의 isTrain()은 플래그를 전환하는 함수입니다.

다음은 FunctionDropout 클래스의 코드입니다.

[코드 6.4] function.cpp

```cpp
 1 : FunctionDropout::FunctionDropout(float p): Function() {
 2 :     this -> p = p;
 3 : }
 4 : PVariable FunctionDropout::forward(vector<PVariable>
            &inputs, vector<PVariable> & outputs){
 5 :     PVariable x = inputs.at(0);
 6 :
 7 :     r = PVariable(new Variable(
            this, x -> data.rows, x -> data.cols));
 8 :
 9 :     rr = PVariable(new Variable(x -> data.rows, x -> data.cols));
10:     x -> data.dropout(r -> data, rr -> data, p);
11:
12:     return r;
13: }
14: void FunctionDropout::backward(cuMat &p_grad,
         vector<PVariable> &inputs, vector<PVariable> &outputs){
15:     PVariable x = inputs.at(0);
16:     PVariable idx = rr;
17:
18:     rr2 = PVariable(new Variable(
            x -> grad.rows, x -> grad.cols));
19:
20:     x -> grad += idx -> data * p_grad;
21: }
```

FunctionDropout 클래스는 Function 클래스의 상속 클래스로 정의되어 드롭아웃을 실행합니다. forward() 에서는 10행의 cuMat 클래스의 dropout() 이 순전파에서 드롭아웃한 결과와 어느 유닛을 드롭아웃 했는지 나타내는 바이너리 인덱스(각 요소는 0 또는 1)를 출력합니다. p는 생성자로 전달된 드롭아웃률입니다.

backward() 에서는 forward() 때의 바이너리 인덱스를 마스크로 사용해 forward() 때 드롭아웃 하지 않았던 유닛만 상위에서부터 넘어온 델타를 역전파시키고, 그렇지 않으면 0을 역전파시킵니다(20행). dropout() 은 cuMat 클래스에서 정의되어 있고, 내부에서 아래에 나타낸 CUDA 커널을 호출합니다.

[코드 6.5] dropout_kernel.cu

```
 1 : #define BLOCK_SIZE 32
 2 :
 3 : device int WangHash(int a) {
 4 :     a = (a ^ 61) ^ (a >> 16);
 5 :     a = a + (a << 3);
 6 :     a = a ^ (a >> 4);
 7 :     a = a * 0x27d4eb2d;
 8 :     a = a ^ (a >> 15);
 9 :     return a;
10: }
11:
12: global void dropout_kernel(const float * restrict src,
13: float * restrict dst, float * restrict dst_idx,
         int m, int n, float p, int seed) {
14:     int row = blockIdx.y*blockDim.y+threadIdx.y;
15:     int col = blockIdx.x*blockDim.x+threadIdx.x;
16:
17:     if (row < m && col < n){
18:         // curand_init는 매우 느립니다.
19:         // 따라서 아래와 같은 기술을 사용합니다.
20:         // http://richiesams.blogspot.jp/2015/03/creating-randomness-
                //and-acummulating.html
```

```
21:            // or https://devtalk.nvidia.com/default/topic/480586/curand-
                //initialization-time/
22:            // 임의의 수 생성
23:            int SEED = WangHash(seed);
24:            curandState_t state;
25:            int threadId = (blockIdx.x + blockIdx.y * gridDim.x) *
                (blockDim.x * blockDim.y) +
                (threadIdx.y * blockDim.x) + threadIdx.x;
26:            curand_init( SEED + threadId, 0, 0, &state);
27:            float randNum = curand_uniform(&state);
28:
29:            float scale = 1.0/(1.0-p);
30:            float flag = randNum >= p ? 1.0:0.0;
31:            /*
32:            if (randNum >= p){
33:                dst[row * n + col] = src[row * n + col] / (1.0 - p);
34:                dst_idx[row * n + col] = 1.0f;
35:            }
36:            else{
37:                dst[row * n + col] = 0.0f;
38:                dst_idx[row * n + col] = 0.0f;
39:            }
40:            */
41:            float mask = scale * flag;
42:            dst_idx[row * n + col] = mask;
43:            dst[row * n + col] = src[row * n + col] * mask;
44:        }
45:
46: }
47:
48: void dropout_kernel_exec(const float *src, float *dst,
           float *dst_idx, int m, int n, float p){
49:     /* 특정 블록과 격자 크기 */
50:     dim3 block(BLOCK_SIZE, BLOCK_SIZE);
```

```
51:        dim3 grid((n + block.x - 1)/block.x, (m + block.y-1)/block.y);
52:
53:        struct timespec tm;
54:        clock_gettime(CLOCK_REALTIME, &tm);
55:        int seed = tm.tv_nsec;
56:
57:        /* 런치 커널 */
58:        dropout_kernel<<<grid, block>>>(
                src, dst, dst_idx, m, n, p, seed);
59:        cudaThreadSynchronize();
60: }
```

CUDA에서 제공되는 커널 내에서 난수를 발생시키는 라이브러리 cuRAND를 이용해 난수를 생성합니다(27행). 생성한 임의의 값이 드롭아웃률을 웃도는 경우는 값을 설정하고(33행), 바이너리 인덱스에 1을 설정합니다(34행). 그밖에는 값도 인덱스도 모두 0으로 설정합니다(37, 38행). 또한 커널을 시작하기 전에 현재 시간을 이용해 난수 생성기의 시드 seed를 생성하고(55행), 그 시드를 커널에 넘기고 시작합니다(58행). 따라서 시드는 매번 다른 값이 사용됩니다. 시드가 동일하면 난수 생성기가 매번 같은 값을 생성해 버리기 때문입니다.

6.2.4 배치 정규화

깊은 신경망에서는 데이터가 층을 흘러감에 따라, 입력의 분포가 학습할 때마다 크게 변화합니다. 학습 시 입력 분포가 크게 달라져 버리면, 그 분포에 맞게 매개변수가 조정되므로 수렴에 시간이 걸립니다. 이 현상을 내부 공변량 시프트라고 합니다. 원래 공유 시프트는 머신러닝에서 훈련 데이터와 테스트 데이터의 입력 분포가 다를 때 문제가 된다고 지적됐던 것입니다.

배치 정규화는 비교적 최근에 제안된 기법[5]으로, 내부 공변량 시프트를 억제하는 한 방법입니다. 이름 그대로 미니배치마다 미니배치 내의 데이터를 정규화합니다. 정규화하면 데이터가 일정 범위 내로 들어가므로, 특히 깊은 네트워크의 경우 최적화 학습률을 크게 잡아도 발산하지

---

*[5] '참고 문헌'(p. 256)을 참조하세요.

않고 학습할 수 있어 결과적으로 학습이 빠르게 진행됩니다.

유사한 기술로는 이전부터 신경망에 데이터를 투입하기 전 처리로서 미리 정규화하는 방법이 있습니다. 이는 학습의 수렴 속도 개선 및 오버피팅 억제에 효과적인 수단이지만, 배치 정규화는 배치별로 데이터의 편차를 보정함으로써 같은 효과를 기대할 수 있는 중요한 기술입니다.

처리는 일반적인 정규화 절차와 같습니다. 미니배치 $\mathcal{B}$ 의 배치 크기를 N 으로 하고, 배치 내의 각 데이터를 $x_i(i = 1, 2, \cdots, N)$ 로 합니다.

$$
\begin{aligned}
\mu_\mathcal{B} &\leftarrow \frac{1}{N} \sum_{i=1}^{N} x_i \\
\sigma_\mathcal{B}^2 &\leftarrow \frac{1}{N} \sum_{i=1}^{N} (x_i - \mu_\mathcal{B})^2 \\
\hat{x}_i &\leftarrow \frac{x_i - \mu_\mathcal{B}}{\sqrt{\sigma_\mathcal{B}^2 + \epsilon}} \\
y_i &\leftarrow \gamma \hat{x}_i + \beta
\end{aligned}
\tag{6.15}
$$

y_i 가 정규화된 각 데이터입니다. ϵ 는 0으로 나누는 것을 피하기 위한 작은 상수$(1.0^{-8}$ 등$)$ 입니다. γ, β 는 각각 스케일 및 이동을 나타내는 학습해야 할 매개변수입니다.

위에서 언급한 바와 같이 정규화 자체는 간단하지만, 문제가 되는 것이 두 가지 있습니다. 한 가지는 배치 처리에서 데이터 x_i 를 직접 변환하므로 역전파가 필요하다는 점입니다. 역전파식은 복잡하지만, 미분의 연쇄법칙, 미분·편미분 공식을 사용해서 신중하게 순서를 좇는 수밖에 없습니다.

또 한 가지는 평가 시 평균과 분산에 무엇을 사용하는가입니다. 논리적으로는 모든 데이터의 평균과 분산이지만, 그러기 위해서는 일단 모든 데이터를 사용해 순전파할 필요가 있습니다. 계산량 측면에서 비효율적이므로 학습 시 미니배치의 평균과 분산의 지수 이동 평균을 사용하는 방법이 채용됩니다.

$$\hat{x} = \frac{x - \mathbf{E}[x]}{\sqrt{\mathbf{Var}[x] + \epsilon}}$$

$$\mathbf{E}[x] \leftarrow \mathbf{E}_{\mathcal{B}}[\mu_{\mathcal{B}}]$$

$$\mathbf{Var}[x] \leftarrow \frac{m}{m-1} \mathbf{E}_{\mathcal{B}}[\sigma_{\mathcal{B}}^2]$$

$$(6.16)$$

위 식에서 $\mathbf{E}[x]$와 $\mathbf{Var}[x]$는 각각 모평균과 모분산의 기댓값, $\mathbf{E}_{\mathcal{B}}[\mu_{\mathcal{B}}]$와 $\mathbf{E}_{\mathcal{B}}[\sigma_{\mathcal{B}}^2]$는 이동 평균으로 구한 표본 평균과 표본 분산의 기댓값, m은 미니배치 크기입니다. $\frac{m}{m-1}$ 을 곱하는 것은 불편분산으로 하기 위해서입니다.

6.2.5 배치 정규화 구현

다음 예제 코드에 배치 정규화의 순전파 및 역전파 구현을 나타냈습니다.

[코드 6.6] function.cpp

```cpp
1 : PVariable FunctionBatchNorm::forward(
        vector<PVariable> &inputs, vector<PVariable> &outputs) {
2 :
3 :     PVariable x = inputs[0];
4 :
5 :     int N = x->data.cols;
6 :     int D = x->data.rows;
7 :
8 :     cuMat ones(D, N);
9 :     ones.ones();
10:
11:     // 1단계
12:     if (is_train) rmu = 1.0 / N * x -> data.batch_sum();
13:     else rmu = this -> x_mean -> data;
14:     cuMat mu = rmu.vec_to_mat(N);
15:
16:     // 2단계
17:     xmu = x -> data - mu;
```

```cpp
18:
19:        // 3단계
20:        cuMat sq = xmu * xmu;
21:
22:        // 4단계
23:        if (is_train) var = 1.0 / N * sq.batch_sum();
24:        else var = ((float)N)/(((float)N)-1.0) * x_var -> data;
           // 불편분산을 사용합니다.
25:
26:        // 5단계
27:        sqrtvar = var.sqrt();
28:
29:        // 6단계
30:        ivar = sqrtvar.inverse();
31:        cuMat tmp = ivar.vec_to_mat(N);
32:
33:        // 7단계
34:        xhat = xmu * tmp;
35:
36:        // 8단계
37:        cuMat gammax = xhat.mat_vec_mul(gamma -> data, 0);
38:
39:        // 9단계
40:        PVariable r = PVariable(obj_construct(
                this, x -> data.rows, x -> data.cols), obj_destroy);
41:        r -> data = gammax + ones.mat_vec_mul(beta -> data, 0);
42:
43:        return r;
44: }
45:
46: void FunctionBatchNorm::backward(cuMat &dout,
        vector<PVariable> &inputs, vector<PVariable> &outputs) {
47:
48:        PVariable x = inputs[0];
49:
50:        int N = dout.cols;
```

```cpp
51:        int D = dout.rows;
52:
53:        // 9단계
54:        beta -> grad += dout.batch_sum();
55:        cuMat dgammax = dout;
56:
57:        // 8단계
58:        cuMat tmp = dgammax * xhat;
59:        gamma -> grad += tmp.batch_sum();
60:        cuMat dxhat = dgammax.mat_vec_mul(gamma -> data,0);
61:
62:        // 7단계
63:        tmp = dxhat * xmu;
64:        cuMat divar = tmp.batch_sum();
65:        cuMat dxmu1 = dxhat.mat_vec_mul(ivar, 0);
66:
67:        // 6단계
68:        tmp = -1.0 * sqrtvar.inverse() * sqrtvar.inverse();
69:        cuMat dsqrtvar = tmp * divar;
70:
71:        // 5단계
72:        cuMat dvar = var.sqrt_d() * dsqrtvar;
73:
74:        // 4단계
75:        cuMat dsq = 1.0/N * dvar.vec_to_mat(N);
76:
77:        // 3단계
78:        cuMat dxmu2 = 2.0 * xmu * dsq;
79:
80:        // 2단계
81:        cuMat dx1 = dxmu1 +dxmu2;
82:        cuMat dmu = -1.0 * dx1.batch_sum();
83:
84:        // 1단계
85:        cuMat dx2 = 1.0 / N * dmu.vec_to_mat(N);
```

```
86:
87:      // 0단계
88:      x -> grad += dx1 + dx2;
89: }
```

소스 코드에서 주석 '// 숫자 단계'는 순전파와 역전파에 대응하는 부분을 알 수 있도록 번호를 할당했습니다. batch_sum은 배치 처리 방향으로 합계를 계산하는 함수, inverse은 역수를 구하는 함수, sqrt와 sqrt_d는 각각 루트와 루트의 미분을 구하는 함수, vec_to_mat는 배치 처리 방향으로 벡터를 복사해 행렬로 하는 함수, mat_vec_mul은 행렬과 벡터의 각 요소를 곱하는 함수입니다.

forward 안의 x_mean과 x_var는 각각 입력 데이터의 평균과 분산을 저장하는 변수로 평가 시에 사용합니다. 학습 시에는 이 변수의 포인터만 먼저 전달해, 이 클래스를 호출하는 BatchNorm 클래스([코드 6.7] 참조)에서, 예를 들어 이동 평균의 경우는 과거의 계산된 이동 평균과 forward 함수로 구한 미니배치 평균 rmu를 이용해 계산합니다.

분산의 경우도 마찬가지로 계산합니다. 가중 비율을 나타내는 λ 는 $0.9 \sim 0.999$를 사용합니다 (입력 데이터 수에 따라 크게 하거나 작게 할 필요가 있습니다).

평가 시에는 마찬가지로 BatchNorm 클래스에서 is_train을 false로 설정한 후 forward 함수를 호출해 계산해둔 x_mean과 x_var를 사용합니다(forward의 1단계와 4단계).

46행부터가 역전파 함수입니다. 일부 변수는 순전파에서 계산한 값을 역전파식에서 돌려 쓰고 있습니다. backward에서는 γ 와 β 의 미분인 dgamma과 dbeta을 요구하고 있습니다.

다음 예제 코드에 나타낸 대로, BatchNorm 클래스는 Graph 클래스의 상속 클래스로, FunctionBatchNorm 클래스를 사용해 배치 정규화를 실행합니다. 그때, 평균 x_mean과 분산 x_var 이동 평균을 각각 계산합니다 (16~17행).

[코드 6.7] graph.cpp

```
1 : PVariable BatchNorm::forward(PVariable x) {
2 :
```

```cpp
 3 :     FunctionBatchNorm *f =
               new FunctionBatchNorm(gamma, beta, x_mean, x_var);
 4 :     PFunction p_batch_norm(f);
 5 :     funcs_chain.push_back(p_batch_norm);
 6 :
 7 :     f -> is_train = is_train;
 8 :     PVariable x_h = p_batch_norm->forward(x);
 9 :
10:     if (is_train) {
11:         float lam = lambda;
12:         if (is_first){
13:             lam = 0.0;
14:             is_first = false;
15:         }
16:         x_mean -> data = lam * x_mean -> data + (1.0 - lam) * f -> rmu ;
17:         x_var -> data = lam * x_var -> data + (1.0 - lam) * f -> var ;
18:     }
19:     return x_h;
20: }
```

07

사전 학습

여기서 설명하는 사전 학습은 신경망의 학습 대상인 유닛의 가중치를 어떤 방법으로 미리 계산해 학습 시 초깃값으로 이용함으로써 학습 정밀도 향상과 조기 수렴 효과를 노린 것입니다.

여기서는 그 전제가 되는 오토인코더를 설명합니다.

7.1.1 오토인코더

아래 그림의 2층으로 구성된 네트워크에서 출력값이 입력값과 같아지도록 학습하는 네트워크를 오토인코더(autoencoder, 자기부호화기)라고 합니다. 훈련 데이터군이 필요 없다는 점에서 비지도 학습으로 분류됩니다.

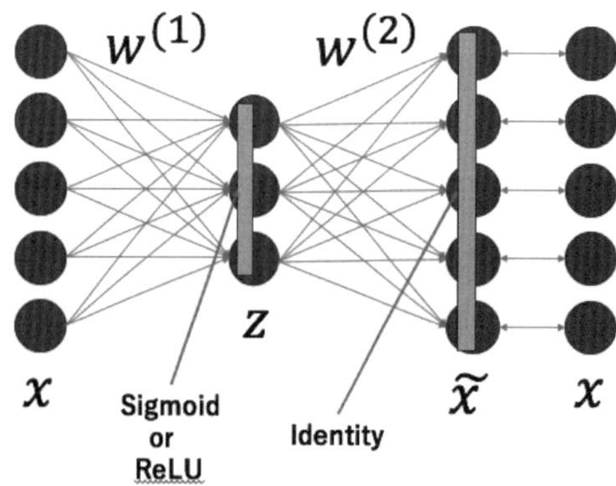

▲ [그림 7.1] 오토인코더

중간의 은닉층을 입·출력 유닛 수보다 적게 설정합니다. 입력층에 주어진 데이터는 은닉층에 이른 단계에서 일단 차원 압축되고, 출력층에서 차원이 복원됩니다. 이 때문에 입력층의 가중치 및 출력층의 가중치는 차원이 압축되더라도 입력값을 가능한 한 복원할 수 있도록 조정됩니다.

입력을 복원할 수 있을 정도의 특징을 남긴 채, 특징이 없다고 판단한 데이터는 버리도록 학습이 진행됩니다. 즉, 오토인코더에서 입·출력층의 가중치는 입력 데이터의 특징을 가진다고 있다고 말할 수 있습니다.

여기서 주의할 점은 은닉층의 차원이 입·출력층보다 작은 것입니다. 만약 은닉층의 차원이 입·출력층의 차원과 똑같은 경우는 단순한 항등사상을 학습할 가능성이 높으므로 결과적으로는 의미가 없는 학습이 됩니다.

오토인코더를 수식으로 표현하면 다음과 같습니다.

$$\mathbf{z} = f(\mathbf{w}^{(1)}\mathbf{x})$$
$$\tilde{\mathbf{x}} = \tilde{f}(\mathbf{w}^{(2)}\mathbf{z}) \tag{7.1}$$

여기서 가중치 $\mathbf{w}^{(1)}$과 $\mathbf{w}^{(2)}$는 층1과 층2에 걸쳐 같은 값을 사용하는 경우도 있습니다(가중치 공유 $\mathbf{w}^{(2)} = \mathbf{w}^{(1)\mathrm{T}}$). 학습에는 입력층은 일반 시그모이드 함수 f, 출력층은 항등사상 $\tilde{f}$ 를 사용하고, 오차함수에는 제곱오차를 사용합니다. 단, 교사 신호로서 입력 x를 사용하는 것이 핵심입니다.

7.1.2 ## 희소 오토인코더(sparse autoencoder)

전항 *오토인코더*에서는 입력층보다 은닉층 유닛 수가 적어야 한다고 설명했지만, 이런 제한은 나중에 설명할 사전 학습에선 가혹한 조건이 됩니다. 일반성을 손상하지 않고 은닉층 수를 많게 하는 방법을 생각해 봅시다.

기존의 오차함수에 정규화 항을 추가합니다. '*6.2.1 정규화*'에서도 언급했지만, 정규화 효과는 다음 그림과 같이 여러 유닛이 0 또는 0에 가까운 값으로서 생성되도록 학습이 진행되는 것입니다([그림 7.2] 참조). 은닉층에 0인 유닛이 늘어나면 실질적으로는 은닉층 수를 줄이는 것과 같다는 점에서 기존 오차 함수를 다음과 같이 정의합니다.

$$\tilde{E}(\mathbf{w}) = E(\mathbf{w}) + L_\rho \tag{7.2}$$

$$L_\rho = \beta \sum_{j=1}^{h} \left(\rho \log \frac{\rho}{\hat{\rho}_j} + (1-\rho) \log \left(\frac{1-\rho}{1-\hat{\rho}_j} \right) \right) \tag{7.3}$$

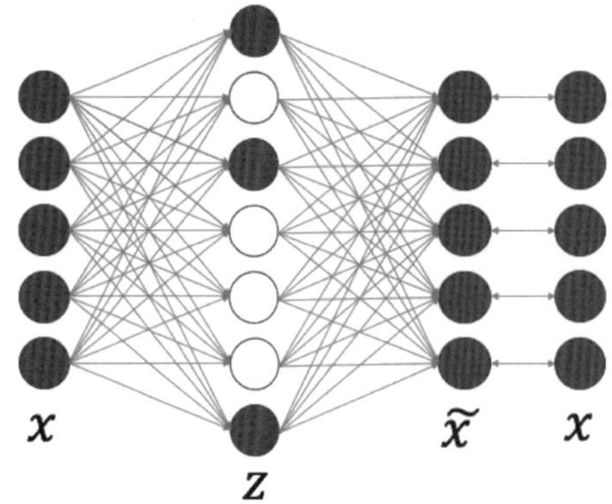

▲ [그림 7.2] 희소 오토인코더

$\tilde{E}(\mathbf{w})$는 수정된 오차함수, L_p 는 추가한 정규화항입니다. 수치 계산 분야에서는 이 정규화 항은 함수에 제약을 준다는 의미에서 패널티항으로 부르기도 합니다.

L_p는 ρ와 $\hat{\rho}$는 ρ일 때 1, $\rho-1$일 때 0을 취하는 베르누이 분포 사이의 쿨백–라이블러 발산(Kullback□Leibler divergence)입니다([그림 7.3]). 활성화 함수로 로지스틱 함수와 ReLU 함수 등 0부터 1 사이의 값을 취하거나, 0보다 큰 값을 반환하는 함수를 이용할 때 효과 적입니다(베르누이 분포를 생각하므로 정확히는 0 또는 1을 반환하는 함수일 필요가 있지만, 가까운 이들 함수로도 효과적으로 작용합니다).

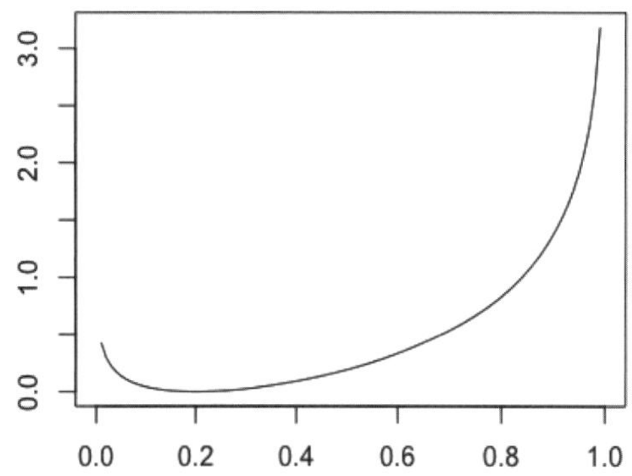

▲ [그림 7.3] 쿨백–라이블러 발산

쿨백–라이블러 발산(KL)은 두 확률분포의 차이를 계산하는 표준적인 지표로, 일반적인 정 의는 다음과 같습니다.

$$KL(P\|Q) = \sum_i P(i) \log \frac{P(i)}{Q(i)} \tag{7.4}$$

P, Q는 이산확률분포로, $P(i)$, $Q(i)$에 따라 선택된 값이 i일 때의 확률을 나타내고, P가 Q에 가까울수록 KL은 0에 가까워집니다.

덧붙여, 쿨백-라이블러 발산 KL은 '*3.2 다층 퍼셉트론*'에서 언급한 교차 엔트로피 $H(P, Q)$와 다음과 같은 관계입니다.

$$\begin{aligned}
KL(P\|Q) &= H(P, Q) - H(P) \\
&= E_p \left[log \frac{1}{Q(i)} - log \frac{1}{P(i)} \right] \\
&= E_p \left[log \frac{P(i)}{Q(i)} \right] \\
&= \sum_i P(i) \log \frac{P(i)}{Q(i)}
\end{aligned} \tag{7.5}$$

단, $H(P)$는 엔트로피(평균정보량)이고 $E_p \left[log \frac{1}{P(i)} \right]$로 나타냅니다. 이처럼 쿨백-라이블러 발산은 교차 엔트로피와 엔트로피의 차이로 나타냅니다. 교차 엔트로피는 참인 확률분포 P에서 볼 때 틀린 확률분포 Q(데이터에서 얻어지는 참이 아닌 확률분포)를 바탕으로 기댓값을 계산한 것입니다. 한편, 엔트로피는 확률 분포 P일 때의 기댓값이므로, 쿨백-라이블러 발산은 그 오차를 나타내는 것이라고 할 수 있습니다.

ρ는 활성도(0이 아닌 값)의 목표치(0~1)을 나타내는 하이퍼파라미터로 처음은 수동으로 지정합니다. $\hat{\rho}_j$는 유닛 j의 평균활성도입니다. 유닛 j에 도달하는 각 샘플 $\mathbf{x}_i$를 바탕으로 계산된 값의 평균으로, 다음과 같이 정의됩니다.

$$\hat{\rho}_j = \frac{1}{n} \sum_{i=1}^{n} f(u_j(\mathbf{x}_i)) \tag{7.6}$$

네트워크의 학습 과정에서 평균활성도가 목표치에 가까울수록 유닛은 0에 가까워집니다. 학습 목적은 오차를 최소화하는 것이므로, 평균활성도가 목표치에 가깝도록 학습이 진행됩니다. 이처럼 각 유닛의 활성도를 조절함으로써 희소한 유닛을 의도적으로 만들어냅니다.[16][17]

---

*[16][17] '참고 문헌'(p. 256)을 참조하세요.

그러나 반복 학습에서 전체 샘플의 평균활성도 $\hat{\rho}_j$ 를 매번 계산하는 것은 매우 비용이 많이 들어 현실적이지 않습니다. 따라서 다음과 같이 미니배치 데이터의 평균활성도를 계산하고, 그때까지의 평균활성도와 합해 이동 평균을 구한 값을 근삿값으로 사용합니다. $\hat{\rho}_j^{(t-1)}$ 는 바로 직전 학습에서 계산된 평균활성도이고, λ 는 그때까지의 값을 어느 정도 남길지 결정하는 하이퍼파라미터로 0.9 전후를 사용합니다.

$$\hat{\rho}_j^{(t)} = \lambda \hat{\rho}_j^{(t-1)} + (1-\lambda)\hat{\rho}_j \tag{7.7}$$

이어서, 역전파는 L_ρ 가 u 의 함수임에 주의합니다.

보통은 '*4.2.3 다층 신경망에서의 각 매개변수 미분*'의 [식 4.32]에서 구한 대로 다음과 같은 식이 됩니다.

$$\delta_j^{(l)} = \frac{\partial E(\mathbf{w})}{\partial u_j^{(l)}} = \sum_k \delta_k^{(l+1)} w_{kj}^{(l+1)} f'(u_j^{(l)}) \tag{7.8}$$

따라서, 정규화항을 더한 δ 는 다음과 같이 계산할 수 있습니다.

$$\begin{aligned}
\delta_j^{(l)} &= \frac{\partial E(\mathbf{w})}{\partial u_j^{(l)}} + \frac{\partial L_\rho}{\partial u_j^{(l)}} \\
&= \sum_k \delta_k^{(l+1)} w_{kj}^{(l+1)} f'(u_j^{(l)}) + \frac{\partial L_\rho}{\partial \hat{\rho}_j} \frac{\partial \hat{\rho}_j}{\partial u_j^{(l)}} \\
&= \sum_k \delta_k^{(l+1)} w_{kj}^{(l+1)} f'(u_j^{(l)}) + \beta \left(-\frac{\rho}{\hat{\rho}_j} + \frac{1-\rho}{1-\hat{\rho}_j} \right) f'(u_j^{(l)}) \\
&= \left(\sum_k \delta_k^{(l+1)} w_{kj}^{(l+1)} + \beta \left(-\frac{\rho}{\hat{\rho}_j} + \frac{1-\rho}{1-\hat{\rho}_j} \right) \right) f'(u_j^{(l)})
\end{aligned} \tag{7.9}$$

7.1.3 은닉층의 가중치

이 항에서는 희소 오토인코더의 은닉층의 가중치를 고찰합니다.

은닉층 유닛 수를 100으로 하고, $\rho = 0.05$ 로 고정한 후 β 값을 각각 0.0, 0.1, 2.0으로 변화시켰을 때의 은닉층의 가중치 $\mathbf{w}$ (가중치 공유 있음)를 시각화해 그린 것이 이 항에서 나타낸 [그림 7.4] ~ [그림 7.6]입니다. 각 그림의 숫자 부분 위가 출력 이미지고 아래가 입력 이미지입니다.

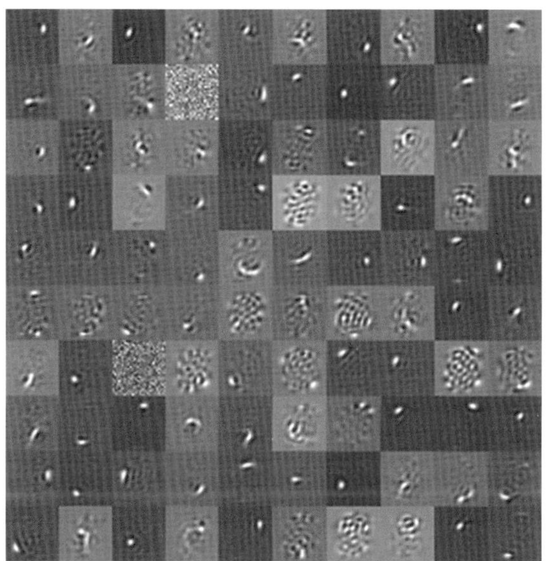

▲ [그림 7.4] $\beta = 0.0$인 경우

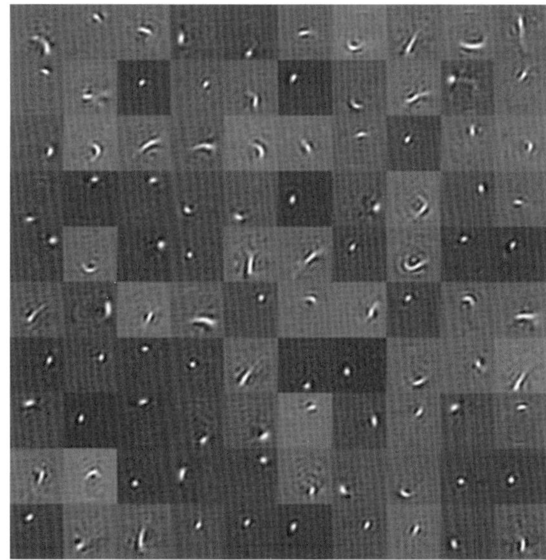

▲ [그림 7.5] $\beta = 0.1$인 경우

[그림 7.4]에 나타낸 $\beta = 0.0$ (정규화 없음)의 경우 가중치가 전체적으로 어수선하고 정보량이 많아졌습니다. 따라서 출력의 숫자 이미지는 매우 명확하게 입력 이미지를 재현할 수 있지만, 조금 오버피팅 기미가 있다고 판단할 수 있습니다.

[그림 7.5]에 나타낸 $\beta = 0.1$의 경우 각 가중치가 부분적으로 숫자의 특징을 나타내도록 가느다란 끈이나 점 모양의 원시적인 부품으로 구성되어 있습니다. 이처럼 정보량은 비교적 적지만, 출력 이미지가 입력 이미지를 제대로 재현하므로 특징을 잘 추출한다고 할 수 있습니다.

[그림 7.6]에 나타낸 $\beta = 2.0$의 경우, 특정 유닛에서 얇게 숫자가 겹치는 듯한 특징이 보입니다. 정규화가 너무 강해 특정 유닛만 특징을 유지하는 방향으로 학습이 진행되어, 결과적으로 각 유닛으로 특징이 분산되어 있지 않습니다. 출력 이미지도 흐리고 입력 이미지가 잘 재현되지 않기 때문에 학습이 잘 진행되지 않았다고 할 수 있습니다.

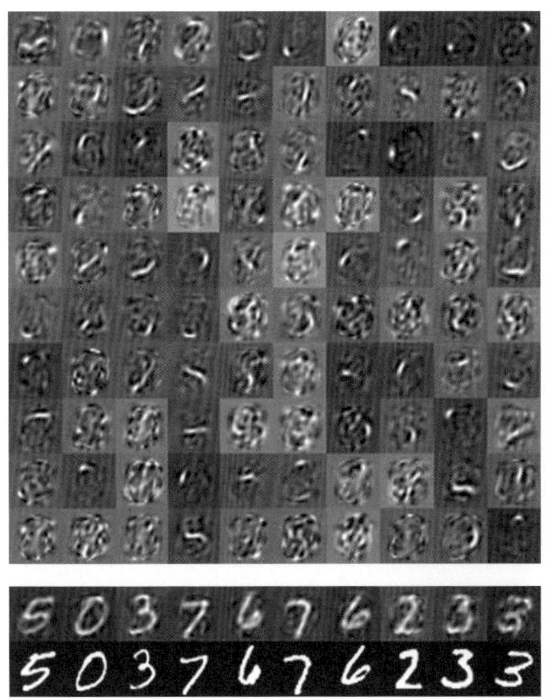

▲ [그림 7.6] $\beta = 2.0$인 경우

디노이징 오토인코더에서는 아래 그림에 나타낸 대로, 입력 $\mathbf{x}$에 평균 0, 분산 σ^2의 가우스 분포에 따르는 랜덤한 노이즈 β를 입힌 $\hat{\mathbf{x}}$를 오토인코더의 입력으로 사용합니다.

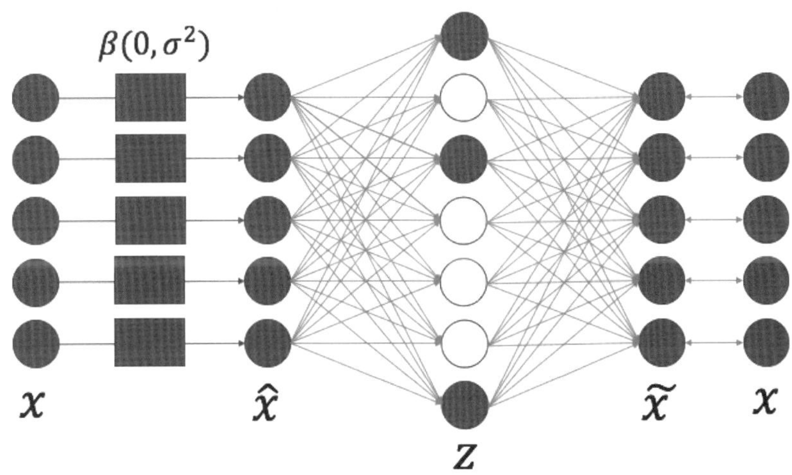

▲ [그림 7.7] 디노이징 오토인코더

출력층에서는 원형 $\mathbf{x}$를 학습 데이터로서 줍니다. 노이즈가 실린 데이터를 출력층에서 복원하도록 학습함으로써 노이즈에 강한, 다시 말해 일반화된 모델 구축을 목적으로 합니다.

$$\hat{\mathbf{x}} = \mathbf{x} + \beta \tag{7.10}$$

노이즈를 싣는 방법은 그밖에도 몇 가지 있습니다. 예를 들어 p를 노이즈율로 한 경우에, 각 입력 요소에 대해 확률 p에서 그대로, 확률 $1 - p$에서 0으로 하는 방법입니다. 이 방법으로는 점을 흩뿌린 듯한 이미지가 됩니다.

 사전 학습

일반적으로 신경망은 학습 대상인 유닛의 가중치를 무작위로 초기화합니다. 그 가중치 선정 방법에 따라, 깊은 계층을 가진 네트워크에서는 기울기 소실로 아무리 훈련해도 학습이 전혀 수렴되지 않게 되기도 하고 기울기가 발산하여 학습이 불가능해지거나 가령 학습할 수 있어도 과적합과 국부 최적해에 빠져, 모델 자체의 정밀도를 확보할 수 없는 경우가 발생할 수 있습니다.

전항까지 설명한 오토인코더는 데이터의 특징을 나타내는 가중치를 학습했습니다. 그 특징량을 네트워크의 가중치 초깃값으로 이용함으로써 학습의 수렴을 촉진하고, 더 정밀도가 높은 모델을 구축합니다.

이 절에서는 예로서 '5.5.3 분류 모델'의 [그림 5.4]에 표시된 입력층·중간층 × 2·출력층의 모두 4 층으로 구성된 MNIST 분류를 하는 모델(이 항에서는 모델 A라고 함)을 학습하는 네트워크를 생각해 봅시다.

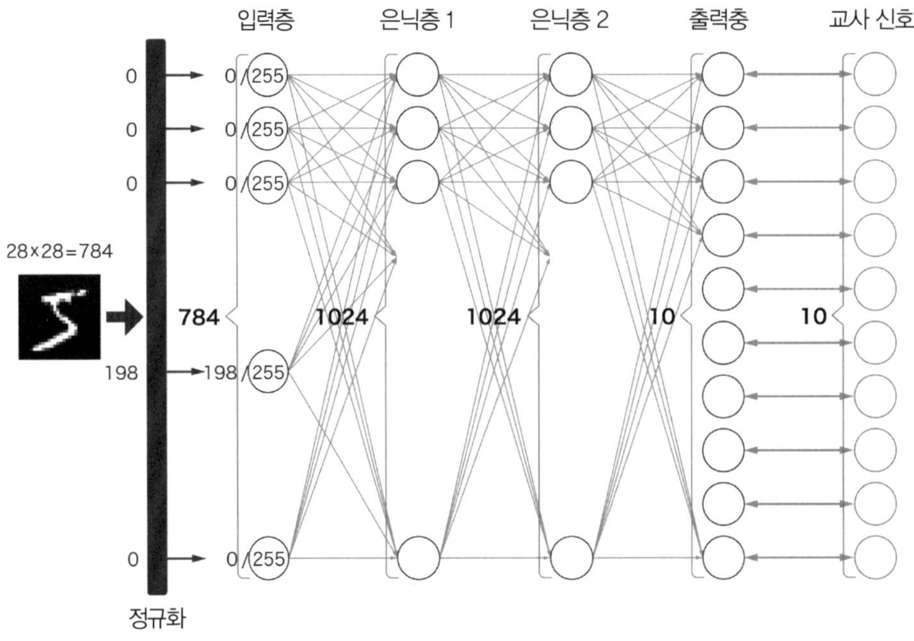

▲ [그림 5.4] (다시 실음) MNIST 이미지

우선, 입력층에 주어진 데이터를 오토인코더로 학습합니다. 그때 오토인코더의 은닉층 유닛 수를 모델 A의 첫 번째 중간층의 유닛 수와 똑같게 합니다.

여기서, 오토인코더의 은닉층이 입력층의 유닛 수보다 적어야 한다는 제약이 있으면, 모델 A의 유닛 수는 여러 층의 계층을 올라감에 따라 적게 해야만 합니다([그림 7.8]). 이것으로는 오토인코더를 이용해 사전 학습을 하는 네트워크 설계 시 유연성이 부족합니다. 따라서 희소 오토인코더가 필요해지는 것입니다.

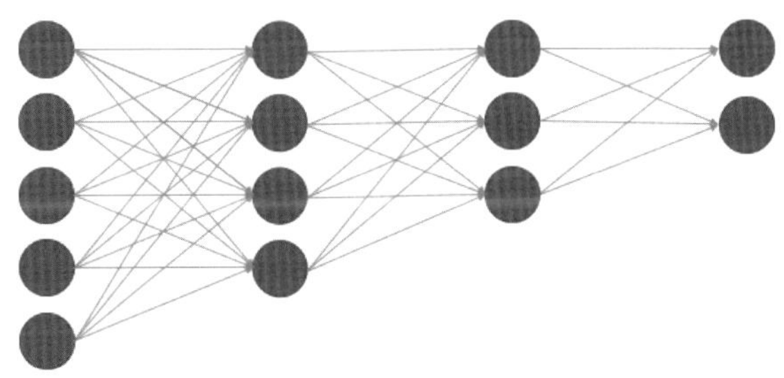

▲ [그림 7.8] 희소화를 이용하지 않는 사전 학습(계층을 올라감에 따라 유닛 수가 감소)

유닛의 목표 활성화값을 설정함으로써 희소한 유닛 수를 조정할 수 있게 되므로, 희소 오토인코더의 은닉층 크기는 자유롭게 설정할 수 있습니다. 희소 오토인코더로 모델 A의 중간층 유닛 수만큼 확보할 수 있습니다.

우선, 이 희소 오토인코더를 사용해 입력 데이터를 재현 할 수 있도록 학습합니다. 학습 시에 얻어진 가중치 $\mathbf{w}^{(1)}$를 모델 A의 해당하는 가중치로 설정합니다([그림 7.9] 왼쪽).

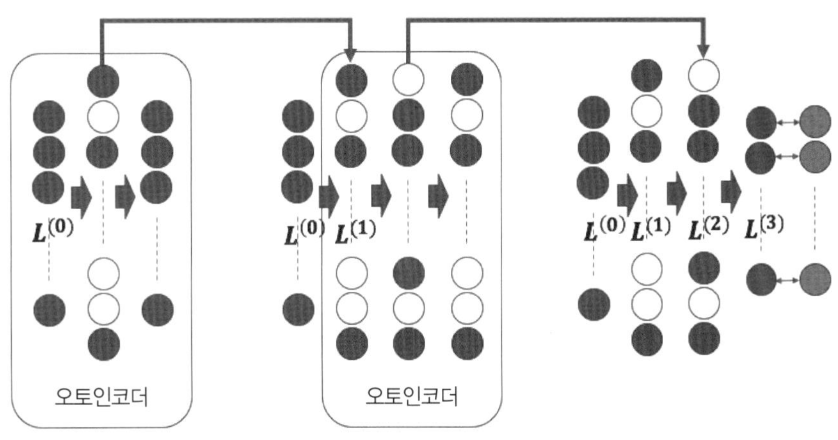

▲ [그림 7.9] 사전 학습 순서

다음은 모델 A의 그 다음 중간층에 마찬가지로 희소 오토인코더를 이용해 모델 A의 입력층에 입력하는 곳부터 학습을 시작하여 희소 오토인코더의 가중치 $\mathbf{w}^{(2)}$를 학습합니다. 그리고 학습된 가중치를 모델 A의 해당하는 가중치로 설정합니다([그림 7.9] 가운데). 이 일련의 흐름을 사전 학습(프리트레이닝(pretraining))이라고 합니다.

마지막으로, 출력층을 추가해 모델 A를 일반적인 신경망으로서 훈련합니다([그림 7.9] 오른쪽). 이 과정을 '사전 학습에서 시작해 최종적으로 네트워크를 정리한다'는 의미에서 파인 튜닝으로 부르기도 합니다.

이 항에서는 사전 학습에 관해 자세히 설명했습니다. 그러나 사전 학습으로 오토인코더에서 얻은 가중치를 초깃값으로 사용하는 것이 왜 정밀도 향상으로 연결되는지, 그 이유는 밝혀지지 않았습니다. 어디까지나 경험적으로 그렇게 된다는 것을 실험을 통해 알고 있을 뿐입니다. 향후 분석에 의해 이유가 발견될지도 모르지만, 신경망의 세계에선 이러한 실무가 선행되는 휴리스틱 알고리즘이 매일같이 발표되는 상황입니다.

따라서 기존보다 높은 효율을 자랑하는 알고리즘이 과거의 알고리즘을 자주 수정하는 상황이 계속되고 있습니다. 이처럼 상황이나 이론이 나중에 따라 오는 점도 포함해서, 오늘날 신경망은 항상 신선하고 재미있게 느껴지는 주제입니다.

실제로 이 항에서 소개한 오토인코더에 의한 사전 학습은 예전만큼 이용되지 않게 됐습니다. 수렴의 효율성 및 정확성 향상에서 드롭아웃과 배치 정규화 등 새롭고 효과적인 방법이 속속 등장하기 때문입니다. 그러나 과제에 따라 사전 학습은 여전히 유효한 사례로 있어, 적은 정보량으로 대상의 특징을 나타내는 오토인코더의 개념은 매우 중요하고 응용 범위가 넓습니다.

오토인코더 구현

'*7.1 오토인코더와 사전 학습*'에서는 오토인코더와 사전 학습을 설명했지만, 이번에는 오토인코더를 구현하는 방법을 설명하겠습니다.

7.2.1 은닉층

이 항에서는 은닉층을 담당하는 FunctionSparseLinear를 정의합니다. 아래에 그 코드를 예로 들었습니다.

[코드 7.1] function.cpp

```
 1 : PVariable FunctionSparseLinear::forward(
         vector<PVariable > &inputs, vector<PVariable > &outputs){
 2 :
 3 :     PVariable x = inputs.at(0);
 4 :     PVariable r = PVariable(new Variable(
                         this, w -> data.rows, x -> data.cols));
 5 :
 6 :     if (i1.cols == 0 || i1.cols != x -> data.cols){
 7 :         i1 = cuMat(1, x -> data.cols);
 8 :         i1.ones();
 9 :     }
10 :
11:     if (!noBias) b -> data.dot(i1, r -> data);
12:     w -> data.dot plus(x -> data, r -> data);
13:
14:     outputs.push_back(r);
15:
16:     PVariable r2 = PVariable(new Variable(
                         this, w -> data.rows, x -> data.cols));
```

```cpp
17:     r -> data.relu(r2 -> data);
18:     // r -> data.sigmoid(r2 -> data);
19:
20:     return r2;
21: }
22:
23: void FunctionSparseLinear::backward(
             cuMat &p_grad,
             vector<PVariable > &inputs,
             vector <PVariable > &outputs){
24:
25:     PVariable o = outputs.at(0);
26:     cuMat sg = o -> data.relu_d();
27:     // cuMat sg = o -> data.sigmoid_d();
28:
29:
30:     PVariable x = inputs.at(0);
31:
32:     if (x -> isGetGrad)
           w -> data.transpose_dot_plus(p_grad, x -> grad);
33:
34:     cuMat ones(ph -> data.rows, ph -> data.cols);
35:     ones.ones();
36:     cuMat p_tmp(ph -> data.rows, ph -> data.cols);
37:     p_tmp.ones();
38:     p_tmp *= p;
39:
40:     cuMat kl = beta * (-1.0 * p_tmp / ph -> data +
                           (ones - p_tmp) / (ones - ph -> data));
41:
42:     cuMat p_grad_new = (p_grad + kl)*sg;
43:
44:     p_grad_new.dot_transpose_plus(x -> data, w -> grad);
45:
46:     if (!noBias) p_grad_new.dot_transpose_plus(i1, b -> grad);
47: }
```

'*5.1 역방향 자동 미분 구현*'에서 소개한 FunctionLinear와 처리는 비슷하지만, 활성화 함수의 처리까지 포함된 점이 FunctionLinear와 다릅니다.

구체적으로는 forward()의 17행에서 일반 FunctionLinear의 반환을 계속해서 ReLU 함수로 통과시킵니다. 물론, ReLU 대신에 18행에 주석으로 처리한 Sigmoid를 사용해도 문제 없습니다. 원래는 활성화 함수를 구분해 사용할 수 있도록 외부에서 지정할 수 있게 해야겠지요.

backward()에서는 처음에는 ReLU의 미분을 구해 둡니다(26행). 다음으로 현재의 δ (p_grad)를 바탕으로 하위 계층의 δ (x의 grad)를 구합니다.

40행에서 KL을 구한 뒤 전술한 [식 7.8]에 따라, 42행에서 현재의 δ 에 KL를 더한 값에 미리 구해 둔 ReLU의 미분을 곱합니다. 그 새로운 값(p_grad_new)을 사용해 w와 b의 기울기를 구합니다(44~46행).

7.2.2 은닉층의 래퍼

이 항에서는 앞에서 구현현 FunctionSparseLinear의 래퍼인 SparseLinear를 정의합니다. 아래에 그 코드를 예로 들었습니다.

[코드 7.2] graph.cpp

```cpp
 1 : SparseLinear::SparseLinear(int output_size, int input_size,
            bool no_bias, float g, float beta, float p) : Graph() {
 2 :
 3 :     noBias = no_bias;
 4 :
 5 :     this -> w = new Variable(output_size, input_size);
 6 :     this -> w -> randoms(0., sqrt(1.0/((float)input_size)));
 7 :
 8 :     if (!noBias){
 9 :         this -> b = new Variable(output_size, 1);
10 :     }
11 :     this -> g = g;
12 :     this -> beta = beta;
13 :     this -> p = p;
```

```cpp
14: }
15:
16: PVariable SparseLinear::forward(PVariable v){
17:
18:     if (this -> ph == NULL) this -> ph =
             new Variable(this -> w -> data.rows, v -> data.cols);
19:
20:     Function *f;
21:     if (noBias) f = new FunctionSparseLinear(w, beta, p, ph);
22:     else f = new FunctionSparseLinear(w, b, beta, p, ph);
23:
24:     PFunction pf(f);
25:     funcs_chain.push_back(pf);
26:
27:     PVariable r = pf -> forward(v);
28:
29:     cuMat np = 1.0/v -> data.rows *
             r -> data.batch_sum().vec_to_mat(v -> data.cols);
30:
31:     ph -> data = g * ph -> data + (1.0-g) * np;
32:
33:     return r;
34: }
```

위 코드 예제에 나타낸 SparseLinear 클래스의 역할은 FunctionSparseLinear를 실행
하는 것과 평균활성도의 이동 평균을 구해 가지고 있는 것입니다.

생성자에서 KL 계산에 필요한 하이퍼파라미터인 이동 평균용 g, 정규화 정도를 조정하는
beta, 목표 활성도 p를 받습니다(11~13행). 그밖에는 예를 들어 w와 b의 정의는 Linear 클
래스와 완전히 똑같습니다.

forward()는 먼저 평균 활성도의 이동 평균을 가질 변수 ph의 인스턴스를 생성합니다(18행).
21~22행에서 FunctionSparseLinear에 필요한 매개변수를 전달해 인스턴스를 생성하고, 27행
에서 FunctionSparseLinear의 forward()를 실행합니다. forward()에서 반환된 값을

바탕으로 29행에서 이동 평균을 계산합니다.

 오토인코더 구축과 학습

희소 오토인코더의 은닉층과 은닉층의 래퍼를 구현한 시점에서 희소 오토인코더를 사용할 준비는 마쳤습니다. 이 절에서는 실제로 희소 오토인코더를 구축하고 학습하는 코드를 소개합니다.

[코드 7.3] `main.cpp`

```cpp
 1 : PVariable forward_one_step(
           Model &model, PVariable x1, bool is_train) {
 2 :
 3 :
 4 :     PVariable v = x1;
 5 :     PVariable rand =
              PVariable(new Variable(v->data.rows, v->data.cols));
 6 :
 7 :     /*
 8 :     // de-noising
 9 :     // rand -> binominal randoms(0.5);
10:     v->data *= rand->data;
11:     */
12:     PVariable h1 = model.G("slinear")->forward(v);
13:     PVariable h2 = model.G("linear")->forward(h1);
14:
15:     return h2;
16: }
17:
18:
19: int main(void){
20:
21:     ......................
22:
23:     SparseLinear *ln = new SparseLinear(
              n_size, i_size, false, 0.9, 0.1, 0.05);
```

```
24:        model.putG("slinear", ln);
25:        model.putG("linear", new Linear(ln->w, true));
26:        model.putG("mse", new MeanSquaredError());
27:
28:        .....................
29: }
```

forward_one_step에서 12행이 오토인코더의 입력층 → 은닉층, 13행이 은닉층 → 출력층에 해당합니다. 13행의 출력층 마지막에 활성화 함수를 통하지 않았는데, 이것은 항등사상으로 하기 위해서입니다. 또한 중간의 주석 부분은 노이즈를 넣을 때의 코드입니다.

9행의 binominal_randoms으로 행렬의 각 요소에 대해 0.5의 확률로 1 또는 0이 설정된 행렬을 생성하고(rand), 10행에서 입력에 곱하고 있습니다(점잡음: salt-and-pepper noise).

main()에서는 23행에서 SparseLinear를 정의합니다. 여기에서는 λ = 0.9, β = 0.1, ρ = 0.05로 했습니다. 25행에서는 은닉층 → 출력층을 나타내는 Linear를 정의했습니다. 가중치를 공유하기 위해 생성자의 첫 번째 인수로 SparseLinear의 w를 전달합니다. 두 번째 인수로는 가중치를 전치하는 플래그를 지정합니다. 26행에서 제곱 평균의 오차 함수를 정의해, 다음에 나타낸 대로 학습 루프 안에서 forward_one_step에서의 출력과 입력 이미지 x1을 받게 해서 사용합니다.

나머지는 '5.5 MNIST를 예로 든 학습과 평가'에서 소개한 소스 코드와 같으니 그 쪽을 참조하십시오.

[코드 7.4] main.cpp

```
1 : PVariable h3 = forward_one_step(model, x1, true);
2 : PVariable loss = model.G("mse")->forward(h3, x1);
```

이것으로 오토인코더를 이용한 학습이 가능해집니다. 사전 학습에서는 여기서 얻어진 SparseLiner의 w 및 b를 초깃값으로 이용하지만, 이 책에서는 예제 코드를 싣지 않았습니다. 각자 시험해 보기를 권장합니다.

08

합성곱 신경망

합성곱 신경망은 기존의 이미지 처리 필터 기법을 신경망에 도입해, 이미지 인식의 정확도를 비약적으로 높이는 기법으로, 최근 일어난 신경망 붐의 일익을 담당하는 기술입니다. 동영상 인식과 이미지 생성 등은 기존 컴퓨터가 어려워하던 분야였지만, 현재는 인간과 동등하거나 그 이상의 성과를 발휘합니다.

여기서 설명하는 '합성곱'은 기존의 영상 처리 기법으로, 신경망 특유의 기법은 아닙니다. 그러나 합성곱 신경망을 설명할 때 최소한 알아 두어야 하는 지식이지요. 이미지 처리에 익숙하다면, 이 절의 전반부는 지식을 확인해 보는 정도로 가볍게 넘어가도 됩니다.

8.1.1 이미지

컴퓨터 이미지는 픽셀이라는 최소 단위의 점이 화면에 깔린 2차원 평면으로 표시됩니다. 각 픽셀은 명암 값을 가지며, 각각의 처리계에서 나타낼 수 있는 명암의 단계가 정해져 있습니다. 이 명암의 단계를 계조라고 부릅니다. 또한 색은 그레이 스케일 또는 빨강, 녹색, 파랑의 삼원색(RGB)으로 표현됩니다. 이미지 처리에서 RGB는 보통 각각 독립적인 이미지로 다루어집니다 (이것을 채널이라고 합니다).

예를 들어, 256계조·그레이 스케일·28 × 28픽셀, 256계조·RGB·128 × 128픽셀 등으로 표현합니다.

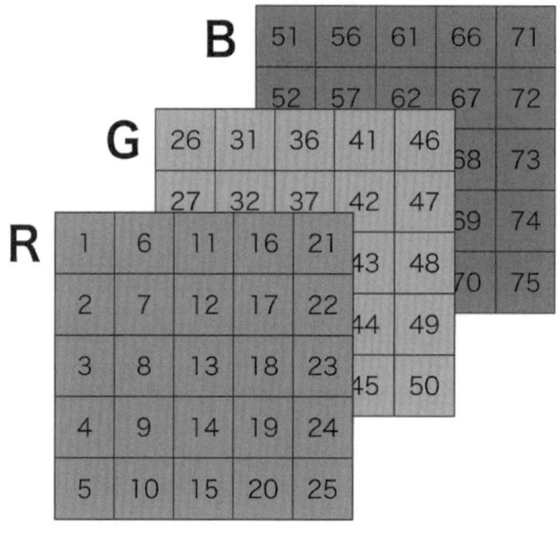

▲ [그림 8.1] RGB 이미지의 개념도

또한 각각의 구성 요소를 차원이라고 생각하면, [그림 8.1]의 RGB 이미지는 세로+가로+채널로 합계 3차원. 아래 그림의 그레이 스케일 이미지([그림 8.2] 왼쪽)도 세로+가로+채널로 합계 3차원으로 나타낼 수 있습니다.

예를 들어, [그림 8.1]은 256 계조·RGB의 3 채널·5 x 5 픽셀의 예입니다. 각 채널의 픽셀 값은 0~255 사이의 정숫값입니다. 이 채널을 겹친 이미지가 컬러 이미지로 표시됩니다.

이미지 필터

이 절에서는 이미지 필터의 동작을 설명합니다. 다음과 같이 5 × 5 픽셀의 그레이 스케일 이미지 A([그림 8.2] 왼쪽)을 가정합니다. 여기에서 오른쪽 이미지처럼 3 × 3의 픽셀 값을 가진 이미지 F([그림 8.2] 오른쪽)를 준비합니다.

1	6	11	16	21
12	15	2	17	22
13	18	20	18	23
4	9	14	10	24
5	10	15	20	5

0	-1	0
0	1	0
0	0	0

▲ [그림 8.2] 그레이 스케일 이미지와 필터

이미지 F는 중앙 위가 −1, 중앙이 1, 나머지 픽셀은 0으로 설정되어 있습니다. 이것을 다음 페이지의 [그림 8.3]처럼 이미지 A와 겹쳐 가로세로로 몇 픽셀([그림 8.3]에서는 1픽셀)씩 밀어줍니다. 겹친 픽셀끼리 서로 곱해 그 합을 구한 것을 [그림 8.3]의 오른쪽 이미지 M의 픽셀 값으로 설정합니다. 여기에서 완성한 이미지 M을 픽셀 맵이라고 합니다. 이미지 F의 범위에서 일시적으로 잘려지는 이미지를 이 책에서는 패치라고합니다.

이 예제에서는 이미지 A와 이미지 F가 이미지 F의 0이 아닌 2개의 픽셀(−1과 1)과 겹치는 부분에 주목합니다. 이미지 A의 픽셀 값이 같으면, 서로 더해서 −1과 1이 지워지고 픽셀 맵의 해당 픽셀 값은 0이 됩니다. 반대로, 해당 부분의 이미지 A의 픽셀 값이 크게 다를 때는 절댓값이 큰 값이 됩니다.

또한 이미지 F에서 원래 0인 픽셀은 당연히 픽셀 맵의 값도 0입니다. 즉, 농담차가 큰 부분만 픽셀 값이 설정된다는 것을 뜻합니다. 바꿔 말하면, 위 아래의 명암의 경계선(엣지)을 검출할 수 있습니다.

이미지의 특징을 뽑아내는 역할을 하는 이미지 F를 이미지 필터 또는 단순히 필터, 커널이라고 합니다. 이미지 F는 상하 에지에 반응하는 필터였지만, 필터의 픽셀 값을 변화시킴으로써 좌우 에지 검출이나 이미지를 흐리게 등 다양한 필터를 정의할 수 있습니다. 이처럼 원본 이미지에 필터를 접어 넣듯이 연산하는 프로세스를 합성곱이라고 합니다. 물론, 필터 및 원본 이미지는 예제처럼 정사각형일 필요는 없습니다.

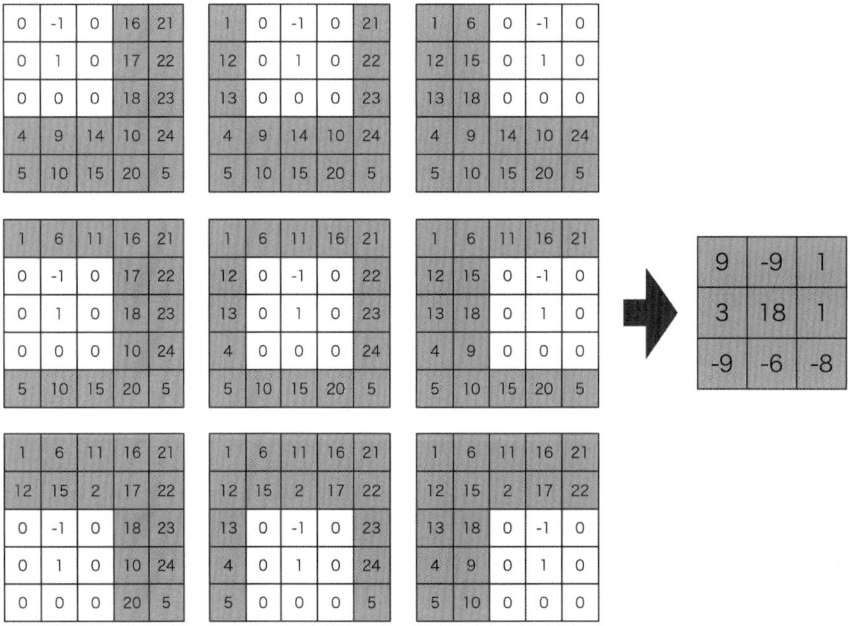

▲ [그림 8.3] 필터를 적용하는 예

8.1.3 패딩

앞에서 소개한 픽셀 맵 이미지는 3×3이 되어, 원본 이미지 A의 크기보다 약간 줄어 듭니다. 그러나 이것은 1픽셀씩 이동한 경우의 크기로, 만일 2픽셀씩 이동한 경우의 픽셀 맵 크기는 2×2가 됩니다.

왜냐하면 필터는 원본 이미지의 범위를 넘어서 이동할 수 없기 때문입니다. 그러나 이대로는 필터를 통과할 때마다 뜻하지 않게 이미지가 작아집니다. 그러므로 스트라이드(stride:이동 간격)와 필터 크기를 조정할 수 있도록 원본 이미지의 크기 확장을 생각해 봅시다. 일반적으로는 원본 이미지의 상하 좌우로 확장할 픽셀 폭을 결정하고, 그 픽셀 값을 0으로 합니다.

이때 필요한 이미지 폭을 확보하는 기술을 패딩이라고 합니다. 상하 좌우의 패딩 폭은 달라도 상관없고, 계산을 단순하게 만들고자 같은 값을 사용하는 일이 많습니다.

패딩으로 필터를 출력한 결과, 즉 픽셀 맵의 크기를 자유롭게 조절할 수 있습니다. 픽셀 맵의 크기 H_{pm}, W_{pm} 은 다음과 같이 계산할 수 있습니다. 단, 여기서는 필터 크기나 패딩 크기는 상하 좌우로 동일하게 했습니다.

$$H_{pm} = 1 + \frac{H + 2H_{pad} - H_f}{S}$$
$$W_{pm} = 1 + \frac{W + 2W_{pad} - W_f}{S}$$

(8.1)

H_{pm} 은 픽셀 맵 높이, H 는 원본 이미지 높이, H_{pad} 는 상하 패딩 높이, H_f 는 필터 높이, S 는 스트라이드입니다. W_{pm} 도 마찬가지입니다.

아래 그림에 5 × 5의 원본 이미지에서 상하좌우 1픽셀씩 패딩하고, 3 x 3의 필터를 스트라이드 1로 이동한 예를 나타냈습니다. 픽셀 맵은 원본 이미지와 같은 크기가 됩니다.

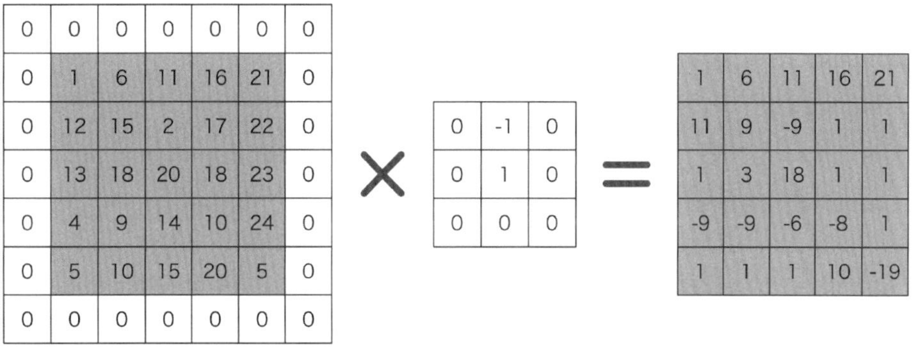

▲ [그림 8.4] 상하좌우 1픽셀의 패딩 예

이 항목에서 설명하는 풀링이란 이미지 축소 알고리즘으로, 원본 이미지에 있는 중요한 정보를 가능한 한 남기면서 축소합니다. 풀링 또한 기존 이미지 처리 기술의 하나입니다. 몇 가지 종류가 있지만, 여기에서는 최대 풀링(Max-Pooling)이라는 기술을 소개합니다.

아래 그림과 같이 원본 이미지를 일정한 윈도 폭으로 일부 잘라내고, 잘라낸 범위의 픽셀 값에서 가장 큰 값을 출력 이미지의 픽셀 값으로 합니다. 합성곱과 마찬가지로 잘라내는 크기와 슬라이드 폭은 자유롭게 결정합니다.

이 항에서는 6×6인 원본 이미지에서 2×2 풀링 크기, 이동 간격 2로 풀링하는 경우를 보여줍니다. 이 예에서 출력되는 이미지 크기는 정확히 원본 이미지의 절반인 3×3입니다. 풀링에서도 패딩이나 슬라이드를 이용하므로 회선에서의 필터 크기를 풀링에서 잘라내는 윈도 폭으로 치환하면 출력 이미지의 크기는 앞의 [식 8.1]과 같은 방식으로 계산해 낼 수 있습니다.

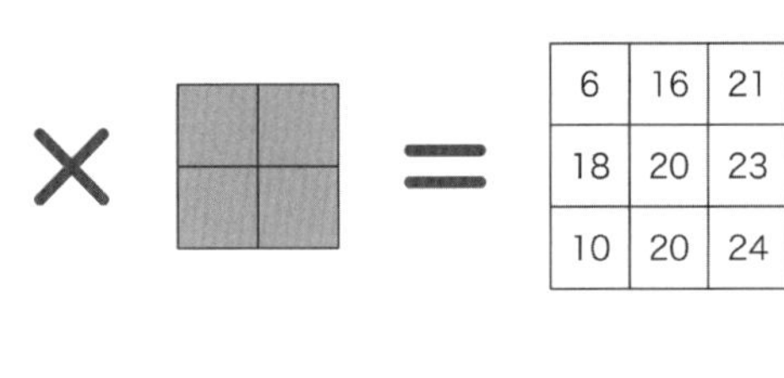

▲ [그림 8.5] 풀링의 예

최댓값을 취하는 것은 직관적으로는 윈도 폭 안에서 원본 이미지의 정확히 어디에 큰 특징이 있는지가 아니라, 어딘가에 큰 특징이 있다는 말입니다. 특징의 정확한 위치가 아니라 추상적인 특징을 파악하는 능력이 신경망에서 중요하다는 것을 생각하면, 이 네트워크가 학습에 적합하다는 것입니다. 또한 이미지를 축소함으로써 계산량이 줄어드는 것은 직접적인 장점이라고 할 수 있습니다.

8-2 합성곱층

'*8-1 합성곱*'에서는 합성곱 신경망 구축에 필요한 이미지 처리에 관한 사전 지식을 소개했습니다. 이번에는 합성곱과 풀링을 이용한 신경망 구성을 설명합니다.

앞에서 소개한 이미지 필터는 이미지의 특징 추출을 목적으로 한 것이지만, 추출한 특징을 신경망으로 학습시켜 버리면 된다는 발상에서 생겨난 것이 합성곱 신경망입니다.

신경망은 원래 대상이 되는 데이터의 특징을 자동으로 추출하면서 모델을 구축할 수 있는 점이 특징입니다. 이미지의 특징을 추출하는 것을 돕는 역할로 '합성곱'을 이용하면 더욱 정밀도가 높은 모델을 구축 할 수 있을 것입니다. 즉, 신경망에서는 필터의 픽셀 값 자체를 미리 주지 않고, 학습해야 하는 매개변수로 간주합니다. 이 항목에서 설명하는 합성곱층은 신경망 상에서 합성곱 연산을 하는 계층입니다.

8.2.1 합성곱층 계산

이 항에서는 합성곱층 계산을 설명합니다. 우선은 그레이 스케일 이미지, 즉 채널 수 1인 이미지를 가정합니다. 이미지는 2차원이므로 픽셀은 $1 \times 2 = 2$차원으로 표현됩니다. 이미지의 어떤 픽셀 값을 $x_{i,j}$, 필터의 픽셀 값을 $h_{m,n}$ 으로 나타내면, 출력 이미지의 픽셀 값 $u_{i,j}$는 아래와 같습니다. (FH, FW는 필터 크기입니다).

$$u_{i,j} = \sum_{m}^{FH} \sum_{n}^{FW} x_{i+m,j+n} h_{m,n} \tag{8.2}$$

그러나 필터가 하나뿐이라고는 할 수 없습니다. 오히려 하나로는 특징을 하나밖에 추출할 수 없기에, 어지간히 특징이 있는 이미지가 아닌 한 모델의 정밀도는 높지 않습니다. 따라서 채널 수가 1인 이미지 1장에 여러 필터를 적용하면 다음과 같이 됩니다.

$$u_{i,j,k} = \sum_m^{FH} \sum_n^{FW} x_{i+m,j+n} h_{m,n,k} \tag{8.3}$$

k는 필터 번호이고, 출력되는 이미지 수는 필터 수와 같아집니다.

그레이 스케일 이미지(1채널)가 아니라, RGB 이미지 등 3채널인 원래 이미지에서는 어떻게 생각해야 할까요? 각 채널을 각각 1장의 이미지로 다룹니다. 따라서 각 채널에 대해 여러 장의 필터를 갖게 합니다.

이론적으로는 채널 수에 제한은 없고, RGB 이미지 입력의 경우 첫 번째 합성곱층은 3채널이지만, 다수의 합성곱층을 가진 네트워크에서는 각 계층에서 채널 수를 32, 64 등 단계적으로 차원을 높여 특징을 추출하기 쉽게 합니다(C는 채널 수입니다).

$$u_{i,j,k} = \sum_c^{C} \sum_m^{FH} \sum_n^{FW} x_{i+m,j+n,c} h_{m,n,c,k} \tag{8.4}$$

계속해서 같은 채널에 대해 공통이고 필터별로 가진 편향 b_k를 더합니다.

$$u_{i,j,k} = \sum_c^{C} \sum_m^{FH} \sum_n^{FW} x_{i+m,j+n,c} h_{m,n,c,k} + b_k \tag{8.5}$$

위 수식이 여러 채널을 가진 1장의 이미지에 대한 합성곱층의 식입니다. 입력 데이터의 차원은 i, j, c로 3차원이고, 출력 데이터도 i, j, k로 3차원이 됩니다. 따라서 입출력 이미지는 모두 3차원이 됩니다.

그러나, 실제 신경망에서 데이터를 미니배치로 다루기 위해 미니배치 내 샘플 번호를 s라고 하면, 차원이 하나 추가되므로 입출력 데이터의 차원은 4차원이 됩니다.

$$u_{i,j,k,s} = \sum_c^{C} \sum_m^{FH} \sum_n^{FW} x_{i+m,j+n,c,s} h_{m,n,c,k} + b_k \tag{8.6}$$

합성곱층이 여러 층으로 계속될 경우, 합성곱층의 출력 데이터의 k를 다음 계의 합성곱층의 입력 데이터 c로 간주해 순전파합니다. 즉, 합성곱층 계산은 복수의 이미지를 입력하면, 복수의 이미지가 출력된다고 이해하면 되고, 그 복수의 출력 이미지를 또 다음 합성곱층의 입력으로 사용합니다.

8.2.2 합성곱층 계산 연구

한 이미지의 합성곱층 순전파는 전술한 [식 8.5]에서 살펴본 대로, 계산이 몇 중이나 되는 루프가 됩니다.

채널과 필터 수는 수십에서 수백이 되는 일도 드물지 않으므로, 이 계산을 그대로 실행하는 것은 높은 비용이 따릅니다. 그래서 입력 이미지 및 필터를 각각 2차원 데이터 열로 표현해 차원을 줄입니다. 각각 2차원으로 변환한 이미지와 필터의 행렬곱으로 합성곱 계산이 가능해지기에, 역전파도 포함해 전결합층과 같은 계산을 적용할 수 있습니다. 이때 행렬곱의 병렬 계산이 주는 장점으로 효율적으로 계산할 수 있습니다. 전결합층이란 한 층의 각 유닛이 다음 층의 모든 유닛과 결합되는 일반적인 신경망을 가리킵니다.

C를 채널, H, W를 입력 이미지의 가로 세로 폭, R, S를 필터의 가로 세로 폭, P, Q를 출력 이미지의 가로 세로 폭으로 하고, 아래 그림처럼 1입력 이미지의 필터를 적용하는 범위를 하나의 패치로서 메모리 상에 한 줄로 펼쳐놓습니다.

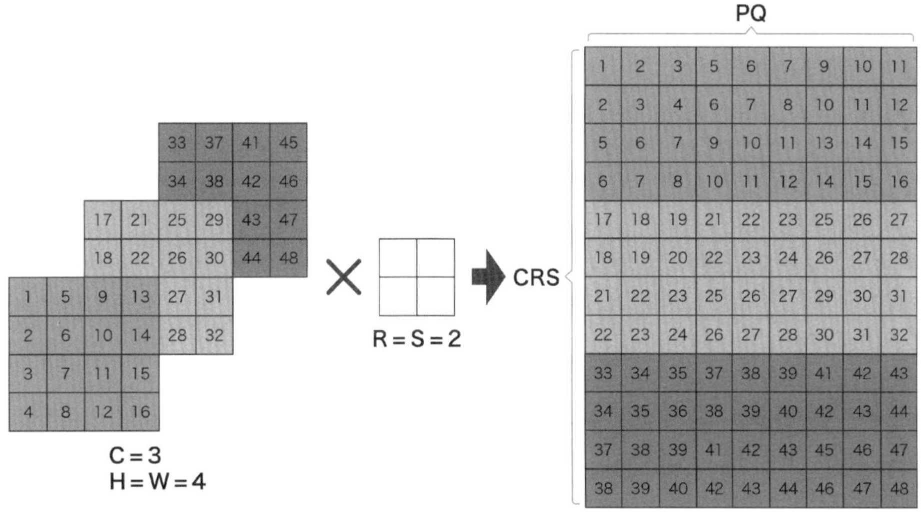

▲ [그림 8.6] 패치의 열 전개 이미지

그 행을 패치 수만큼 메모리에 연속으로 배치한 배열은 다음과 같이 3차원을 2차원으로 변환한 형태가 됩니다. [그림 8.6]은 $C = 3$, $H = W = 4$, $R = S = 2$로 한 예제입니다.

$$(C, H, W) \rightarrow (CRS, PQ) \tag{8.7}$$

필터도 마찬가지로 K 를 필터 수로 해서 2차원으로 변환합니다.

$$(K, C, R, S) \rightarrow (K, CRS) \tag{8.8}$$

이어서 [식 8.7] 및 [식 8.8]의 행렬곱을 계산합니다.

$$(K, CRS) \cdot (CRS, PQ) \rightarrow (K, PQ) \tag{8.9}$$

출력되는 이미지는 $K \times PQ$ 의 2차원 이미지입니다. 아래 그림은 필터 수 $K = 3$인 경우의 행렬곱의 예입니다. 처리계에 따라 다르지만, 이러한 다차원 배열은 이후 $(K, PQ) \rightarrow (K, P, Q)$로 2차원을 3차원 배열에 되돌려 다음 층의 입력으로 사용합니다.

실제 입력 데이터는 미니배치이므로, 위 계산을 미니배치 크기(미니배치에 저장된 이미지 수)만큼 반복합니다.

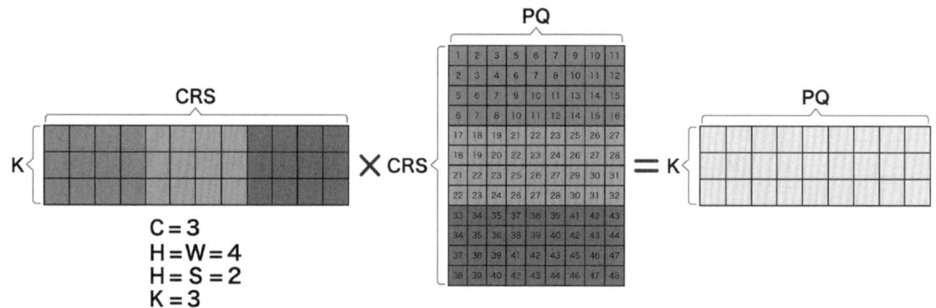

▲ [그림 8.7] 필터와 이미지의 행렬곱

위에서 설명한 대로 순전파는 단순한 입력 데이터 행렬과 필터의 가중치 행렬의 행렬곱으로 계산합니다. 따라서, 역전파도 지금까지 설명한 바와 같이 단순한 행렬곱의 역전파를 하기만 하면 됩니다. 주의할 것은 기울기 계산에서 출력된 값을 최종적으로 [식 8.7]에 나타낸 순전파로 했다는 것은 반대로 2차원에서 3차원 이미지로 변환이 필요하다는 것입니다. 나머지는 다른 역전파와 동일하게 파악할 수 있습니다.

8.2.3 필터 계수 초기화

필터 계수는 기본적으로 적당한 분포가되는 초깃값을 선택합니다. 예를 들어, 활성화 함수로서 ReLU를 이용하는 경우에는 학습 대상인 필터 계수는 평균 0, 분산 σ^2 의 가우스 분포를 따라 초기화합니다.

$$\sigma = \sqrt{\frac{2}{K * K * C}} \tag{8.10}$$

덧붙여, 발안자의 이름에서 He 초기화[6]로 불립니다.

8.2.4 합성곱층 구현

계속해서 합성곱층 구현을 설명합니다.

합성곱층은 Conv2D 클래스에서 정의합니다. 아래 코드 예를 나타냈습니다.

[코드 8.1] graph.cpp

```cpp
1 : Conv2D::Conv2D(int batch_num, int channel_num, int w_size,
        int h_size, int filter_size, int filter_num, int stride,
        int padding) {
2 :
3 :     this -> batch_num = batch_num;
4 :     this -> channel_num = channel_num;
5 :     this -> w_size = w_size;
```

---

*[6] '참고 문헌'(p. 256)을 참조하세요.

```
 6:        this -> h_size = h_size;
 7:        this -> filter_size = filter_size;
 8:        this -> filter num = filter_num;
 9:        this -> stride = stride;
10:        this -> padding = padding;
11:
12:        w = new Variable(filter_num,
                filter_size * filter_size * channel_num);
13:        w -> randoms(0., sqrt(2.0/((float)filter_size*filter_size *
                channel_num)));
14:
15:        b = new Variable(filter_num, 1);
16: }
```

위 코드 예제에서는 합성곱에 필요한 정보를 멤버 변수에 저장한 후, 12행에서 필터 계수 행렬을 위의 [식 8.8]의 형태로 생성, 13행에서 He 초기화 방법으로 초기화합니다.

이어서 예제 코드에 순전파의 정의를 나타냈습니다.

[코드 8.2] graph.cpp

```
1 : PVariable Conv2D::forward(PVariable x) {
2 :     FunctionConv2D *f = new FunctionConv2D(w, b, batch_num,
                channel_num, w_size, h_size, filter_size, filter_num,
                stride, padding);
3 :     PFunction p_conv2d(f);
4 :     funcs_chain.push_back(p_conv2d);
5 :
6 :     return p_conv2d->forward(x);
7 : }
```

위 예제 코드는 FunctionConv2D 클래스를 생성하고 forward()를 호출합니다. 각종 정보와 함께 필터 계수 행렬 w와 편향 벡터 b를 전달하는 것에 주목합니다. 이들이 학습 대상이됩니다.

합성곱층의 실제 처리부는 FunctionConv2D 클래스에서 정의합니다.

[코드 8.3] `function.cpp`

```cpp
 1 : FunctionConv2D::FunctionConv2D(Variable *w, Variable *b,
 2 : int batch_num, int channel_num, int w_size, int h_size,
 3 : int filter_size, int filter_num, int stride, int padding){
 4 :
 5 :     this -> batch_num = batch_num;
 6 :     this -> channel_num = channel_num;
 7 :     this -> w_size = w_size;
 8 :     this -> h_size = h_size;
 9 :     this -> filter_size = filter_size;
10:     this -> filter_num = filter_num;
11:     this -> stride = stride;
12:     this -> padding = padding;
13:
14:     this -> w = w;
15:     this -> b = b;
16:
17:     this -> outputDim_w =
            1 + (w_size + 2 * padding - filter_size) / stride;
18:     this -> outputDim_h =
            1 + (h_size + 2 * padding - filter_size) / stride;
19:
20:     ones = new Variable(this -> outputDim_w *
                this -> outputDim_h, 1);
21:     ones -> ones();
22: }
```

이 생성자에서 필요한 정보를 멤버 변수에 저장합니다. 또한, 필터 계수 행렬 **w**와 편향 벡터 b는 외부(Conv2D의 인스턴스)에서 지정된 값을 멤버 변수에 설정합니다.

이어서 실제 순전파를 실행하는 forward 함수의 정의를 다음 코드에 나타냈습니다.

[코드 8.4] `function.cpp`

```cpp
 1 : PVariable FunctionConv2D::forward(vector<PVariable> &inputs,
            vector<PVariable> & outputs){
```

```
 2:
 3:        PVariable x = inputs[0];
 4:
 5:        PVariable r = PVariable(new Variable(this, filter_num *
                  outputDim_w * outputDim_h, batch_num));
 6:
 7:        for(int i = 0; i < batch_num; i++) {
 8:            int data_index = i*(channel_num * w_size * h_size);
 9:            float *one_m = x->data.mDevice + data_index;
10:            cuMat one_m_dev(w_size * h_size, channel_num);
11:            one_m_dev.memSetDevice(one_m);
12:            cuMat r_array = forward_one(one_m_dev);
13:            r->data.memSetDeviceCol(r_array.mDevice, i);
14:        }
15:        return r;
16: }
```

위 코드에서는 입력 데이터 x를 받아, 미니배치의 요소 수만큼 forward_one()을 호출해 합성곱을 계산합니다. forward_one()에 전달하는 데이터는 [식 8.7]의 (C, H, W)로, 9행에서 입력 데이터인 미니배치 x에서 잘라내고 있습니다.

13행의 memSetDeviceCol()로 지정된 열에 새로운 열을 설정하는 함수([그림 8.8])에서, 합성곱된 이미지를 출력 데이터 r의 미니배치 내 지정열 인덱스에 저장합니다. 7행의 루프가 끝나면, 출력 데이터 r에는 미니배치만큼 데이터가 채워지게 됩니다.

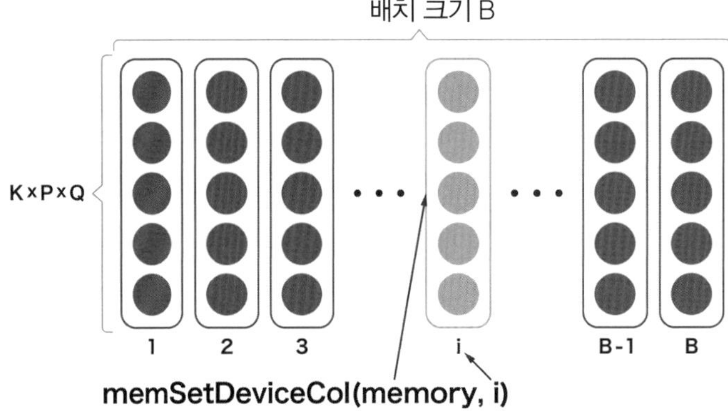

▲ [그림 8.8] memSetDeviceCol

그럼, 실제로 합성곱을 처리하는 `forward_one()`을 설명하겠습니다.

[코드 8.5] function.cpp

```cpp
 1 : cuMat FunctionConv2D::forward_one(cuMat &data){
 2 :
 3 :     int output_dim_w, output_dim_h;
 4 :
 5 :     cuMat stacked = data.im2col(w_size, h_size, channel_num,
            filter_size, filter_size, stride, stride,
            padding, padding, padding, padding,
            output_dim_w, output_dim_h);
 6 :
 7 :     cols.push_back(stacked);
 8 :
 9 :     cuMat r = stacked.dot(w->data.transpose()) +
            ones->data.dot(b->data.transpose());
10 :
11 :     return r;
12 : }
```

우선, 입력으로 `data`를 받습니다(`data`는 $C \times H \times W$인 이미지). 그리고 5행의 `im2col()`이 [식 8.7]의 변환, 즉 3차원으로 표현되는 이미지를 행렬로 변환하는 함수입니다.

`im2col()`은 cuMat의 함수로서 정의되어 있으며, 실체는 CUDA 커널로 구현되어 있습니다(자세한 내용은 제공하는 소스 코드를 참조하세요).

9행에서는 [식 8.9] 대로 구한 행렬과 필터 계수 행렬의 행렬곱을 계산합니다. 또한 편향을 더해 픽셀 맵 $r(K \times P \times Q)$을 출력합니다. 이 부분의 계산은 Linear 클래스의 순전파 계산과 같습니다.

이어서, 역전파의 구현을 설명하겠습니다.

[코드 8.6] function.cpp

```cpp
 1 : void FunctionConv2D::backward(cuMat &p_grad,
        vector<PVariable> &inputs, vector< PVariable> &outputs) {
 2 :
 3 :     PVariable x = inputs[0];
 4 :
 5 :     cuMat dx(channel_num * w_size * h_size, batch_num);
 6 :
 7 :     for(int i = 0; i < batch_num; i++) {
 8 :
 9 :         int data_index =
                i*(filter_num * outputDim_w * outputDim_h);
10:
11:         float *p_grad_one = p_grad.mDevice + data_index;
12:
13:         cuMat p_grad_one_dev(outputDim_w * outputDim_h, filter_num);
14:         p_grad_one_dev.memSetDevice(p_grad_one);
15:
16:         cuMat r_array = backward_one(cols[i], p_grad_one_dev);
17:
18:         dx.memSetDeviceCol(r_array.mDevice, i);
19:     }
20:     x -> grad += dx;
21: }
```

순전파와 마찬가지로 11행에서 상위 계층에서 건너온 델타 p_grad에서 1이미지의 델타를 잘라냅니다. 16행의 backward_one()에 잘라낸 델타와 순전파에서 계산한 im2col()의 출력인 행렬을 전달하고 역전파를 실행합니다. 반환되는 x의 델타를 18행에서 미니배치 방향(열)의 지정된 인덱스의 메모리에 저장합니다. 순전파와 마찬가지로 7행의 루프를 마치면 x의 델타가 모두 채워지게 됩니다.

다음 예제 코드에서는 실제 역전파하는 함수 backward_one()을 보여줍니다.

```cpp
 1 : cuMat FunctionConv2D::backward_one(cuMat &col, cuMat &p_grad) {
 2 :     cuMat p_grad_t = p_grad.transpose();
 3 :
 4 :     w -> grad += p_grad_t.dot(col);
 5 :
 6 :     b -> grad += p_grad_t.dot(ones->data);
 7 :
 8 :     cuMat dcol = p_grad.dot(w->data);
 9 :
10:     cuMat dx = dcol.col2im(w_size, h_size, channel_num,
                filter_size, filter_size, stride, stride,
                padding, padding, padding, padding);
11:
12:     return dx;
13: }
```

위 예제 코드 4~6행에서 필터 계수 행렬과 편향 벡터의 델타를 구하고, 8행에서 im2col()
의 출력 델타 dcol을 구하고 있습니다. 여기까지의 계산은 Linear 클래스의 역전파의 계산과
같습니다.

마지막으로 10행에서 col2im()를 사용해 행렬에서부터 3차원 이미지의 델타 dx
$(C \times H \times W)$를 생성합니다. col2im()에 관한 자세한 내용은 im2col()과 마찬가지로 제공
하는 소스 코드를 참조합니다.

8.2.5 풀링층 구현

앞에서 설명한 대로 풀링층에서는 데이터를 패치로 잘라서, 패치마다 최댓값을 취한 것을 출
력합니다. 따라서, 합성곱층의 필터와는 달리 학습할 매개변수는 없습니다. 또한 입출력 모두
데이터의 차원도 변화하지 않습니다.

c는 채널 수, $m \in [0, l]$, $n \in [0, l]$, l은 윈도 크기(여기서는 가로와 세로를 똑같이 함)입니다.

$$u_{i,j,c} = \max x_{i+m,j+n,c} \tag{8.11}$$

역전파는 아래와 같습니다. 순전파에서 선택되지 않은 최댓값 이외의 데이터를 0으로 채웁니다.

$$\frac{\partial E}{\partial x_{i+m,j+n,c}} = \begin{cases} \frac{\partial E}{\partial u_{i,j,c}} & \text{그 이외일 때} \\ 0 & \text{それ以外のとき} \end{cases} \tag{8.12}$$

다음은 풀링층의 순전파·역전파를 하는 함수입니다.

[코드 8.8] function.cpp

```cpp
 1 : PVariable FunctionPooling::forward(vector<PVariable> &inputs,
         vector<PVariable> & outputs){
 2 :     PVariable x = inputs[0];
 3 :
 4 :     int batch_num = x->data.cols;
 5 :
 6 :     int pooled_w = 1 + (width + 2*padding - windowWidth) / stride;
 7 :     int pooled_h = 1 + (height + 2*padding - windowHeight) / stride;
 8 :
 9 :
10:     PVariable r = PVariable(new Variable(this,
                 depth * pooled_w * pooled_h, batch_num));
11:
12:     r -> data = x -> data.pooling(batch_num, width, height, depth,
                 windowWidth, windowHeight, stride, stride,
                 padding, padding, padding, padding);
13:     return r;
14: }
15:
16:     void FunctionPooling::backward(cuMat &p_grad,
                 vector<PVariable> &inputs, vector<PVariable> &outputs){
17:         PVariable x = inputs[0];
```

```
18:
19:         int batch_num = x->data.cols;
20:
21:         x -> grad = x -> data.pooling_backward(batch_num,
                p_grad.mDevice, width, height, depth,
                windowWidth, windowHeight, stride, stride,
                padding, padding, padding, padding);
22: }
```

12행의 pooling() 및 21행의 pooling_backward()가 실제 풀링의 순전파 및 역전파를 실행합니다. pooling(), pooling_backward()는 cuMat의 함수로서 정의되어 있으며, 실체는 CUDA 커널로 구현되어 있습니다. 자세한 내용은 이 책에서 제공하는 예제 코드를 참조하세요.

8.2.6 전결합층

아래 그림은 합성곱 신경망을 구성한 예입니다(그림 8.9). 앞서 설명한 합성곱층 및 풀링층, ReLU 등의 활성화 함수를 반복해서 적용하고, 계속해서 전결합층으로 불리는 어떤 계층의 유닛이 다음 계층의 모든 유닛과 결합되는 계층(즉 일반적인 신경망의 계층, 클래스로는 Linear 클래스)을 지나, 마지막으로 소프트맥스 등으로 연결되는 일련의 네트워크를 형성합니다.

풀링층에서 건너온 3차원 데이터를 1차원 데이터로 간주해, 일반 신경망처럼 전결합층에 입력합니다. 전결합층은 보통 여러 층을 준비해서 최종적인 출력을 얻습니다.

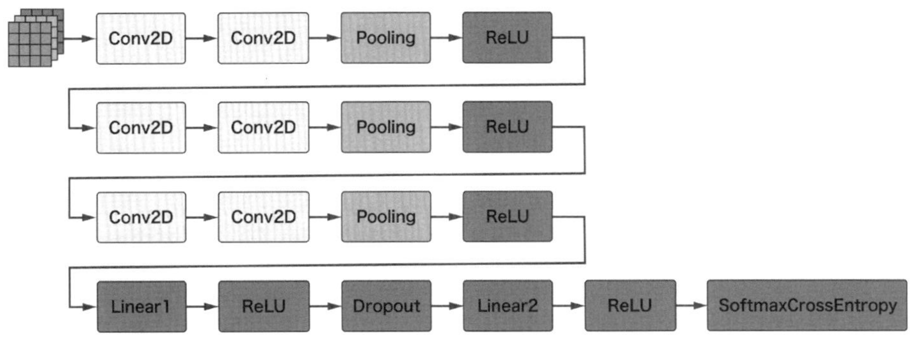

▲ [그림 8.9] 합성곱 신경망의 예

CIFAR-10[11]은 10종류의 라벨이 붙은 이미지 집합으로, 다양한 이미지 인식 프로그램이나 벤치마크로서 이용됩니다. 여기서는 CIFAR-10을 이용해 이미지 인식에 관해 설명합니다.

8.3.1 CIFAR-10의 라벨

CIFAR-10의 이미지에 부여된 라벨은 아래 그림과 같이 10종입니다(airplane, automobile, bird, cat, deer, dog, frog, horse, ship, truck). 각 이미지는 32 × 32의 RGB(3채널) 이미지로, 훈련용 데이터 5만 개와 평가용 데이터 1만 개의 이미지가 독자적인 바이너리 포맷으로 제공됩니다.

▲ [그림 8.10] CIFAR-10에 포함된 이미지 예

---

*[11] '참고 문헌'(p. 256)을 참조하세요.

 파일 형식

CIFAR-10 이미지는 파이썬의 cPickle 형식 및 자체 바이너리 형식의 두 종류로 제공됩니다. 여기서는 자체 바이너리 형식 버전을 사용합니다. [그림 8.11]은 CIFAR-10의 바이너리 형식을 나타냅니다. 첫 바이트가 이미지의 라벨을 나타냅니다. 10 종류이므로 값은 0~9가 됩니다. 다음 바이트부터 1,024바이트까지는 R의 32 × 32픽셀 값이 저장되어 있습니다. 256계조이므로 각 픽셀 값은 0~255가 됩니다. 마찬가지로 다음 바이트는 G와 B로 이어지고, 5만 개의 이미지만큼 5만 개의 레코드가 계속됩니다.

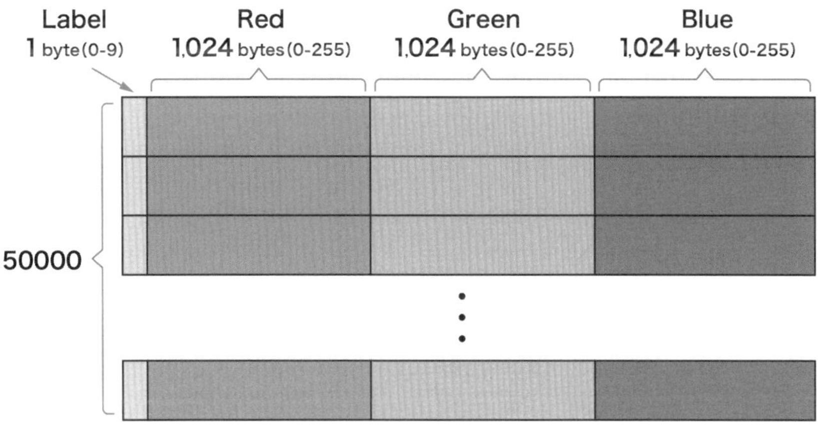

▲ [그림 8.11] CIFAR-10의 바이너리 형식

8.3.3 분류 모델

그럼, '8.2.4 전결합층'의 [그림 8.9]에서 보여준 구성의 합성곱 신경망을 구축합시다. 우선 CIFAR-10 데이터의 사전 준비부터 시작합니다.

[코드 8.9] main.cpp

```cpp
1 : int totalSampleSize = 50000;
2 : int totalTestSize = 10000;
3 :
4 : int batchSize = 100;
```

```cpp
 5 : int i_size = 1024*3;
 6 : int n_size = 512;
 7 : int o_size = 10;
 8 :
 9 : vector<vector<float>> train_data, test_data;
10: vector<float> label_data, label_test_data;
11:
12: CIFAR10 cifar10, cifar10_test;
13: cifar10.readFile("./cifar-10-batches-bin/data_batch_1.bin");
14: cifar10.readFile("./cifar-10-batches-bin/data_batch_2.bin");
15: cifar10.readFile("./cifar-10-batches-bin/data_batch_3.bin");
16: cifar10.readFile("./cifar-10-batches-bin/data_batch_4.bin");
17: cifar10.readFile("./cifar-10-batches-bin/data_batch_5.bin");
18: train_data = cifar10.getDatas();
19: label_data = cifar10.getLabels();
20:
21: cifar10_test.readFile(
            "./cifar-10-batches-bin/test_batch.bin");
22: test_data = cifar10_test.getDatas();
23: label_test_data = cifar10_test.getLabels();
24:
25: Dataset *dataset = new Dataset();
26: dataset -> normalize(&train_data, 255.0);
27: vector<BatchData *> bds;
28: for(int i = 0; i<totalSampleSize / batchSize; i++){
29:     BatchData *bdata = new BatchData(i_size, o_size,
            batchSize);
30:     dataset -> createMiniBatch(train_data, label_data,
            bdata->getX(), bdata->getD(), batchSize, o_size, i);
31:     bds.push_back(bdata);
32: }
33: dataset -> normalize(&test_data, 255.0);
34: vector<BatchData *> bds_test;
35: for(int i = 0; i < totalTestSize/batchSize; i++){
36:     BatchData *bdata = new BatchData(i_size, o_size,
            batchSize);
```

```
37:        dataset -> createMiniBatch(test_data, label_test_data,
                   bdata -> getX(), bdata -> getD(), batchSize, o_size, i);
38:        bds_test.push_back(bdata);
39: }
```

위 코드의 13~19행에서 훈련용 데이터를 `train_data`와 `label_data`에 로드합니다. 마찬가지로 21~23행에서 평가용 데이터를 `test_data`와 `label_test_data`에 로드합니다. 전용 클래스인 CIFAR10는 앞에서 설명한 CIFAR-10 고유 형식을 읽는 간단한 코드이므로 설명은 생략합니다.

26행의 `normalize()`로 훈련용 데이터를 정규화(각 값을 255으로 나누기만 함)하고, 27~32행에서 미니배치를 만듭니다. 33행 이후로는 평가 데이터에 대해서 같은 처리를 실시합니다. `Dataset`과 `BatchData` 클래스는 *5장 C++를 이용한 신경망 구현*'에서 설명한 것과 동일합니다.

이어서 네트워크 계층을 생성합니다.

[코드 8.10] `main.cpp`

```
1 : model.putG("g_conv2d1", new Conv2D(batchSize,
        3, 32, 32, 3, 32, 1, 1));
2 : model.putG("g_conv2d2", new Conv2D(batchSize,
        32, 32, 32, 3, 32, 1, 1));
3 : model.putG("g_conv2d3", new Conv2D(batchSize,
        32, 16, 16, 3, 32, 1, 1));
4 : model.putG("g_conv2d4", new Conv2D(batchSize,
        32, 16, 16, 3, 32, 1, 1));
5 : model.putG("g_conv2d5", new Conv2D(batchSize,
        32, 8, 8, 3, 32, 1, 1));
6 : model.putG("g_conv2d6", new Conv2D(batchSize,
        32, 8, 8, 3, 32, 1, 1));
7 :
8 : model.putG("g_pooling1", new Pooling(
        32, 32, 32, 2, 2, 2, 0));
9 : model.putG("g_pooling2", new Pooling(
        16, 16, 32, 2, 2, 2, 0));
```

```
10: model.putG("g_pooling3", new Pooling(
         8, 8, 32, 2, 2, 2, 0));
11:
12: model.putG("g_relu1", new ReLU());
13: model.putG("g_relu2", new ReLU());
14: model.putG("g_relu3", new ReLU());
15: model.putG("g_relu4", new ReLU());
16: model.putG("g_relu5", new ReLU());
17: model.putG("g_relu6", new ReLU());
18: model.putG("g_relu7", new ReLU());
19:
20: model.putG("g1", new Linear(n_size, 4 * 4 * 32));
21: model.putG("g3", new Linear(o_size, n_size2));
22: model.putG("dropout4", new Dropout(0.5));
23:
24: model.putG("g_softmax_cross entoropy",
         new SoftmaxCrossEntropy());
25: model.putG("g_softmax", new Softmax());
```

위 코드의 1~6행에서 합성곱층을 생성합니다. 첫 번째 계층 g_conv2d1에서는 RGB의 3채널 이미지를 입력으로, 출력은 32채널로 합니다. 필터 윈도 폭은 3, 스트라이드 및 패딩을 각각 1로 함으로써 입력 이미지와 출력 이미지의 크기(32 x 32)가 변하지 않게 합니다(출력 이미지 크기는 [식 8.1]로 계산할 수 있습니다).

다음 계층 g_conv2d2는 입력 채널이 32가 되는 것 이외에는 첫 번째 계층과 같습니다. 그 다음 계층 g_conv2d3에서는 풀링으로 이미지 크기를 절반으로 하므로, 입력 이미지 크기를 16 × 16으로 했습니다. 하나 건너뛴 g_conv2d5의 입력 이미지 크기는 8 × 8입니다.

8~10행은 풀링층을 생성합니다. 첫 번째 계층의 입력 이미지의 크기는 32 × 32이지만, 16 × 16, 8 × 8, 4 × 4로 출력층에 가까울수록 이미지 크기를 작게(1/2배)해 갑니다. 윈도 크기 2, 스트라이드는 2, 패딩은 0으로 했습니다. 출력 이미지 크기는 합성곱과 마찬가지로 [식 8.1]로 계산할 수 있습니다.

12~18행은 ReLU를 생성합니다. 20~25행은 전결합층을 Linear 클래스로 구성합니다. Dropout과 SoftmaxCrossEntropy도 여기서 생성합니다.

다음은 네트워크의 훈련 부분을 예제 코드로 보여줍니다.

[코드 8.11] `main.cpp`

```cpp
 1:
 2: OptimizerAdam optimizer(&model, learning_rate);
 3: optimizer.init();
 4:
 5: cout << "start training ..." << endl;
 6: for(int k = 0; k<epochNums; k++){
 7:
 8:     start = std::chrono::system_clock::now();
 9:
10:     std::random_shuffle(bds.begin(), bds.end());
11:
12:     float sum_loss = 0.0;
13:     float sum_loss_tmp = 0.0;
14:     float accurecy = 0.0;
15:     float accurecy_tmp = 0.0;
16:
17:     for(int i = 0; i<totalSampleSize/batchSize; i++){
18:
19:         PVariable x(new Variable(i_size, batchSize, false));
20:         PVariable d(new Variable(o_size, batchSize, false));
21:
22:         // 미니배치 생성(mini-batch) ==========================
23:         float *X = bds.at(i)->getX();
24:         float *D = bds.at(i)->getD();
25:         asMatrix(x, X);
26:         asMatrix(d, D);
27:
28:         PVariable h = forward_one_step(model, x, true);
29:
30:         PVariable loss = model.G(
```

```
                       "g_softmax_cross_entoropy") -> forward(h, d);
31:
32:         float l = loss -> val();
33:         sum_loss += l;
34:         sum_loss_tmp += l;
35:
36:         loss -> backward();
37:
38:         optimizer.update();
39:
40:         float ac = getAccurecy(model.G("g_softmax"), h, d,
                batchSize);
41:         accurecy += ac;
42:         accurecy_tmp += ac;
43:
44:         if ((i + 1) % disp_num == 0){
45:             cout << (i+1) << " loss:" <<
                sum_loss_tmp/((float)disp_num) << " accurecy:" <<
                accurecy_tmp/((float)disp_num)*100 << "%" << endl;
46:         accurecy_tmp = 0.0;
47:         sum_loss_tmp = 0.0;
48:         }
49:
50:         model.unchain();
51:         model.zero_grads();
52:     }
53:     end = std::chrono::system_clock::now();
54:     int elapsed = std::chrono::duration_cast
            <std::chrono::seconds>(end-start).count();
55:     float loss_mean =
            sum_loss/((float)totalSampleSize/batchSize);
56:     float accurecy_mean =
            accurecy/((float)totalSampleSize/batchSize);
57:     cout << "epoch:" << k+1 << " loss:" << loss_mean <<
            " accurecy:" << accurecy_mean*100 << "% time:" <<
            elapsed << "s" << endl;
```

```
58:
59:     float test_loss = 0.0;
60:     float test_acc = test_accurecy(model, bds_test, i_size,
             o_size, totalTestSize, batchSize, & test_loss);
61:     cout << "test loss:" << test_loss << " accurecy:" <<
             test_acc*100 << "%" << endl;
62:     start = std::chrono::system_clock::now();
63:
64: }
65:
66: cout << "saving model..." << endl;
67: model.save("cnn_test.model");
```

Optimizer 정의 이후의 훈련 루프는 '*5장 C++를 이용한 신경망 구현*'에서 설명한 코드와 똑같습니다. 28행 forward_one_step()은 순전파를 담당하며 다음 코드와 같습니다.

[코드 8.12] main.cpp

```
1 : PVariable forward_one_step(Model &model, PVariable x1,
       bool is_train) {
2 :
3 :     ((Dropout *)model.G("dropout4"))->isTrain(is_train);
4 :
5 :     PVariable h1 = model.G("g_relu1")->forward(model.G(
           "g_conv2d1")->forward(x1));
6 :     PVariable h2 = model.G("g_relu2")->forward(model.G(
           "g_conv2d2")->forward(h1));
7 :     PVariable p1 = model.G("g_pooling1")->forward(h2);
8 :
9 :     PVariable h3 = model.G("g_relu3")->forward(model.G(
           "g_conv2d3")->forward(p1));
10:     PVariable h4 = model.G("g_relu4")->forward(model.G(
           "g_conv2d4")->forward(h3));
11:     PVariable p2 = model.G("g_pooling2")->forward(h4);
12:
```

```
13:        PVariable h5 = model.G("g_relu5") -> forward(model.G(
              "g_conv2d5") -> forward(p2));
14:        PVariable h6 = model.G("g_relu6") -> forward(model.G(
              "g_conv2d6") -> forward(h5));
15:        PVariable p3 = model.G("g_pooling3") -> forward(h6);
16:
17:        PVariable g1;
18:        g1 = model.G("dropout4") -> forward(model.G(
              "g_relu7") -> forward(model.G("g1") -> forward(p3)));
19:        PVariable g3 = model.G("g3") -> forward(g1);
20:
21:        return g3;
22: }
```

'*8.2.6 전결합층*'에서 본 [그림 8.9]의 구성 그대로인지 확인해 보세요. 위 예제 코드에서 5~15행이 합성곱층과 풀링층의 정의이고, 18~19행이 전결합층으로 되어 있습니다. 과적합을 억제하려고 전결합층 일부에 Dropout을 삽입했습다.

이 프로그램을 실행하면, 20에폭 정도에서 평가 데이터 정답률은 75% 전후가 됩니다([그림 8.12]).

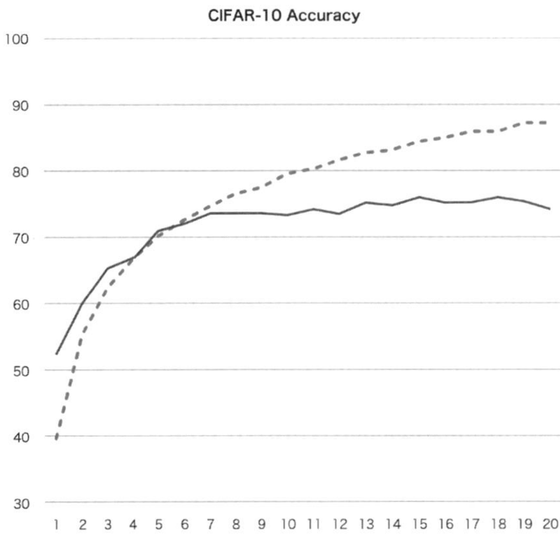

▲ [그림 8.12] CIFAR-10의 정답률

09

재귀형 신경망

이 장에서는 심층학습 모델 중에서도 특히 응용 범위가 넓은 재귀형 신경망을 다룹니다. 시계열 분석, 문장 생성, 번역, 문장 요약, 이미지 캡션 생성 등 많은 분야에서 실제로 사용하기 적합하다는 것이 입증됐습니다.

9.1.1 재귀형 신경망 모델

재귀형 신경망(Recurrent Neural Network: RNN)은 아래 그림처럼 폐회로를 가지는 네트워크입니다([그림 9.1]). 그림 중앙의 은닉층은 입력을 받아들이고, 그 출력을 다시 자신에게 되돌립니다. 입력이 있을 때마다 이 동작을 반복합니다. 이전 장까지 설명한 네트워크에선 데이터가 반드시 한 방향으로 흐르지만, 재귀형 신경망은 은닉층의 출력을 자기 자신에게 되돌리므로, 데이터가 재귀적으로 처리됩니다.

따라서 재귀형 신경망의 은닉층은 이론상 과거의 모든 입력 정보를 보유하고 있어, 시계열 데이터를 처리하는 데 적합합니다. 시계열 상의 데이터가 전후 데이터에 의존한다고 가정하면, 과거로부터의 데이터를 보유하는 재귀형 신경망의 특징과 매우 잘 어울립니다.

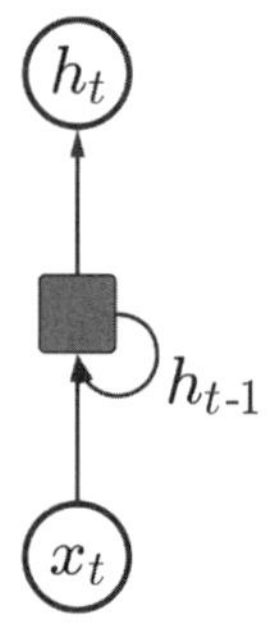

▲ [그림 9.1] RNN 개념도

[그림 9.1]에 나타낸 가장 단순한 재귀형 신경망을 수식으로 표현하면, 다음과 같습니다.

$$\mathbf{h}_t = g(\mathbf{W}\mathbf{x}_t + \mathbf{U}\mathbf{h}_{t-1} + \mathbf{b})$$
$$t = 1, 2, \cdots, T$$

(9.1)

$\mathbf{W}$와 $\mathbf{U}$는 가중치 행렬, $\mathbf{b}$는 편향, $\mathbf{x}_t$는 입력 변수, $\mathbf{h}_t$는 t 번째 은닉층의 출력을 가지는 변수이고, T는 시계열 길이입니다. g는 활성화 함수로 보통 $tanh$가 이용됩니다. 가중치 행렬 $\mathbf{W}$와 $\mathbf{U}$는 각 시각에서 공통 값이 사용됩니다. 덧붙여, 재귀형 신경망에 한하지 않고 계층과 유닛마다 공통된 가중치를 사용하는 것을 가중치 공유라고합니다.

9.1.2 재귀형 신경망의 역전파

재귀형 신경망도 일반 피드 포워드형 네트워크와 마찬가지 오차 역전파를 합니다. 단, 재귀 처리 때문에 언뜻 보면, 계산 그래프 만들기가 어려워 보입니다.

재귀형 신경망은 시계열을 다루고 있으니, 전항의 모델([그림 9.1])을 시계열 방향으로 확장합니다([그림 9.2]는 t = 3의 예). 이것으로 일반 피드 포워드형 네트워크와 같아지므로, 오차 역전파법을 사용할 수 있습니다. 이 항에서 설명했듯이 시간 축을 따라 오차를 전파하는 방법을 '시간 경과에 따른 역전파(Back Propagation Through Time(BPTT)'방법이라고 합니다.

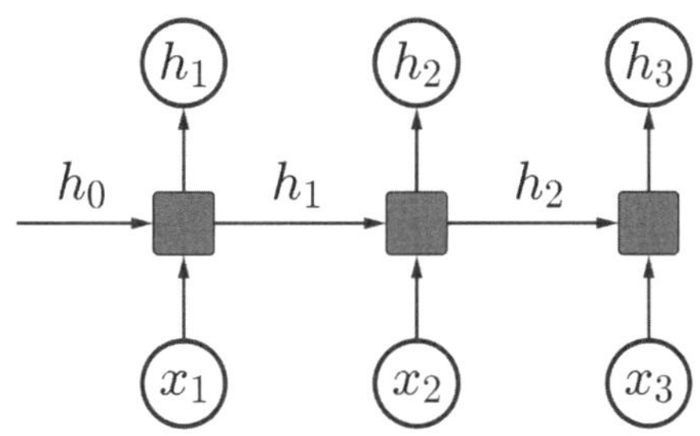

▲ [그림 9.2] RNN의 시간 축으로의 전개

 역전파 세부 사항

재귀형 신경망의 순전파·역전파를 설명함에 있어, 어떤 단어 $\mathbf{x_t}$ 가 주어 졌을 때 다음에 입력되는 단어 $\mathbf{x_{t+1}}$ 을 예측하는 경우를 가정해 봅시다([그림 9.3]).

이 절에서는 단어 열로서 $(\mathbf{x_1}, \mathbf{x_2}, \mathbf{x_3}, \cdots, \mathbf{x_i}, \mathbf{x_{i+1}}, \cdots \mathbf{x_T})$가 주어진 경우(T는 열 길이)를 생각합니다. 또한, 단어는 미리 One-Hot 벡터화('*9.3 단어의 벡터 표현*' 참조)된 것으로 합니다.

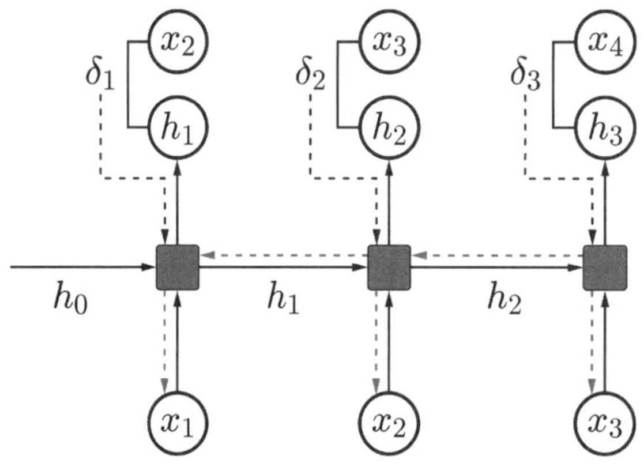

▲ **[그림 9.3]** T = 4인 경우의 BPTT

순계산을 살펴봅시다(위 그림의 실선 화살표). 처음에 $\mathbf{x_1}$을 입력합니다.

$$\mathbf{h_1} = g(\mathbf{Wx_1} + \mathbf{Uh_0})$$

$\mathbf{h_0}$ 은 계산되어 있지 않으므로 0으로 합니다.

다음으로 $\mathbf{x_2}$ 와 조금 전에 계산한 $\mathbf{h_1}$ 도 입력합니다. 이 과정을 t = T − 1까지 반복합니다. 이것으로 순전파 계산은 끝났습니다.

$$\mathbf{h_2} = g(\mathbf{W}\mathbf{x_2} + \mathbf{U}\mathbf{h_1})$$

$$\vdots$$

$$\mathbf{h}_t = g(\mathbf{W}\mathbf{x_t} + \mathbf{U}\mathbf{h_{t-1}})$$

이어서 역전파를 설명합니다(위 그림의 점선 화살표). 우선, 출력층에서는 각 시간의 은닉층에서의 출력과 입력 단어의 다음 단어와의 오차를 계산합니다(위 그림에서 $\delta_1, \delta_2, \delta_3$). 오차 계산은 소프트맥스 교차 엔트로피 오차 함수로 계산할 수 있습니다. 이 시점에서는 아직 은닉층에서 앞으로 오차를 전파하지 않는다는 점에 주의하세요.

마지막으로 $T - 1$(그림에서는 x_3)을 입력한 계층에서 각 시간의 은닉층을 통해 오차 역전파를 합니다. 각 은닉층의 오차는 출력층의 오차 및 미래 시각의 은닉층에서 전파해 온 오차를 합한 것입니다.

이를 확률적 경사 하강법(SGD) 등 기울기법을 이용해 오차가 최소가 될 때까지 반복하고 매개변수 $\mathbf{W}$ 및 $\mathbf{U}$를 결정합니다.

'*9.1.2 재귀형 신경망의 역전파*'에서 설명한 대로 BPTT로 오차를 전파할 수 있습니다. 그러나 시계열 방향의 전개는 일반적으로 깊은 네트워크가 됩니다. 예를 들어 '*9.1.3 역전파 세부 사항*'에서 설명한 단어 추정에서는 단어 수만큼 네트워크 계층이 전개됩니다.

앞에서 설명한 대로 깊은 계층에서의 오차 전파법은 기하급수적으로 오차가 발산하거나 제로로 수렴해 버리므로 일반 피드 포워드형 네트워크와 완전히 똑같아, 이른바 기울기 발산과 소실 문제를 안고 있습니다. 또 은닉층의 출력 내용을 모두 계속 가지고 있으므로 중복성이 높아집니다. 그래서 기울기 소실 문제를 해결하는 데 유용하고 필요한 데이터만을 효율적으로 유지하는 기술로서 여기서 소개하는 LSTM이 생겨났습니다.

9.2.1 LSTM

LSTM (Long Short-Term Memory)은 [그림 9.4]에 나타낸 구조의 네트워크로, 그림의 테두리가 재귀형 신경망의 은닉층에 해당합니다. [그림 9.1]과 [그림 9.2]에서는 단일 은닉층(회색 사각형)으로 표시되는 부분 내부에 세밀한 계산 그래프가 만들어져 있는 이미지입니다.

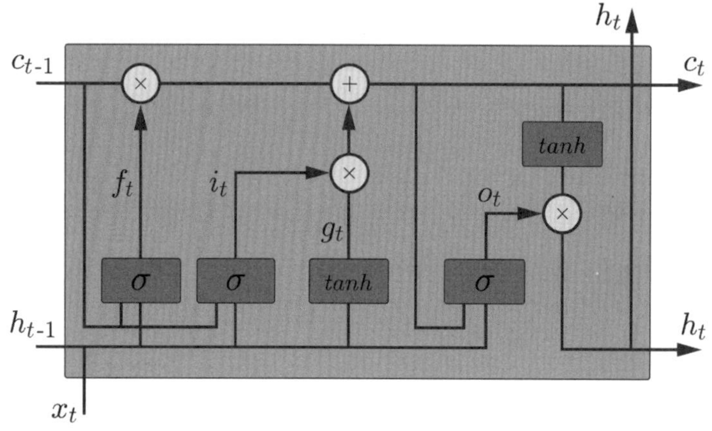

▲ [그림 9.4] LSTM

LSTM의 역사는 오래되고 간헐적으로 개량이 추가되어 여러 가지 버전이 존재합니다. 이 책에서는 완성형이라고 여겨지는 Peephole 버전[8]을 전제로 설명합니다. 순전파의 식은 아래와 같습니다. σ는 시그모이드 함수, $\odot$는 요소별 곱입니다.

$$\mathbf{f}_t = \sigma(\mathbf{W_f}\mathbf{x}_t + \mathbf{U_f}\mathbf{h}_{t-1} + \mathbf{P_f}\mathbf{c}_{t-1} + \mathbf{b_f})$$
$$\mathbf{i}_t = \sigma(\mathbf{W_i}\mathbf{x}_t + \mathbf{U_i}\mathbf{h}_{t-1} + \mathbf{P_i}\mathbf{c}_{t-1} + \mathbf{b_i})$$
$$\mathbf{g}_t = \tanh(\mathbf{W_g}\mathbf{x}_t + \mathbf{U_g}\mathbf{h}_{t-1} + \mathbf{b_g})$$
$$\mathbf{c}_t = \mathbf{i}_t \odot \mathbf{g}_t + \mathbf{f}_t \odot \mathbf{c}_{t-1} \tag{9.2}$$
$$\mathbf{o}_t = \sigma(\mathbf{W_o}\mathbf{x}_t + \mathbf{U_o}\mathbf{h}_{t-1} + \mathbf{P_o}\mathbf{c}_t + \mathbf{b_o})$$
$$\mathbf{h}_t = \mathbf{o}_t \odot \tanh(\mathbf{c}_t)$$

셀이라고 불리는 은닉층의 상태를 갖는 변수 $\mathbf{c}$ 가 있습니다. 입력은 입력의 통과 여부를 제어하는 입력 게이트를 지나고(식 중 $\mathbf{i}_t \odot \mathbf{g}_t$), 출력의 통과 여부 제어하는 출력 게이트를 지나서, 최종적인 출력이 결정됩니다. (식 중 $\mathbf{o}_t \odot \tanh(\mathbf{c}_t)$). 셀의 내용은 망각 게이트라고 불리는 게이트에서 잊어야 할 내용을 잊을 수 있도록 내용이 갱신됩니다(식 중 $\mathbf{f}_t \odot \mathbf{c}_{t-1}$).

각 게이트에는 합당한 활성화 함수가 적용됩니다. 입력 게이트와 출력 게이트는 정보를 통과시킬지 말지 선택해야 하므로 [0, 1]의 범위를 나타내는 시그모이드 함수를 적용합니다. 셀의 상태는 각 게이트로부터 은폐되어 있으므로, 게이트에서 그 값을 참조할 수 있도록, 감시창(Peephole)이 도입되어 있습니다($\mathbf{P_f}\mathbf{c}_{t-1}$, $\mathbf{P_i}\mathbf{c}_{t-1}$, $\mathbf{P_o}\mathbf{c}_t$).

이러한 구조는 재귀형 신경망의 문제를 해결합니다. [그림 9.4]에서는 [식 9.2]의 편향 b_f, b_i, b_g, b_o를 생략했습니다.

9.2.2 LSTM의 오차 역전파

LSTM의 역전파도 기본적으로 연쇄법칙을 따라 계산해 가지만, 전 항에서 알아본 순전파 수식과 마찬가지로 역전파를 새로 쓰기란 상당히 어려운 작업입니다. 그러나 순전파 연산을 하나하나 살펴보면 단순한 사칙연산을 비롯해 선형 함수와 활성화 함수만으로 구성되어 있어, 이 책에서 설명한 함수를 잘 조합하면 계산 그래프를 만들 수 있다는 것을 알 수 있습니다.

---

*[8] '참고 문헌'(p. 256)을 참조하세요.

일단 계산 그래프를 구축할 수 있다면, 오차는 자동으로 역전파 됩니다. 특별히 계산 효율 등을 생각하지 않는다면, 일일이 역전파 수식을 작성해서 수식에 따라 충실하게 구현할 게 아니라 기본적인 함수의 조합으로 구현하는 편이 훨씬 간단합니다.

9.2.3 LSTM의 구현

'9.2.1 LSTM'의 [식 9.2]는 이 책에서 설명한 클래스 FunctionLinear, FunctionPlus, FunctionSigmoid, FunctionTanh의 조합으로 구현할 수 있습니다. 다음은 그 예제 코드입니다.

[코드 9.1] graph.cpp

```cpp
 1 : FullLSTM2::FullLSTM2(int output_size, int input_size) {
 2 :
 3 :     this -> output_size = output_size;
 4 :     this -> input_size = input_size;
 5 :
 6 :     // forget 게이트에 대한 가중치 초기화
 7 :     f_c_w = new Variable(output_size, output_size);
 8 :     f_h_w = new Variable(output_size, output_size);
 9 :     f_x_w = new Variable(output_size, input_size);
10:     f_x_b = new Variable(output_size, 1);
11:
12:     f_c_w->randoms(0., sqrt((1./(float)output_size)));
13:     f_h_w->randoms(0., sqrt((1./(float)output_size)));
14:     f_x_w->randoms(0., sqrt((1./(float)input_size)));
15:     // initialize forget gate bias to 1
16:     // 좀 더 자세한 내용은,
       // http://jmlr.org/proceedings/papers/v37/jozefowicz15.pdf
17:     f_x_b->data.ones();
18:
19:     // input 게이트에 대한 가중치 초기화
20:     i_c_w = new Variable(output_size, output_size);
21:     i_h_w = new Variable(output_size, output_size);
22:     i_x_w = new Variable(output_size, input_size);
23:     i_x_b = new Variable(output_size, 1);
```

```
24:
25:         i_c_w->randoms(0., sqrt((1./(float)input_size)));
26:         i_h_w->randoms(0., sqrt((1./(float)input_size)));
27:         i_x_w->randoms(0., sqrt((1./(float)input_size)));
28:
29:         // output 게이트에 대한 가중치 초기화
30:         o_c_w = new Variable(output_size, output_size);
31:         o_h_w = new Variable(output_size, output_size);
32:         o_x_w = new Variable(output_size, input_size);
33:         o_x_b = new Variable(output_size, 1);
34:
35:         o_c_w->randoms(0., sqrt((1./(float)output_size)));
36:         o_h_w->randoms(0., sqrt((1./(float)output_size)));
37:         o_x_w->randoms(0., sqrt((1./(float)input_size)));
38:
39:         // g에 대한 가중치 초기화
40:         g_h_w = new Variable(output_size, output_size);
41:         g_x_w = new Variable(output_size, input_size);
42:         g_x_b = new Variable(output_size, 1);
43:
44:         g_h_w -> randoms(0., sqrt((1./(float)output_size)));
45:         g_x_w -> randoms(0., sqrt((1./(float)input_size)));
46: }
```

위 코드 예제에서는 LSTM 클래스는 Graph 클래스의 파생 클래스로서 정의하고, 생성자에서 각종 가중치 행렬과 편향을 평균 0, 분산 $\sqrt{\frac{1}{M}}$ 인 가우스 분포로 초기화합니다. M은 입력 x용 가중치 행렬에선 입력 크기(input_size), 그밖에는 출력 크기(output_size)입니다. 각각의 편향은 1로 초기화합니다[19].

이어서 순전파를 하는 forward() 코드의 예입니다.

[코드 9.2] graph.cpp

```
1  : PVariable FullLSTM2::forward(PVariable x) { :
2  :
```

*[19] '참고 문헌'(p. 256)을 참조하세요.

```
 3 :        // 함수 준비
 4 :        PFunction p_f_x(new FunctionLinear(f_x_w, f_x_b));
 5 :        funcs_chain.push_back(p_f_x);
 6 :        PFunction p_f_h(new FunctionLinear(f_h_w));
 7 :        funcs_chain.push_back(p_f_h);
 8 :        PFunction p_f_c(new FunctionLinear(f_c_w));
 9 :        funcs_chain.push_back(p_f_c);
10 :        PFunction p_f_sig(new FunctionSigmoid());
11 :        funcs_chain.push_back(p_f_sig);
12 :        PFunction p_f_sum1(new FunctionPlus());
13 :        funcs_chain.push_back(p_f_sum1);
14 :        PFunction p_f_sum2(new FunctionPlus());
15 :        funcs_chain.push_back(p_f_sum2);
16 :
17 :        PFunction p_i_x(new FunctionLinear(i_x_w, i_x_b));
18 :        funcs_chain.push_back(p_i_x);
19 :        PFunction p_i_h(new FunctionLinear(i_h_w));
20 :        funcs_chain.push_back(p_i_h);
21 :        PFunction p_i_c(new FunctionLinear(i_c_w));
22 :        funcs_chain.push_back(p_i_c);
23 :        PFunction p_i_sig(new FunctionSigmoid());
24 :        funcs_chain.push_back(p_i_sig);
25 :        PFunction p_i_sum1(new FunctionPlus());
26 :        funcs_chain.push_back(p_i_sum1);
27 :        PFunction p_i_sum2(new FunctionPlus());
28 :        funcs_chain.push_back(p_i_sum2);
29 :
30 :        PFunction p_g_x(new FunctionLinear(g_x_w, g_x_b));
31 :        funcs_chain.push_back(p_g_x);
32 :        PFunction p_g_h(new FunctionLinear(g_h_w));
33 :        funcs_chain.push_back(p_g_h);
34 :        PFunction p_g_tanh(new FunctionTanh());
35 :        funcs_chain.push_back(p_g_tanh);
36 :        PFunction p_g_sum(new FunctionPlus());
37 :        funcs_chain.push_back(p_g_sum);
38 :
```

```cpp
39 :        PFunction p_c_mul1(new FunctionMul());
40 :        funcs_chain.push_back(p_c_mul1);
41 :        PFunction p_c_mul2(new FunctionMul());
42 :        funcs_chain.push_back(p_c_mul2);
43 :        PFunction p_c_plus(new FunctionPlus());
44 :        funcs_chain.push_back(p_c_plus);
45 :
46 :        PFunction p_o_x(new FunctionLinear(o_x_w, o_x_b));
47 :        funcs_chain.push_back(p_o_x);
48 :        PFunction p_o_h(new FunctionLinear(o_h_w));
49 :        funcs_chain.push_back(p_o_h);
50 :        PFunction p_o_c(new FunctionLinear(o_c_w));
51 :        funcs_chain.push_back(p_o_c);
52 :        PFunction p_o_sig(new FunctionSigmoid());
53 :        funcs_chain.push_back(p_o_sig);
54 :        PFunction p_o_sum1(new FunctionPlus());
55 :        funcs_chain.push_back(p_o_sum1);
56 :        PFunction p_o_sum2(new FunctionPlus());
57 :        funcs_chain.push_back(p_o_sum2);
58 :
59 :        PFunction p_h_tanh(new FunctionTanh());
60 :        funcs_chain.push_back(p_h_tanh);
61 :        PFunction p_h_mul(new FunctionMul());
62 :        funcs_chain.push_back(p_h_mul);
63 :
64 :
65 :        if (c.get() == NULL || c -> data.rows == 0 ||
               c -> data.cols != x -> data.cols) {
66 :            c = PVariable(variable construct(output_size,
                   x -> data.cols), variable_destroy);
67 :        }
68 :
69 :        if (h.get() == NULL || h -> data.rows == 0 ||
               h -> data.cols != x -> data.cols) {
70 :            h = PVariable(variable construct(output_size,
                   x->data.cols), variable_destroy);
```

```cpp
71 :            h -> opt = id;
72 :            last_opt = id;
73 :
74 :            h -> last_opt = &last_opt;
75 :            h -> is_last_backward = &is_last_backward;
76 :            id++;
77 :        }
78 :
79 :        PVariable f_x = p_f_x -> forward(x);
80 :        PVariable i_x = p_i_x -> forward(x);
81 :        PVariable g_x = p_g_x -> forward(x);
82 :        PVariable o_x = p_o_x -> forward(x);
83 :
84 :        PVariable f_sum = p_f_sum1->forward(
85 :            p_f_sum2 -> forward(f_x, p_f_h -> forward(h)),
86 :            p_f_c -> forward(c)
87 :        );
85 :        PVariable f = p_f_sig- > forward(f_sum);
86 :
87 :        PVariable i_sum = p_i_sum1->forward(
88 :            p_i_sum2 -> forward(i_x, p_i_h -> forward(h)),
89 :            p_i_c -> forward(c)
90 :        );
88 :        PVariable i = p_i_sig -> forward(i_sum);
89 :
90 :        PVariable g_sum = p_g_sum -> forward(
91 :            g_x, p_g_h -> forward(h)
92 :        );
91 :        PVariable g = p_g_tanh -> forward(g_sum);
92 :
93 :        c = p_c_plus -> forward(
94 :            p_c_mul1 -> forward(i, g),
95 :            p_c_mul2 -> forward(f, c)
96 :        );
97 :
```

```
98 :        PVariable o_sum = p_o_sum1 -> forward(
                p_o_sum2 -> forward(o_x, p_o_h -> forward(h)),
                p_o_c -> forward(c)
            );
99 :        PVariable o = p_o_sig -> forward(o_sum);
100:
101:        h = p_h_mul -> forward(o, p_h_tanh -> forward(c));
102:
103:        h -> opt = id;
104:        last_opt = id;
105:
106:        h -> last_opt = &last_opt;
107:        h -> is_last_backward = &is_last_backward;
108:        id++;
109:
110:        return h;
111: }
```

위 코드의 4~62행에서 [식 9.2]에 사용할 함수 클래스의 인스턴스를 생성합니다. 그때 LSTM 클래스의 생성자에서 생성한 가중치와 편향을 전달합니다. 이것은 층마다 생성되는 각 함수가 공통된 가중치와 편향을 사용한다는 것을 의미합니다(가중치 공유).

66행에서 은닉층의 상태를 나타내는 변수 c를 생성하고, 70행에서 자신의 은닉층 값을 보관할 변수 h를 생성하고, h의 변수 opt에 LSTM 클래스가 관리하는 id를 설정하고 있습니다. 72~76행에서 각종 변수를 초기화하고 있지만, 자세한 설명은 뒤로 미룹니다.

84~101행이 [식 9.2]에 해당하는 부분입니다. FunctionLinear, FunctionPlus, FunctionSigmoid, FunctionTanh 클래스의 forward()를 조합해 식을 만듭니다. 예를 들어, 첫 번째 망각 게이트에서 사용할 변수 f_t 는 79행과 84~85행에 나타낸 대로 FunctionLinear, FunctionPlus, FunctionSigmoid의 forward()를 호출해 구현할 수 있습니다.

또한, 103~108 행에서도 각종 변수에 값을 설정하고 있지만, 자세한 설명은 뒤로 미룹니다.

마지막으로 110행에서 구한 은닉층을 반환합니다. 동시에 h는 LSTM 클래스의 멤버 변수로서 유지되고, 다음 계층을 계산할 때 사용된다는 것이 중요합니다(84, 87, 90, 98행). 은닉층의 상태를 나타내는 변수 c도 마찬가지입니다.

이상으로 LSTM의 계산 그래프가 구축됩니다. 나머지는 자동 미분 기능으로 변수 h의 역전파가 이루어질 것처럼 보이지만, 이 계산 그래프를 그대로 역전파하는 데는 다음과 같은 두 가지 문제점이 있습니다.

하나는 79~82행의 변수 x처럼 분기 패턴을 포함한다는 것입니다. 여기서는 4개의 Linear 클래스의 forward()에 전달되어 분기하고 있습니다. 그대로 변수 x의 델타를 계산해 하위로 전파하면 x에 대해 사중으로 계산 그래프를 따라가 버립니다. 이 문제는 다음 예제 코드처럼 해결합니다.

[코드 9.3] function.cpp

```
1 :  PVariable Function::forward(PVariable v){
2 :
3 :      v -> forward_count++;
4 :
5 :      inputs.push_back(v);
6 :      PVariable r = forward(inputs, outputs);
7 :
8 :      return r;
9 : }
```

Function 클래스의 forward() 함수 안(즉 순전파일 때)에서 PVariable 변수의 멤버인 forward_count를 증가시키고, 이 변수가 몇 번 forward() 됐는지 계산합니다. forward_count는 0으로 초기화합니다.

다음 예제 코드에서 볼 수 있는 것처럼 Variable의 backward() 함수를 검토합니다. '5.1.6 역전파'에서도 설명한 역전파를 제어하는 함수입니다.

[코드 9.4] variable.cpp

```cpp
1 : void Variable::backward(Variable *v) {
2 :
3 :     if (v == NULL) {
4 :         return;
5 :     }
6 :
7 :     if (v -> creator != NULL) {
8 :
9 :         if (v -> last_opt != NULL && v -> opt == *v -> last_opt){
10:             *v -> is_last_backward = true;
11:         }
12:
13:         if (v -> forward_count > 0) v -> forward_count--;
14:
15:         if (v -> is_last_backward != NULL &&
16:             *v -> is_last_backward == false) return;
17:
18:         if (v -> forward_count != 0) return;
19:
20:         v -> creator -> backward(v -> grad);
21:
22:         for (int i = 0; i < v -> creator->inputs.size(); i++) {
23:
24:             PVariable nv = v -> creator -> inputs[i];
25:
26:             if (nv -> isGetGrad) {
27:                 this -> backward(nv.get());
28:             }
29:         }
30:     }
31: }
```

위 예제 코드의 13행에서 forward_count를 감소시키고 있습니다. 17행에서 forward_
count 값을 확인해서 0이 아니면 그 이상 처리를 진행하지 않고 역전파 하지 않습니다. 반대로

forward_count 값이 0이라는 것은 곧 마지막 변수의 분기라는 뜻이므로, 역전파를 실행해도 좋습니다. 이처럼 분기가 있는 변수에 대해 중복해서 역전파 하지 않게 처리합니다.

또 하나는 '9.1.3 패딩'에서 설명한 대로 각 출력층의 델타는 마지막 층을 제외하고 은닉층 아래의 하위층으로 각각의 은닉층을 통해 역전파하지 않는 것이 조건이므로, 그 조건을 만족하는 메커니즘이 필요합니다.

아래 그림은 시퀀스 길이가 3이고, 2번째까지의 출력층의 델타를 계산해 역전파 했을 때를 나타낸 것입니다. × 표시로 알 수 있듯이, 이 시점에서는 아직 역전파 해선 안됩니다. 만약 이 시점에서 × 표시 부분도 역전파한 경우는 앞서 설명한 문제점과 같이 출력층의 델타가 중복해서 전파됩니다.

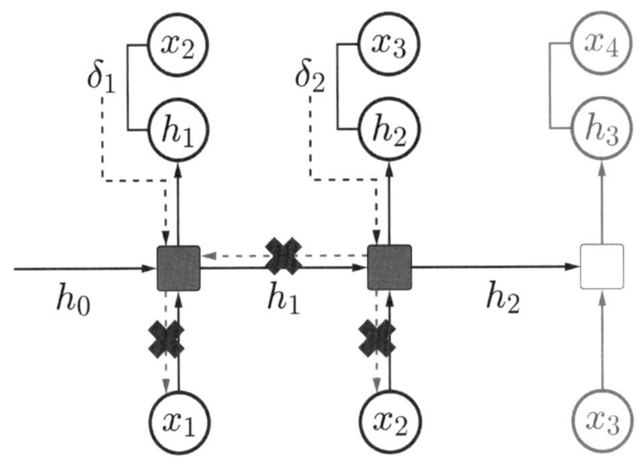

▲ [**그림 9.5**] LSTM의 역전파

이 문제를 해결하는 방법을 설명합니다. '[코드 9.2] graph.cpp'에서 103~108 행을 발췌했습니다 (72 ~ 76행도 마찬가지).

[**코드 9.5**] graph.cpp

```
1 : ........
2 :
3 : h -> opt = id;
4 : last_opt = id;
```

```
5 :
6 : h -> last_opt = &last_opt;
7 : h -> is_last_backward = &is_last_backward;
8 : id++;·········
```

예제 코드의 3행에서 LSTM으로 계산된 은닉층의 값 h의 opt 변수에 id를 설정합니다. 즉, h에 ID를 할당합니다. 계속해서 4행에서 last_opt 변수에 같은 id를 설정하고, 방금 구한 최신 h의 id를 기억합니다.

6행에서 h의 last_opt 변수에 last_opt의 포인터를 설정합니다. 마찬가지로 7행에서는 h의 is_last_backward 변수에 is_last_backward의 포인터를 설정합니다. 만약 last_opt와 is_last_backward가 변경되어도, h로부터 최신 값을 참조할 수 있게 됩니다. is_last_backward는 false로 초기화합니다. 마지막으로 8행에서 id를 증가시킵니다.

다음으로 '[코드 9.4] variable.cpp'의 backward()를 참조합니다. 9행에서 자신의 id인 opt와 LSTM이 마지막으로 생성한 변수의 id가 일치할 경우, 즉 자신이 LSTM에서 생성된 마지막 변수라면, 역전파 해도 된다는 것을 나타내는 플래그 is_last_backward를 true로 변경합니다.

15행에서 is_last_backward가 false인 경우는 아직 역전파 해선 안 되므로, 그 이후의 처리는 실행하지 않습니다. 반대로 true의 경우는 역전파 해도 되는 타이밍이므로 처리를 계속합니다. 이러한 처리가 실행될 때, 출력층에서의 역전파 순서가 중요합니다. 반드시 최초의 출력층([그림 9.5]의 δ_1)부터 역전파를 시작해야 합니다.

이상의 메커니즘으로 LSTM 등 재귀 처리가 필요한 함수에 대한 제약을 해결합니다.

9.2.4 GRU

GRU(Gated Recurrent Unit)는 다음 그림과 같이, LSTM의 망각 게이트와 입력 게이트를 하나의 업데이트 게이트로 해서, 셀 상태와 은닉 상태 변수를 병합하는 등의 변경을 가합니다. 그 결과, LSTM과 비교하면 구조가 단순합니다. 과거에 다양한 성능 비교를 시행했지만, 분석 대상에 따라 결과가 달라지거나 별다른 성능 차이가 없다는 보고도 있습니다.

필자가 시험한 바로도 의미 있는 성능 차이는 없었습니다. 그러나, 구조가 더 간단하므로 처리 속도가 빨라지고 메모리 효율이 높아지는 것은 틀림없습니다.

아래에 그 순전파 식을 나타냈습니다.

$$\mathbf{z}_t = \sigma(\mathbf{W_z}\mathbf{x}_t + \mathbf{U_z}\mathbf{h}_{t-1} + \mathbf{b_z})$$
$$\mathbf{r}_t = \sigma(\mathbf{W_r}\mathbf{x}_t + \mathbf{U_r}\mathbf{h}_{t-1} + \mathbf{b_r})$$
$$\mathbf{g}_t = tanh(\mathbf{W}(\mathbf{r_t} \odot \mathbf{h}_{t-1}) + \mathbf{W_z}\mathbf{x_t} + \mathbf{b_g})$$
$$\mathbf{h}_t = (1 - \mathbf{z}_t) \odot \mathbf{h}_{t-1} + \mathbf{z}_t \odot \mathbf{g}_t$$

$$(9.3)$$

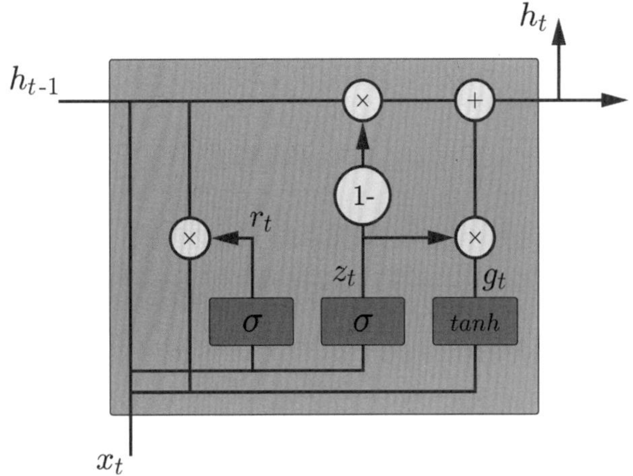

▲ [그림 9.6] GRU

9.2.5　GRU의 구현

전 항에서 소개한 GRU의 구현은 LSTM 구현과 거의 같습니다.

참고로 생성자와 순전파 함수의 소소 코드를 게재합니다.

● 생성자

[코드 9.6] graph.cpp

```
1 : GRU::GRU(int output_size, int input_size) {
2 :
```

```cpp
3 :        this -> output_size = output_size;
4 :        this -> input_size = input_size;
5 :
6 :        u_r = new Variable(output_size, output_size);
7 :        w_r = new Variable(output_size, input_size);
8 :        b_r = new Variable(output_size, 1);
9 :
10:        u_z = new Variable(output_size, output_size);
11:        w_z = new Variable(output_size, input_size);
12:        b_z = new Variable(output_size, 1);
13:
14:        u_g = new Variable(output_size, output_size);
15:        w_g = new Variable(output_size, input_size);
16:        b_g = new Variable(output_size, 1);
17:
18:        u_r -> randoms(0., sqrt((1. / (float)output_size)));
19:        w_r -> randoms(0., sqrt((1. / (float)input_size)));
20:        u_z -> randoms(0., sqrt((1. / (float)output_size)));
21:        w_z -> randoms(0., sqrt((1. / (float)input_size)));
22:        u_g -> randoms(0., sqrt((1. / (float)output_size)));
23:        w_g -> randoms(0., sqrt((1. / (float)input_size)));
24: }
```

● 순전파 함수

[코드 9.7] `graph.cpp`

```cpp
1 : PVariable GRU::forward(PVariable x) {
2 :        // 함수 준비
3 :        PFunction p_f_w_r_linear(new FunctionLinear(w_r));
4 :        funcs_chain.push_back(p_f_w_r_linear);
5 :        PFunction p_f_u_r_linear(new FunctionLinear(u_r, b_r));
6 :        funcs_chain.push_back(p_f_u_r_linear);
7 :        PFunction p_f_r_plus(new FunctionPlus());
8 :        funcs_chain.push_back(p_f_r_plus);
```

```cpp
9 :        PFunction p_f_r_sig(new FunctionSigmoid());
10:        funcs_chain.push_back(p_f_r_sig);
11:

12:        PFunction p_f_w_z_linear(new FunctionLinear(w_z));
13:        funcs_chain.push_back(p_f_w_z_linear);
14:        PFunction p_f_u_z_linear(new FunctionLinear(u_z, b_z));
15:        funcs_chain.push_back(p_f_u_z_linear);
16:        PFunction p_f_z_plus(new FunctionPlus());
17:        funcs_chain.push_back(p_f_z_plus);
18:        PFunction p_f_z_sig(new FunctionSigmoid());
19:        funcs_chain.push_back(p_f_z_sig);
20:

21:        PFunction p_f_w_g_linear(new FunctionLinear(w_g));
22:        funcs_chain.push_back(p_f_w_g_linear);
23:        PFunction p_f_u_g_linear(new FunctionLinear(u_g, b_g));
24:        funcs_chain.push_back(p_f_u_g_linear);
25:        PFunction p_f_g_plus(new FunctionPlus());
26:        funcs_chain.push_back(p_f_g_plus);
27:        PFunction p_f_g_tanh(new FunctionTanh());
28:        funcs_chain.push_back(p_f_g_tanh);
29:        PFunction p_f_g_mul(new FunctionMul());
30:        funcs_chain.push_back(p_f_g_mul);
31:

32:        PFunction p_f_minus(new FunctionMinus());
33:        funcs_chain.push_back(p_f_minus);
34:        PFunction p_f_mul1(new FunctionMul());
35:        funcs_chain.push_back(p_f_mul1);
36:        PFunction p_f_mul2(new FunctionMul());
37:        funcs_chain.push_back(p_f_mul2);
38:        PFunction p_f_plus(new FunctionPlus());
39:        funcs_chain.push_back(p_f_plus);
40:

41:        if (h.get() == NULL ||
               h->data.rows == 0 ||
               h->data.cols != x -> data.cols) {
```

```
42:        h = PVariable(
               variable_construct(output_size, x -> data.cols),
               variable_destroy
           );
43:
44:        h -> opt = id;
45:        last_opt = id;
46:
47:        h -> last_opt = &last_opt;
48:        h -> is_last_backward = &is_last_backward;
49:        id++;
50:    }
51:    if (ones.get() == NULL ||
            ones -> data.rows == 0 ||
            ones -> data.cols != x -> data.cols){
51:    if (ones.get() == NULL ||
            ones -> data.rows == 0 ||
            ones -> data.cols != x -> data.cols){
52:        ones = PVariable(
                 new Variable(output_size, x -> data.cols, false)
             );
53:        ones -> ones();
54:    }
55:
56:    PVariable r = p_f_r_sig -> forward(
57:       p_f_r_plus -> forward(
58:          p_f_w_r_linear -> forward(x),
             p_f_u_r_linear -> forward(h)
59:       )
60:    );
61:
62:    PVariable z = p_f_z_sig -> forward(
63:       p_f_z_plus -> forward(
64:          p_f_w_z_linear -> forward(x),
             p_f_u_z_linear -> forward(h)
```

```
65:         )
66:     );
67:
68:     PVariable g = p_f_g_tanh -> forward(
69:         p_f_g_plus -> forward(
70:             p_f_w_g_linear -> forward(x),
71:             p_f_u_g_linear -> forward(p_f_g_mul -> forward(r, h))
71:         )
72:     );
73:
74:     h = p_f_plus -> forward(
75:         p_f_mul1 -> forward(p_f_minus -> forward(ones, z), h),
         p_f_mul2 -> forward(z, g)
76:     );
77:
78:     h -> opt = id;
79:
80:     last_opt = id;
81:
82:     h -> last_opt = &last_opt;
83:     h -> is_last_backward = &is_last_backward;
84:     id++;
85:
86:     return h;
87: }
```

9.2.6 잘린 BPTT(Truncated BPTT)

재귀형 신경망은 LSTM으로 깊은 계층의 네트워크도 학습할 수 있다고 설명했습니다. 그러나 계열이 무한히 계속되는 네트워크를 구축하는 것은 컴퓨터 리소스 관점에서 물리적으로 불가능합니다. 또한 엄밀하게 말하자면 LSTM으로 기울기 소실 문제를 완벽하게 해결한 것은 아니므로, 어떤 제한을 설정하는 것이 현실적입니다.

이 항에서 소개하는 잘린 BPTT(Truncated BPTT(Back Propagation Through Time))
는 계열의 길이에 일정한 프레임 범위를 설정하고, 그 안에서만 계산하도록 제한합니다.

몇 가지 구현 방법이 있지만, 가장 간단한 것은 일정 범위에 도달한 시점에서 그때까지 구축
한 계산 그래프를 일단 지우고, 다음 계산으로 이동하는 방법입니다([그림 9.7a]). 어떤 시점에
서 일단 네트워크가 완전히 끊어지므로 좋은 방법이라고는 할 수 없지만, 구현하기가 쉬워 채용
하는 프레임워크가 많습니다. 이 책에서 제공하는 소스 코드에서도 채용했습니다.

또 한 가지 방법은 일정한 프레임 범위를 유지하면서 프레임에서 벗어난 네트워크만 지우는
방법입니다([그림 9.7b]). 전자에 비해 끊기는 타이밍이 매끄러워 비교적 좋은 방법이라고 할
수 있지만, 네트워크 구축의 자유도가 높은 처리계에서는 구현하기가 복잡합니다. 어디까지를
프레임 밖으로 정의할지가 어렵기 때문입니다.

어쨌든 매우 깊은 네트워크를 구축하기 위해서는 범위를 설정하는 대처가 필요합니다.

다음 코드 예제는 LSTM 클래스를 초기화 하는 함수입니다.

이 함수를 호출함으로써 위에서 설명한 대로 계산 그래프를 일단 재설정할 수 있습니다.

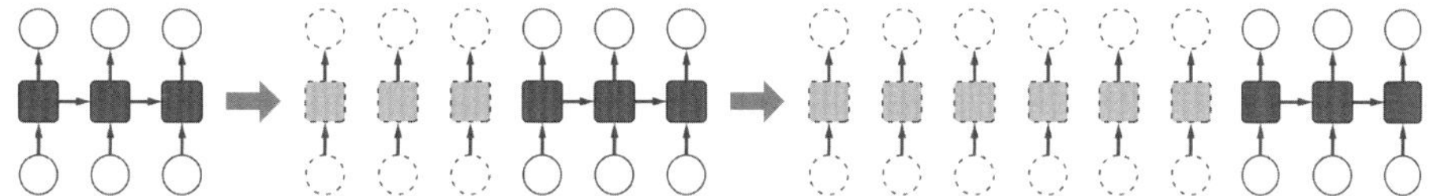

(a) 일정 범위로 클리어

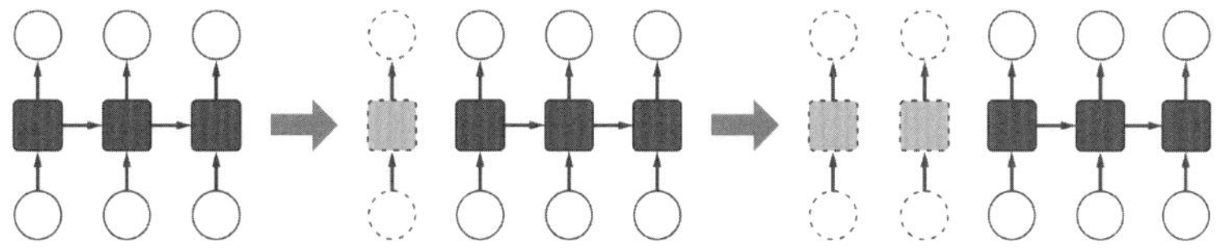

(b) 일정 범위를 이동하면서 유지

▲ [그림 9.7] 잘린 BPTT(Truncated BPTT)

```cpp
 1 : void FullLSTM2::reset state(){
 2 :
 3 :     if (f_c_w -> grad.mDevice != NULL) f_c_w -> grad *= 0;
 4 :     if (f_h_w -> grad.mDevice != NULL) f_h_w -> grad *= 0;
 5 :     if (f_x_w -> grad.mDevice != NULL) f_x_w -> grad *= 0;
 6 :     if (f_x_b -> grad.mDevice != NULL) f_x_b -> grad *= 0;
 7 :
 8 :     if (i_c_w -> grad.mDevice != NULL) i_c_w -> grad *= 0;
 9 :     if (i_h_w -> grad.mDevice != NULL) i_h_w -> grad *= 0;
10:     if (i_x_w -> grad.mDevice != NULL) i_x_w -> grad *= 0;
11:     if (i_x_b -> grad.mDevice != NULL) i_x_b -> grad *= 0;
12:
13:     if (o_c_w -> grad.mDevice != NULL) o_c_w -> grad *= 0;
14:     if (o_h_w -> grad.mDevice != NULL) o_h_w -> grad *= 0;
15:     if (o_x_w -> grad.mDevice != NULL) o_x_w -> grad *= 0;
16:     if (o_x_b -> grad.mDevice != NULL) o_x_b -> grad *= 0;
17:
18:     if (g_h_w -> grad.mDevice != NULL) g_h_w -> grad *= 0;
19:     if (g_x_w -> grad.mDevice != NULL) g_x_w -> grad *= 0;
20:     if (g_x_b -> grad.mDevice != NULL) g_x_b -> grad *= 0;
21:
22:     c -> zeros();
23:     c -> unchain();
24:
25:     h -> zeros();
26:     h -> unchain();
27:
28:     last_opt = 0;
29:     is_last_backward = false;
30:
31:     id = 0;
32:
33:     h -> opt = id;
34:     last_opt = id;
```

```
35:
36:    h -> last_opt = &last opt;
37:    h -> is_last_backward = &is_last_backward;
38:    id++;
39: }
```

9.2.7 숫자 기억하기

이어서 재귀형 신경망을 사용한 구체적인 사례를 소개합니다. 이 항에서는 아래의 두 가지 시퀀스를 가정합니다.

$$(T - 1, x_1, x_2, x_3, \cdots, x_{T-2}, T - 1)$$
$$(T, x_1, x_2, x_3, \cdots, x_{T-2}, T)$$

T는 계열의 길이를 정의하는 정수입니다. 예를 들어, $T = 5$라면 다음과 같습니다.

$$(4, 1, 2, 3, 4)$$
$$(5, 1, 2, 3, 5)$$

두 시퀀스는 처음과 마지막 숫자만 다를뿐 중간은 모두 같은 숫자로 구성되어 있습니다. 여기서 첫 번째 숫자가 주어진 상태에서 마지막 숫자를 맞추는 모델을 구축해 보겠습니다. 마지막 숫자를 맞추려면 처음에 주어진 수치를 끝까지 기억해야 하므로 재귀형 신경망을 테스트하기에 좋은 소재입니다.

모델 훈련은 두 시퀀스를 매번 무작위로 하나를 선택해, 시퀀스 안의 숫자를 순서대로 재귀형 신경망의 입력으로 줍니다. 교사 신호는 시퀀스에서 지금 입력하는 숫자의 다음 숫자를 지정합니다. 이것으로 다음에 출현할 숫자를 예측하는 모델이 완성됩니다.

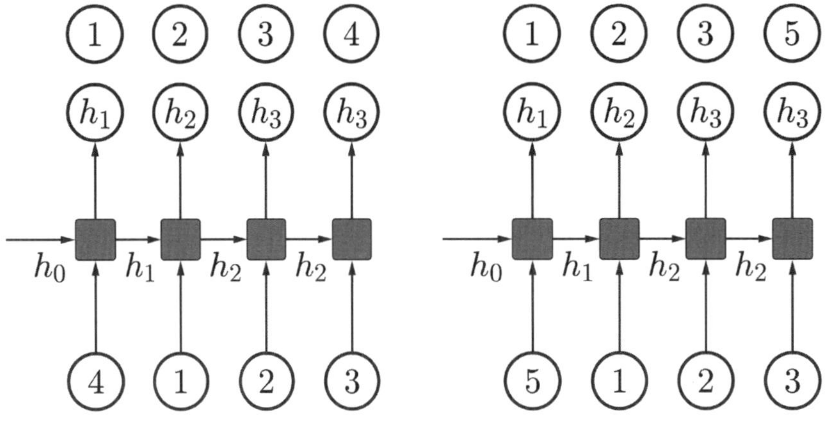

▲ [그림 9.8] 숫자 맞추기 훈련 왼쪽이 (4, 1, 2, 3, 4) 오른쪽이 (5, 1, 2, 3, 5)를 입력한 그림

평가 시에는 처음에 입력으로서 T 또는 T − 1 중 하나를 무작위로 주고, 재귀형 신경망의 순전파 출력을 다음 입력으로 해서 시퀀스 길이(T)만큼 반복합니다. 마지막 숫자가 T 또는 T − 1이면 정답입니다.

다음 예제는 숫자 맞추기 훈련·평가용 소스 코드입니다.

[코드 9.9] test.cpp

```
1  : Model model;
2  :
3  : int get_random_number(){
4  :     std::random_device rnd;
5  :     std::mt19937 mt(rnd());
6  :     std::uniform_int_distribution<> rand2(0, 1);
7  :     return rand2(mt);
8  : }
9  :
10 : int main(){
11 :
12 :     int h_size = 4;
13 :     int data_size = 5;
```

```cpp
14 :        int epoch = 100000;
15 :        int display_size = 100;
16 :
17 :        float train_data[2][data_size + 1];
18 :        train_data[0][0] = data_size;
19 :        train_data[0][data size] = data_size;
20 :        train_data[1][0] = data_size - 1;
21 :        train_data[1][data size] = data_size - 1;
22 :
23 :        for(int i = 0; i < data_size - 1; i++){
24 :            train_data[0][i+1] = i;
25 :            train_data[1][i+1] = i;
26 :        }
27 :
28 :        cout << "train_data" << endl;
29 :        for(int i = 0; i < data_size + 1; i++){
30 :            cout << train_data[0][i] << " ";
31 :        }
32 :        cout << endl;
33 :        for(int i = 0; i < data_size + 1; i++){
34 :            cout << train_data[1][i] << " ";
35 :        }
36 :        cout << endl;
37 :
38 :        model.putG("lstm", new FullLSTM2(h_size, data_size + 1));
39 :        model.putG("tanh", new Tanh());
40 :        model.putG("linear", new Linear(data_size + 1, h_size));
41 :        model.putG("softmax_cross_entropy",
42 :                new SoftmaxCrossEntropy());
42 :        model.putG("plus", new Plus());
43 :        model.putG("softmax", new Softmax());
44 :
45 :        OptimizerAdam optimizer(&model, 0.001, 0);
46 :        optimizer.init();
47 :
48 :        vector<float> loss_values;
```

```cpp
49 :
50 :      WordEmbed wd(data_size);
51 :
52 :      float loss_vals = 0;
53 :
54 :      float data_x[data_size + 1], data_t[data_size + 1];
55 :      for(int i = 1; i <= epoch; i++) {
56 :
57 :          int which_data = get_random_number();
58 :
59 :          PVariable loss_sum(new Variable(1, 1));
60 :
61 :          for(int j = 0; j < data_size; j++) {
62 :
63 :              wd.toOneHot(data_size + 1, data_x,
64 :                      train_data[which_data][j], 0, false);
64 :              wd.toOneHot(data_size + 1, data_t,
                        train_data[which_data][j + 1], 0, false);
65 :
66 :              PVariable x(new Variable(
                        data_size + 1, 1, false));
67 :              PVariable t(new Variable(
                        data_size + 1, 1, false));
68 :
69 :              toPVariable(x, data_x);
70 :              toPVariable(t, data_t);
71 :
72 :              PVariable _y = model.G("lstm") -> forward(x);
73 :              PVariable _y2 = model.G("tanh") -> forward(_y);
74 :              PVariable _y3 = model.G("linear") -> forward(_y2);
75 :              PVariable loss = model.G("softmax_cross_entropy")
                        -> forward(_y3, t);
76 :
77 :              loss_vals += loss -> val();
78 :
79 :              loss_sum = model.G("plus")
```

```cpp
                        -> forward(loss_sum, loss);
80 :        }
81 :
82 :        loss_sum -> backward();
83 :        optimizer.update();
84 :        model.zero_grads();
85 :
86 :        if (i % display_size == 0) {
87 :            float loss_avg = loss_vals / data_size /
                    display_size;
88 :            cout << "epoch:" << i << " loss:" << loss_avg
                    << endl;
89 :
90 :            model.unchain();
91 :
92 :            model.G("lstm")->reset_state();
93 :
94 :            int maxIdx_z3[1];
95 :            maxIdx_z3[0] = train_data[which_data][0];
96 :
97 :            cout << "start =" << maxIdx_z3[0] << " ";
98 :
99 :            int accuracy = 0;
100:            for(int j = 0; j < data_size; j++) {
101:                wd.toOneHot(data_size + 1, data_x,
                        maxIdx_z3[0], 0, false);
103:                wd.toOneHot(data_size + 1, data_t,
                        train_data[which_data][j + 1], 0, false);
104:
105:                cout << train_data[j + 1] << " ";
106:
107:                PVariable x(new Variable(data_size + 1, 1,
                        false));
108:                PVariable t(new Variable(data_size + 1, 1,
                        false));
109:
```

```cpp
110:                    toPVariable(x, data_x);
111:                    toPVariable(t, data_t);
112:
113:                    PVariable _y = model.G("lstm") -> forward(x);
114:                    PVariable _y2 = model.G("tanh") -> forward(_y);
115:                    PVariable _y3 = model.G("linear")
                            -> forward(_y2);
116:                    PVariable y = model.G("softmax")
                            -> forward(_y3);
117:
118:
119:                    y -> data.maxRowIndex(maxIdx_z3);
120:                    cout << maxIdx_z3[0];
121:
122:                    cout << "=";
123:                    int maxIdx_d[1];
124:                    t -> data.maxRowIndex(maxIdx_d);
125:                    cout << maxIdx_d[0] << " ";
126:
127:                    if (maxIdx_z3[0] - maxIdx_d[0] == 0)
                            accuracy++;
128:                }
129:            cout << endl;
130:
131:            cout << "accuracy:" <<
                        ((float) accuracy)/((float) data_size) * 100 <<
                        "%" << endl;
132:
133:            loss_vals = 0;
134:        }
135:        model.unchain();
136:        model.G("lstm")->reset_state();
137:    }
138: }
```

위 코드의 17~21행에서 정의에 따라 입력이 될 숫자 데이터를 생성하고, 38~43행에서 LSTM 등 필요한 클래스의 인스턴스를 생성합니다. 50행의 WordEmbed 클래스는 63~64행에서 볼 수 있듯이 데이터를 One-Hot 벡터로 변환하기 위한 클래스입니다.

72~79행이 순전파의 계산 그래프입니다. 입력 데이터가 LSTM을 통과해 Linear, 소프트맥스 교차 엔트로피로 가는 흐름입니다.

77행에서 소프트맥스 교차 엔트로피 오차를 더해서 61행의 data_size 만큼 모아둡니다. 82행의 backward()로 모아둔 계산 그래프를 단번에 역전파 하고, 83행에서 가중치를 갱신합니다 (LSTM의 정의대로 계열의 길이만큼 순전파 한 다음 역전파 하는 흐름이 됩니다).

86~134행에서는 display_size 별로 정답률을 산출하기 위해, 상기 훈련과 마찬가지로 테스트 데이터로 정답률을 계산해 표시합니다. 135행의 unchain()와 reset_state()로 일단 계산 그래프를 지웁니다(Truncated BPTT). get_random_number()는 0 또는 1을 무작위로 반환하는 함수입니다.

T = 5, 은닉층 유닛 수 4, 학습에는 Adam(학습률 0.001)을 사용해 이 프로그램을 실행하면, 600 에폭 정도에서 정답률이 100%가 됩니다([그림 9.9]). 또한 시퀀스 길이를 대폭 늘린 T = 20, 은닉층 유닛 수 10인 경우는 2,500 에폭 정도에서 정답률이 100%가 됩니다([그림 9.10]).

참고로 T = 20이고 은닉층 유닛 수가 4 그대로면, 표현력 부족으로 학습이 곤란해져서 몇 에폭 학습해도 정답률이 안정적으로 100%가 되진 않았습니다.

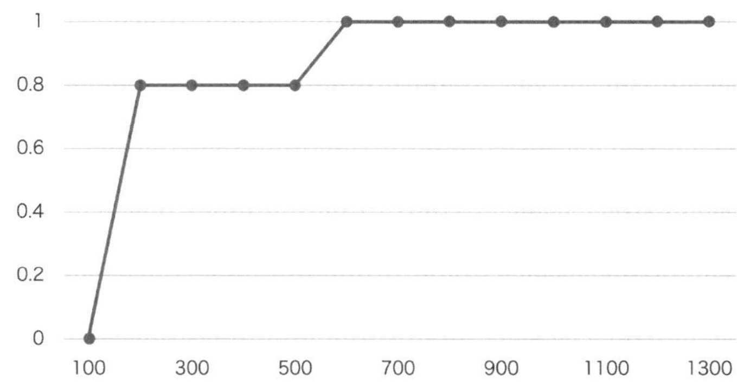

▲ [그림 9.9] 정답률(T = 5, 은닉층 유닛 수 4)

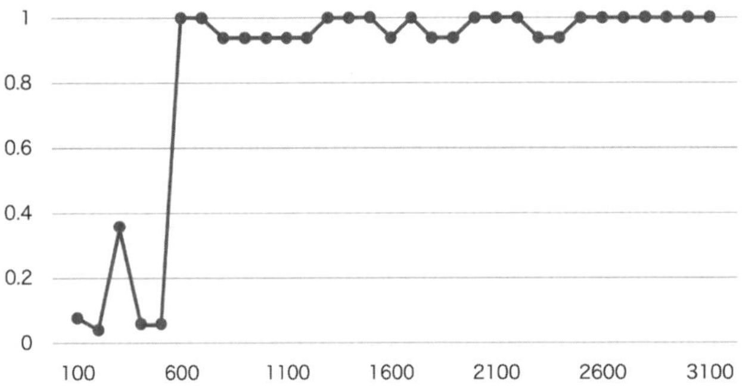

▲ [그림 9.10] 정답률(T = 20, 은닉층 유닛 수 10)

9.2.8 사인파 재현

이번에는 사인파를 재귀형 신경망으로 학습하고 재현해 봅시다.

1주기 50단계의 사인파를 100주기 반복해서 길게 연속된 사인파를 생성합니다. 이 데이터를 배치 크기를 100으로 해서 재귀형 신경망에 입력합니다. 교사 신호는 현재 값의 다음 값을 지정합니다. 은닉층 수는 5, Truncate 폭을 100, 학습에는 Adam(학습률 0.001)을 사용했습니다. 오차가 충분히 작아질 때까지 대략 3,000 에폭 정도 훈련합니다.

평가 시에는 훈련 데이터의 처음 50단계를 입력하고, 50 + 1 단계째는 처음 50단계째의 출력 결과를 입력 값으로 사용합니다. 이후 50 + 1, 50 + 2, …와 같이 하나 전의 출력을 입력으로 삼습니다. 즉, 50단계 이후는 훈련 데이터가 아니라 모델의 추정 결과를 실시간으로 사용하게 됩니다. 일정한 폭을 출력한 시점에서 종료합니다.

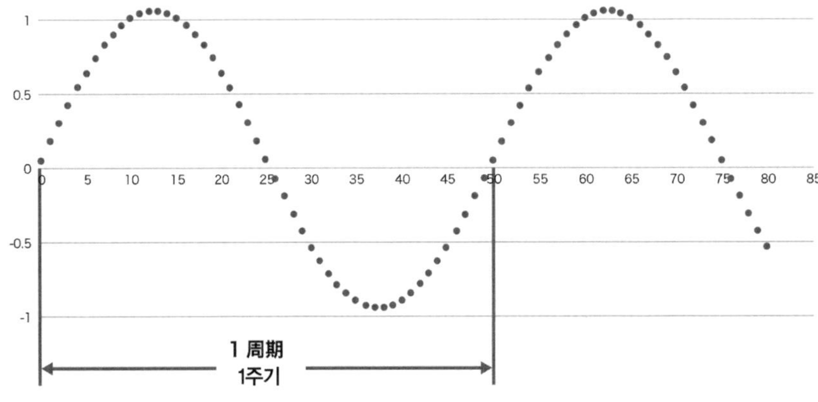

▲ [그림 9.11] 사인파

아래 예제 코드에 사인파의 훈련과 재현 프로그램을 나타냈습니다.

[코드 9.10] `test.cpp`

```cpp
1 : void createSinData(
        float data[], int steps_per_cycle, int number_of_cycles){
2 :     for (int j = 0; j<number_of_cycles; j++){
3 :         for (int i = 0; i<steps_per_cycle; i++){
4 :             float v = std::sin(
                    i * 2 * std::atan(1) * 4 / steps_per_cycle);
5 :             data[steps_per_cycle * j + i] = v;
6 :         }
7 :     }
8 : }
9 :
10 : Model model;
11 :
12 : // LSTM 모델
13 : PVariable forward_one_step(PVariable x, PVariable d){
14 :
15 :     PVariable s_h = model.G("g_lstm") -> forward(x);
16 :
17 :     PVariable s_t = model.G("tanh") -> forward(s_h);
18 :
19 :     PVariable s_y = model.G("w_hy") -> forward(s_t);
20 :
21 :     PVariable loss = model.G("g_mean_squared_error") -> forward(s_y, d);
22 :
23 :     return loss;
24 : }
25 :
26 : PVariable predict(PVariable x){
27 :
28 :     PVariable s_h = model.G("g_lstm") -> forward(x);
29 :
30 :     PVariable s_t = model.G("tanh") -> forward(s_h);
```

```cpp
31 :
32 :        PVariable s_y = model.G("w_hy")->forward(s_t);
33 :
34 :        return s_y;
35 : }
36 :
37 : int main(){
38 :
39 :        int steps_per_cycle = 50;
40 :        int number_of_cycles = 100;
41 :
42 :        float sin_raw_data[steps_per_cycle * number_of_cycles];
43 :
44 :        createSinData(
45 :                sin_raw_data, steps_per_cycle, number_of_cycles);
45 :
46 :        int epoch_size = 3000;
47 :        int batch_size = 100;
48 :        int bprop_len = 100;
49 :        float learning_rate = 0.001; // Optimizer Adam
50 :
51 :        int i_size = 1;
52 :        int n_size = 5;
53 :        int o_size = 1;
54 :
55 :        cout << "batch_size:" << batch_size << " epoch_size:"
56 :                << epoch_size << " bprop_len:" << bprop_len << endl;
56 :        cout << "n_size:" << n_size << endl;
57 :
58 :        int whole_len = steps_per_cycle * number_of_cycles;
59 :        int jump = whole_len/batch_size;
60 :        cout << whole_len << " " << batch_size << " " <<
61 :                jump << endl;
61 :
62 :        cout << "create model..." << endl;
63 :        model.putG("g_lstm", new FullLSTM2(n_size, i_size));
```

```cpp
64 :        model.putG("tanh", new Tanh());
65 :        model.putG("w_hy", new Linear(o_size, n_size));
66 :        model.putG(
                "g_mean_squared_error", new MeanSquaredError());
67 :        model.putG("g_loss_plus", new Plus());
68 :
69 :        OptimizerAdam optimizer(&model, learning_rate);
70 :        optimizer.init();
71 :
72 :        int epoch = 0;
73 :        float cur_log_perp = 0;
74 :
75 :        PVariable loss_sum(new Variable(1, 1));
76 :
77 :        cout << "going_to_train " << jump*epoch_size <<
                " iterations" << " epoch:" << epoch_size << endl;
78 :
79 :        for (int i = 0; i < jump * epoch_size; i++){
80 :
81 :            BatchData bdata(1, 1, batch_size);
82 :
83 :            for (int j = 0; j < batch_size; j++){
84 :                int idx = (jump * j + i) % whole_len;
85 :                int idx_1 = (jump * j + i + 1) % whole_len;
86 :                bdata.X[j] = sin_raw_data[idx];
87 :                bdata.D[j] = sin_raw_data[idx_1];
88 :            }
89 :
90 :            PVariable x(new Variable(1, batch_size, false));
91 :            PVariable d(new Variable(1, batch_size, false));
92 :            toPVariable(x, bdata.X);
93 :            toPVariable(d, bdata.D);
94 :
95 :            PVariable loss = forward_one_step(x, d);
96 :
97 :            cur_log_perp += loss->val();
```

```cpp
98 :        loss_sum = model.G("g_loss_plus")
                        -> forward(loss_sum, loss);
99 :
100:            if ((i + 1) % bprop_len == 0){
101:                    loss_sum -> backward();
102:                    optimizer.update();
103:
104:                    loss_sum->zeros();
105:                    model.zero_grads();
106:                    model.unchain();
107:                    // 우리는 아래와 같이 텐서플로 스타일 BPTT를 사용한다.
108:                    // http://r2rt.com/styles-of-truncated-backpropagation.html
109:                    model.G("g_lstm")->reset_state();
110:        }
111:        if ((i+1) % 1000 == 0){
112:                    cout << epoch << "," << cur_log_perp/1000 << endl;
113:                    cur_log_perp = 0;
114:        }
115:
116:        if (i % jump == 0) epoch++;
117:    } // epoch 루프용
118:
119:
120:
121:    // 데이터 예측 준비
122:    cout << "prepare predict data" << endl;
123:    int input_seq = 50;
124:    int pre_length = 100;
125:
126:    vector<float> predict_data;
127:    float final_pre = 0.0;
128:    for (int i = 0; i<input_seq; i++) {
129:        predict_data.push_back(sin_raw_data[i]);
130:    }
131:
```

```
132:        model.G("g_lstm") -> reset_state();
133:        model.unchain();
134:
135:        for (int j = 0; j < pre_length; j++) {
136:
137:            for (int i = 0; i < input_seq; i++) {
138:
139:                BatchData bdata(1, 1, 1);
140:
141:                bdata.X[0] = predict_data[i];
142:
143:                PVariable x(new Variable(1, 1, false));
144:                toPVariable(x, bdata.X);
145:
146:                r = predict(x);
147:
148:                final_pre = r -> data(0,0);
149:
150:                model.unchain();
151:            }
152:
153:        predict_data.erase(predict_data.begin());
154:        predict_data.push_back(final_pre);
155:        cout << (sin_raw_data[input_seq + j]) << ","
                << final_pre << endl;
156:
157: }
```

위 예제 코드 44행에서 사인파 데이터를 생성합니다. 63~67행에서는 LSTM을 포함한 계산 그래프 구축을 위한 클래스의 인스턴스를 생성합니다.

83~93행에서 미니배치를 작성합니다. 조금 복잡하지만 연속된 사인파 데이터를 미니배치에 넣는 처리를 실행합니다. 95행에서 순전파를 실행하고, 98행에서 오차를 loss_sum에 더합니다. 100행에서는 bprop_len마다 Trucated BPTT를 실행합니다. 역전파 및 가중치를 갱신한 후 unchain()와 reset_state()로 계산 그래프를 지웁니다.

121행부터는 훈련된 모델을 평가합니다. 128~130행은 훈련 데이터에서 input_seq 크기만큼의 데이터를 vector 클래스인 predict_data에 삽입합니다. 137행에서는 작성한 predict_data에서 하나씩 데이터를 꺼내서 크기 1인 미니배치를 작성합니다.

146행에서 평가를 실시하고, 148행에서 모델이 출력한 추정치를 final_pre에 저장합니다. 153행은 predict_data의 선두에 있는 데이터를 삭제한 후, 154행에서 조금 전 마지막 추정치 final_pre를 맨 끝에 추가합니다.

이상의 과정을 135행의 루프에서 pre_length번 반복함으로써 146행의 predict()에서는 항상 가장 근접한 input_seq 크기의 데이터를 사용해 추정 값을 산출하게 됩니다.

이 프로그램을 실행하면, 추정 사인파는 뒤로 갈수록 조금씩 파가 어긋나긴 하지만, 대체로 훈련 데이터와 같은 사인파 궤적이 된다는 것을 확인할 수 있습니다([그림 9.12]).

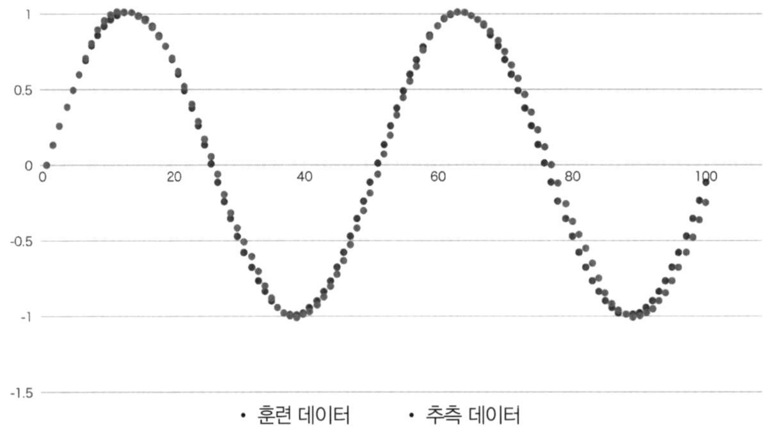

▲ [그림 9.12] 사인파의 재현

단어의 벡터 표현

이 절에서는 재귀형 신경망에서 일단 벗어나 단어를 표현하는 방법을 소개합니다. 아시는 바와 같이, 언어는 말이든 글이든 시계열적으로 단어의 연속으로서 정의할 수 있습니다. 따라서 재귀형 신경망의 시계열 처리에 안성맞춤이라, 번역이나 문장 생성 작업 등에 응용되고 있습니다. 여기서는 예로부터 자연어 처리(NLP)에 사용되는 단어의 표현 방법으로 벡터의 표현 방법을 설명합니다.

9.3.1 벡터 표현

아래 그림처럼 단어에 번호를 할당하고, 그 번호를 벡터화 해봅니다. 어떤 문서에 등장하는 단어 수를 T라고 하고, 각 단어에 할당되는 번호를 일렬 번호로 1, 2, 3, … , T라고 합시다. 이제부터 특정 번호를 추출해, 그 번호에 해당하는 값이 1이고 나머지는 0이 되는 요소를 가진 벡터를 생각하면, 그 단어를 고유하게 나타내는 벡터가 됩니다. 이를 One-Hot 벡터로 부릅니다.

예를 들어, 번호가 3인 단어의 One-Hot 벡터는 요소 수 T인 $(0, 0, 1, 0, … , 0)$입니다.

단, 정의대로 One-Hot 벡터의 요소 수는 T와 같은 수가 되므로, 큰 데이터 집합을 다루려면 메모리 영역과 속도면에서 큰 문제가 됩니다. 따라서 방대한 수의 단어가 포함된 문서는 자주 나오는 단어만 그대로 사용하고, 그렇지 않은 단어를, 예를 들어 <unk> 등의 적당한 고정 단어로 치환해 단어 수를 줄이는 노력을 하는 것이 일반적입니다. 그러나, 그런 경우는 빈출 단어 이외의 희소 단어의 해석이 불충분해지는 단점이 있습니다.

▲ [그림 9.13] One-Hot 벡터

9.3.2 벡터 표현의 구현

이 항에서는 유틸리티 클래스 WordEmbed를 준비해서, 문장 속에 나타난 단어를 One-Hot 벡터로 치환하는 기능을 등을 제공합니다. 아래 코드는 벡터 표현을 구현한 예입니다.

[코드 9.11] word_embed.cpp

```cpp
 1 :
 2 : #define IDX2F(i,j,ld) (((((j))*(ld))+((i)))
 3 :
 4 : typedef pair<string, int> ass_arr;
 5 : bool sort_less(const ass_arr& left,const ass_arr& right){
 6 :     return left.second < right.second;
 7 : }
 8 : bool sort_greater(const ass_arr& left,const ass_arr& right){
 9 :     return left.second > right.second;
10 : }
11 :
12 : class WordEmbed {
13 :
14 :     Tokenizer token;
15 :
```

```cpp
16 :        vector<vector<string>> sequences;
17 :        vector<vector<int>> sequences_ids;
18 :        map<string, int> idmap;
19 :        map<int, string> idmap_reverse;
20 :
21 :        map<string, int> words_count;
22 :
23 :
24 :
25 :        int vocab_size = 0;
26 :
27 :    public:
28 :
29 :        const int UNK_ID = 0;
30 :        const int SOS_ID = 1;
31 :        const int EOS_ID = 2;
32 :        const int PAD_ID = 3;
33 :
34 :        WordEmbed(int vocab_size){
35 :
36 :            this->vocab_size = vocab_size;
37 :
38 :            idmap["<unk>"] = UNK_ID;
39 :            idmap_reverse[UNK_ID] = "<unk>";
40 :            idmap["<sos>"] = SOS_ID;
41 :            idmap_reverse[SOS_ID] = "<sos>";
42 :            idmap["<eos>"] = EOS_ID;
43 :            idmap_reverse[EOS_ID] = "<eos>";
44 :            idmap["<pad>"] = PAD_ID;
45 :            idmap_reverse[PAD_ID] = "<pad>";
46 :        }
47 :
48 :
49 :        int getWordCount(){
50 :            return words_count.size();
51 :        }
```

```cpp
52 :
53 :        std::string replace(std::string String1,
                   std::string String2, std::string String3)

54:        {
55 :            std::string::size_type Pos(String1.find( String2));
56 :
57 :            while( Pos != std::string::npos )
58 :            {
59 :                String1.replace(Pos, String2.length(), String3);
60 :                Pos = String1.find(String2,
                       Pos + String3.length() );
61 :            }
62 :
63 :        return String1;
64 :        }
65 :
66 :        std::vector<std::string> split(const std::string &str,
                   char sep)
67 :        {
68 :            std::vector<std::string> v;
69 :            std::stringstream ss(str);
70 :            std::string buffer;
71 :            while( std::getline(ss, buffer, sep)) {
72 :                v.push_back(buffer);
73 :            }
74 :    return v;
75 :     }
76 :
77 :
78 :    void addSentences(vector<string> seqs, bool tokenize,
           bool addEOS, bool addSOS){
79 :        for (auto s : seqs){
80 :            add(s, tokenize, addEOS, addSOS);
81 :        }
82 :
83 :        vector<pair<string, int> >
```

```cpp
                    pairs(words_count.size());
84 :
85 :    int i = 0;
86 :    for (auto v : words_count){
87 :        pairs[i] = make_pair(v.rst, v.second);
88 :        i++;
89 :    }
90 :
91 :    sort(pairs.begin(), pairs.end(), sort greater);
92 :
93 :    int cnt = 0;
94 :    for(auto v : pairs){
95 :
96 :        string w = v.rst;
97 :        if (idmap.count(w) == 0){
98 :            int id = idmap.size();
99 :            idmap[w] = id;
100:            idmap_reverse[id] = w;
101:        }
102:        if (cnt == vocab size) break;
103:        cnt++;
104:    }
105:
106:    for (int i = 0; i < sequences.size(); i++){
107:        vector<string> words = sequences[i];
108:        vector<int> word_ids;
109:        for (int j = 0; j < words.size(); j++){
110:            if (idmap.count(words[j]) == 0)
                     word_ids.push_back(UNK_ID);
111:            else word_ids.push_back(idmap[words[j]]);
112:        }
113:        sequences_ids.push_back(word_ids);
114:    }
115: }
116:
117: void add(string sentence, bool tokenize, bool addEOS,
            bool addSOS){
```

```cpp
118:
119:        if (sentence == "") return;
120:
121:        if (addSOS) sentence = "<sos> " + sentence;
122:        if (addEOS) sentence += " <eos>";
123:
124:
125:        vector<string> words;
126:        if (tokenize) words = token.parse(sentence);
127:        else words = split(sentence, ' ');
128:
129:        for (auto w : words) {
130:            if (words_count.count(w) == 0) words_count[w] = 1;
131:            else words_count[w] += 1;
132:        }
133:
134:        sequences.push_back(words);
135:    }
136:
137:    vector<vector<int>> getSequencesIds(){
138:        return sequences_ids;
139:    }
140:
141:    void padding(vector<int> &ids, int max_size){
142:
143:        int padding_nums = max_size - ids.size();
144:        if (padding_nums > 0){
145:            for (int i = 0; i < padding_nums; i++){
146:                ids.push_back(PAD_ID);
147:            }
148:        }
149:    }
150:
151:    void paddingAll(int max_size){
152:        for (int i = 0; i < sequences_ids.size(); i++){
153:            this -> padding(sequences_ids[i], max_size);
154:        }
```

```cpp
155:    }
156:
157:    void toOneHot(int v_size, float *data, int id, int col,
           bool ignore){
158:
159:        for(int i = 0; i < v_size; i++){
160:            if (i == id && !ignore)
                    data[IDX2F(i, col, v_size)] = 1.;
161:            else data[IDX2F(i, col, v_size)] = 0.;
162:        }
163:    }
164:
165:    vector<vector<string>> getSequences(){
166:        return sequences;
167:    }
168:
169:    string toWord(int id){
170:        return idmap_reverse[id];
171:    }
172:    int toId(string w){
173:        return idmap[w];
174:    }
175: };
```

기본적인 사용법은 처음에 78행의 addSentences()에 문장 목록을 전달하면, 문서 전체 단어에 ID 할당 등이 이루어지고, 다른 함수에서 패딩과 One-Hot 벡터 파일 등을 작성합니다.

인수 tokenize는 형태소 분석의 실행 유무를 나타내는 플래그로, true인 경우는 MeCab으로 형태소 분석을 하고, false인 경우는 표준으로 공백을 띄어쓰기 구분 기호로 간주합니다. addEOS과 addSOS는 각각 문장의 끝과 시작을 나타내는 특수 문자열 <eos>와 <sos>를 추가할 것인지 나타내는 플래그입니다.

클래스 내에서 사용되는 Tokenizer 클래스는 일본어 문자열을 형태소 분석하는 클래스로, 내부에서 일본어 형태소 분석 라이브러리[20]로 유명한 "MeCab"을 이용합니다. 자세한 내용은 샘플 소스 코드를 참조하십시오.

---

*[20] '참고 문헌'(p. 256)을 참조하세요.

　자동 번역은 오늘날까지 다양한 모델이 제안되고 있지만, 현재는 통계적 언어 모델을 기반으로 하는 자동 번역이 주류가 되었습니다. 그 중에서도 재귀형 신경망을 사용한 모델로 유명한 Sequence to Sequence 모델을 소개합니다.

　Sequence to Sequence 모델은 이름 그대로 가변 길이 시퀀스를 다른 가변 시퀀스로 변환합니다. 아래 그림(그림 9.14)에서는 "a b c" 시퀀스를 "W X Y Z" 시퀀스로 변환하는 모습을 나타냅니다 (입력 순서가 거꾸로 "c b a"로 되어 있습니다. 나중에 설명합니다). a, b, c, W, X, Y, Z는 시퀀스를 나타내는 요소이며, 번역 모델에서는 단어로 표현됩니다. 각 시퀀스의 길이가 달라도 문제 없습니다.

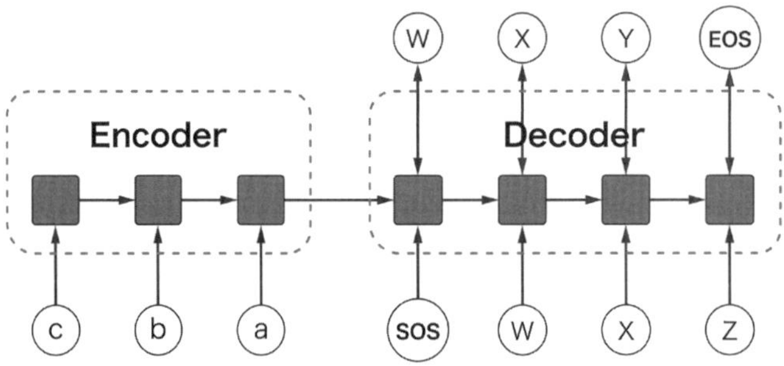

▲ [그림 9.14] 인코더 · 디코더 모델

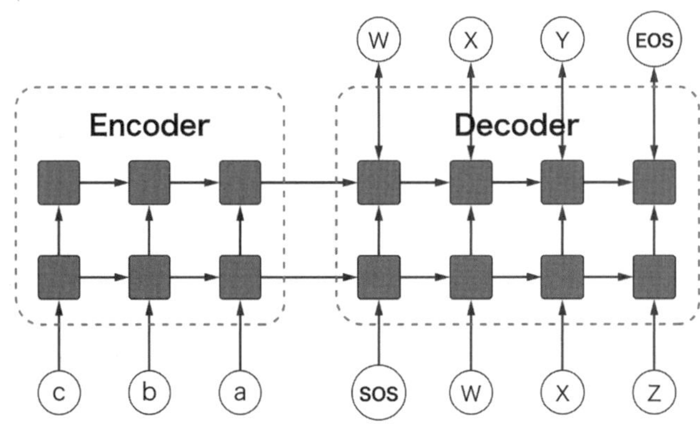

▲ [그림 9.15] 다층 인코더 · 디코더 모델

번역 모델은 같은 시기에 몇 가지 비슷한 모델이 발표됐고, 인코더·디코더 모델로 부르기도 합니다. 또한, [그림 9.15]에 보이는 것처럼 정밀도 향상을 위해 인코더와 디코더를 여러 층으로 겹치는 경우도 있습니다.

9.4.1 인코더·디코더 모델

인코더·디코더 모델에서의 네트워크 구축 절차는 다음과 같습니다.

• 인코더

소스의 시퀀스를 구성하는 단어를 순서대로 재귀형 신경망에 입력합니다. 입력 시 단어는 미리 One-Hot 벡터(실제로는 미니배치이므로 1차원 늘어나 행렬로 나타냅니다)로 변환합니다. 또한, 소스에서는 출력층에서의 오차 전파는 하지 않습니다.

입력 값을 은닉층인 중간 벡터로 변환하는 의미에서 인코더라고 합니다. 덧붙여, 인코더에 단어 입력 순서를 반대로 함으로써 번역 정확도가 높아졌다는 실험 보고가 있습니다. 예를 들어 전항의 모델에서는 "a b c"를 "c b a"로 입력합니다.

• 은닉층의 결합

소스 시퀀스 마지막 단어 입력을 마친 시점에서, 소스의 마지막 은닉층을 타깃의 첫 번째 은닉층에 결합합니다(정확하게는 소스의 마지막 은닉층을 계산 그래프의 체인을 유지한 채 타깃의 첫 번째 은닉층으로 합니다).

• 디코더

타깃의 첫 입력은 타깃 시퀀스 시작을 나타내는 〈sos〉를 더미 단어로서 입력합니다. 이 더미 단어도 물론 One-Hot 벡터화합니다.

출력층은 소프트맥스 교차 엔트로피 오차 함수를 이용해 타깃의 첫 번째 단어를 교사 데이터로 해서 오차를 구합니다.

타깃의 두 번째 입력은 조금 전 출력층에서 지정한 타깃의 첫 번째 단어로 합니다. 다음 세 번째, 네 번째 단어로 계속해서, 마지막 단어가 입력되는 계층의 출력층에서는 타깃의 끝을 나타내는 더미 단어 〈eos〉을 교사 데이터로 해서 오차를 구합니다. 시퀀스 시작과 마찬가지로 〈eos〉도 One-Hot 벡터화해 둡니다.

출력층에서 역전파해 오는 오차와 은닉층을 역전파해 오는 오차가 더해지는 점은 다른 재귀형 신경망과 다르지 않습니다. 처음에 모든 단어를 입력한 후 출력층의 오차를 구하고, 그 다음에 은닉층의 오차를 구해서 더하는 절차입니다. 이 은닉층 오차는 인코더 은닉층의 첫 번째 계층까지 역전파 합니다. 이 타깃에서 이루어지는 일련의 작업은 소스로부터 순전파해 온 은닉층의 중간 벡터를 단어로 되돌리는 기능을 하므로 디코더라고 부릅니다.

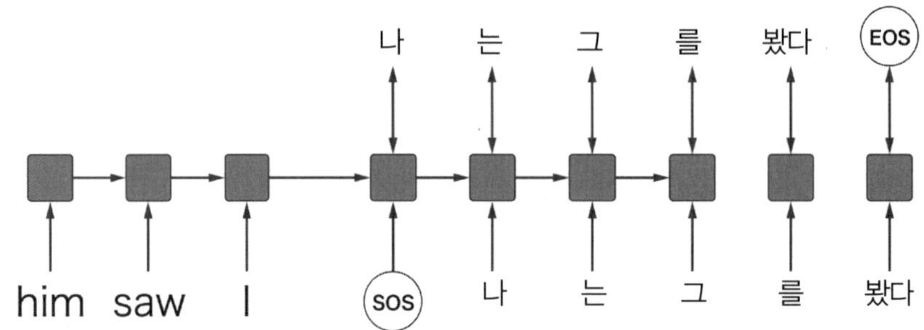

▲ [그림 9.16] 인코더 디코더 모델에 의한 번역의 예

9.4.2 패딩

앞에서 번역 모델을 설명했지만, 구현 상 귀찮은 문제가 하나 있습니다. 앞에서 설명한 모델은 시퀀스를 구성하는 요소를 벡터로 취급했지만, 실제로는 미니배치 처리이므로 차원이 하나 증가해서 행렬이 됩니다.

미니배치는 구성 요소가 모두 고정 길이이라야 했지만, 여기서 설명하는 번역에서는 시퀀스는 고정 길이가 아니라, 시퀀스에 따라 길이가 일정하지 않은 가변 길이가 일반적입니다. 따라서 요소의 수를 똑같이 해 미니배치에 맞게 변환해야합니다.

여기에 이용되는 것이 패딩이라는 기술입니다. 패딩은 미니배치의 요소 수보다 적은 요소를 가진 시퀀스에 부족분을 $\langle pad \rangle$ 등의 더미 요소로 채워줍니다. 예를 들어, 다음 세 가지 시퀀스를 미니배치에 넣는 경우를 생각해 봅니다.

$$(a_1 \ a_2 \ a_3 \ eos)$$
$$(b_1 \ b_2 \ b_3 \ b_4 \ b_5 \ b_6 \ b_7 \ eos)$$
$$(c_1 \ c_2 \ c_3 \ c_4 \ c_5 \ eos)$$

패딩한 결과는 다음과 같습니다.

$$(a_1 \ a_2 \ a_3 \ eos \ pad \ pad \ pad \ pad)$$
$$(b_1 \ b_2 \ b_3 \ b_4 \ b_5 \ b_6 \ b_7 \ eos)$$
$$(c_1 \ c_2 \ c_3 \ c_4 \ c_5 \ eos \ pad \ pad)$$

3개의 시퀀스 중 요소가 가장 많은 두 번째 시퀀스의 요소 수 8개에 맞춰 다른 시퀀스가 패딩됐습니다. 이 패딩 처리로 미니배치의 요소 수가 같아졌으므로 이제 학습에 사용할 수 있습니다.

그러나 재귀형 신경망에서는 시계열로 요소를 하나씩 입력하는 것을 고려하면, 처음 시퀀스에서 4번째 입력 이후에는 <pad> 다음 단어가 <pad>라는 것만 반복하게 됩니다. 이렇게 되면, 학습 자체가 중복되고 계산된 은닉층의 출력은 그 시퀀스를 정확하게 나타내는 벡터가 아니게 됩니다.

이런 문제를 최대한 방지하기 위해 길이가 비슷한 시퀀스를 미니배치로 모아 처리하기도 합니다. 미니배치에서 패딩이 줄어들기 때문입니다. 그러나 그런 경우엔 데이터의 편향이 걱정됩니다. 처리계에 따라서는 계산 시 pad를 무시하고 처리하게 하는 등의 대책이 가능해진 것도 있습니다. 어떻게 대처 하느냐는 과제에 따라 검토할 필요가 있습니다.

9.4.3 어텐션 모델

플레인한 재귀형 신경망은 [그림 9.2]와 같이 t 번째 입력은 t−1번째 은닉층의 출력과 입력 데이터를 더한 것입니다. 그 전의 은닉층 t−1까지 계산된 출력은 유일한 입력으로서 t번째 은닉층에 전달됩니다.

한편, 여기서 설명하는 어텐션 모델[18]에선 이 유일한 입력을 그때까지의 모든 은닉층 값에 따라 동적으로 변경합니다([그림 9.17]).

$$
\begin{aligned}
a_{ts} &= \mathrm{align}(h_t, \tilde{h}_s) \\
&= \frac{\exp(\mathrm{score}(h_t, \tilde{h}_s))}{\sum_{s'} \exp(\mathrm{score}(h_t, \tilde{h}_{s'}))}
\end{aligned}
\tag{9.4}
$$

$$\mathrm{score}(h_t, \tilde{h}_s) = h_t^T \tilde{h}_s \tag{9.5}$$

---

*[18] '참고 문헌'(p. 256)을 참조하세요.

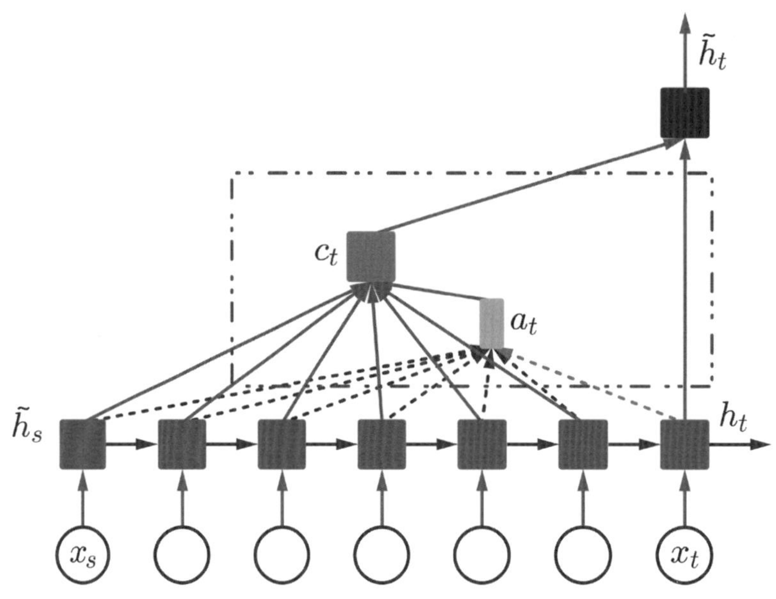

▲ [그림 9.17] 어텐션 모델

$$c_t = \sum_{s'} \tilde{h}_{s'} a_{ts'} \tag{9.6}$$

$$\tilde{h}_t = \tanh(W_h h_t + W_c c_t) \tag{9.7}$$

[식 9.4]는 각 은닉층에 대한 정렬 (가까운 정도)를 나타내는 벡터 a_{ts}를 소프트맥스로 계산합니다. 다음 [식 9.5]는 은닉층이 얼마나 가까운지 나타내는 스코어 함수입니다. 여기서는 행렬곱을 스코어 함수로 했습니다.

[식 9.6]의 c_t는 h_t에 대응하는 전체 콘텍스트를 나타내는 행렬이며, [식 9.7]에서 일반 은닉층을 더함으로써 최종적으로 주목된 은닉층 값 $\tilde{h}_t$가 출력됩니다.

이 과정에서 어떤 은닉층의 출력 h_t와 과거의 각 은닉층의 출력 $\tilde{h}_t$와의 대응관계를 학습함으로써, 번역 등 언어 모델로 대표되는 단어 사이의 전후 관계가 중요한 작업에서는 평범한 재귀형 신경망보다 어텐션 모델에서 평가 정밀도가 개선된다는 보고가 있습니다.

 자동 번역 구현

이 절에서는 '*9.4.1 인코더·디코더 모델*'에서 설명한 인코더와 디코더 모델을 사용한 기본적인 자동 번역을 구현해 봅니다.

9.5.1 번역 코퍼스

구현할 코드를 보기 전에 훈련에 이용할 번역 데이터를 설명하겠습니다.

여기서 말하는 번역 데이터란 일본어 ⇄ 영어의 상호 번역으로, 일본어 문장이 수천~수십 만이 되고, 그에 대응하는 영어 문장이 같은 수로 들어 있는 데이터를 가리킵니다. 자연어 처리 세계에서는 텍스트에 속성을 부여하는 등 번역에 국한되지 않고 연구 및 벤치마킹 용으로 가공된 데이터를 코퍼스라고 부릅니다. 이 책에서 다루기 위해선 무료로 공개된 코퍼스가 적당하지만, 사실은 그러한 코퍼스가 많지 않습니다.

그중 Tanaka Corpus[21]는 15만 개에 가까운 짧은 문장의 번역쌍이 담긴 귀중한 일영(日英) 번역 코퍼스입니다. 현재는 Tatoeba Project[22]에 속해 있고, 크리에이티브 커먼즈의 Attribution 2.0 France 라이선스[23]로 배포됩니다. 이 절에서는 이 귀중한 코퍼스를 감사하게 이용하기로 합니다. 코퍼스 자체는 이 책의 샘플로 재배포하지 않으므로, 프로젝트 사이트에서 다운로드 하십시오.

Tanaka Corpus의 형식은 첫 줄에 A : [일본어 문장] [TAB 코드] [영어 문장]으로 두 언어의 번역 쌍이, 다음 줄에는 B : [동사의 원형이나 정보가 추가된 일본어 문장]이 이어집니다. 이번에는 B행은 이용하지 않으므로, A행에서 일본어 문장과 영어 문장을 추출해 각각 다른 파일에 출력합니다. 즉, 한 문장이 한 줄로 표현된 일본어 파일과 영어 파일로 나누어 이용합니다. 물론 각 파일의 행은 번역으로서 서로 대응해야 합니다.

문장 수가 많아 학습에 시간이 걸리니, 여기서는 전체 문장에서 무작위로 추출한 문장 10,000개를 이용합니다. 이제부터 위와 같이 가공된 데이터를 번역 데이터로 사용합니다.

---

*[21][22][23] '참고 문헌'(p. 256)을 참조하세요.

 인코더·디코더 모델을 사용한 네트워크 학습

이제부터 구현할 코드를 설명하겠습니다. 코드가 길니 상위 계층부터 순서를 쫓아 설명합니다. 우선, 예제 코드의 main() 함수의 내용을 살펴봅시다.

[코드 9.12] main.cpp

```cpp
1 : int main(){
2 :     int batch_size = 64;
3 :     int vocab_size = 10000;
4 :     int embed_size = 200;
5 :     int h_size = 400;
6 :     float learning_rate = 0.001;
7 :     int epoch = 50;
8 :
9 :     WordEmbed *wd_ja = load_data("tanaka_corpus_j_10000.txt",
            vocab_size, true, false);
10:     WordEmbed *wd_en = load_data("tanaka_corpus_e_10000.txt",
            vocab_size, true, true);
11:
12:     vector<vector<int>> seqs_ids_ja =
            wd_ja->getSequencesIds();
13:     vector<vector<int>> seqs_ids_en =
            wd_en->getSequencesIds();
14:
15:     // 인코더 디코더
16:     model.putG("embed_ja", new Linear(embed_size, vocab_size));
17:     model.putG("tanh_ja", new Tanh());
18:     model.putG("lstm_ja", new FullLSTM2(h_size, embed_size));
19:
20:     model.putG("embed_en", new Linear(embed_size, vocab_size));
21:     model.putG("tanh_en", new Tanh());
22:     model.putG("lstm_en", new FullLSTM2(h_size, embed_size));
23:
24:     model.putG("linear_in1", new Linear(embed_size, h_size));
```

```
25:     model.putG("tanh1", new Tanh());
26:     model.putG("linear_in2", new Linear(vocab_size, embed_size));
27:
28:     model.putG("softmax_cross_entropy_en", new SoftmaxCrossEntropy());
29:     model.putG("plus_en", new Plus());
30:     model.putG("softmax", new Softmax());
31:
32:     // 어텐션(attention)
33:     model.putG("attention_w_h_linear",
                        new Linear(h_size, h_size, false));
34:     model.putG("attention_w_a_linear",
                        new Linear(h_size, h_size, true));
35:     model.putG("attention_plus", new Plus());
36:     model.putG("attention_linear_tanh", new Tanh());
37:
38:     OptimizerAdam optimizer(
                &model, learning_rate, clip_grad_threshold);
39:     optimizer.init();
40:
41: ...............................................................
```

예제 코드의 2~7행은 하이퍼파라미터의 정의입니다. batch_size는 64, vocab_size는 자주 출현하는 단어를 최대 몇 개까지 보유할지 결정하는 상수로, 예제에서는 10,000으로 설정했습니다. 설정한 아래로는 모두 더미 단어 〈unk〉로 바뀝니다. 이 절에서 다룰 10,000건의 데이터에서 단어 수가 모두 만여 개이므로 대략 데이터에 포함된 모든 단어를 감당할 수 있는 수입니다.

embed_size는 첫 번째 은닉층 유닛 수로 입력 차원을 몇 차원으로 압축할지 지정합니다(실제로는 은닉층은 단순한 선형 함수입니다). h_size는 은닉층의 유닛 수입니다.

9~10행에선 가공된 데이터를 로드합니다. 9행이 일본어, 10행이 영어 데이터입니다. 12~13행은 원 문장 안의 단어를 단어ID로 치환한 문장을 가져오는 부분으로, 실제 학습에 사용할 데이터입니다. 복수의 단어 ID로 구성되는 문장이 여러 줄이 있으므로 vector를 이용해 2차원 배열로 정의합니다.

16~30행은 인코더·디코더 모델을 구성하는 각 함수의 정의입니다. 16~18행이 인코더, 20~22행이 디코더를 구성하는 함수이고, 24~26행이 출력층을 나타내는 선형 함수의 정의입니다. 28~30행은 오차 함수 등을 정의한 부분입니다. 마지막은 어텐션용으로 33~36행에 정의했습니다. 38~39행은 옵티마이저를 정의하고 초기화 하는 코드입니다.

계속해서 네트워크 학습 부분을 구현한 코드를 설명하겠습니다.

[코드 9.13] `main.cpp`

```cpp
 1 : int step = seqs_ids_ja.size() / batch_size;
 2 :
 3 : float loss_total = 0;
 4 :
 5 : for(int i = 0; i < epoch; i++) {
 6 :
 7 :     makeRandomSeqs(seqs_ids_ja, seqs_ids_en);
 8 :
 9 :     for(int k = 0; k < step; k++) {
10:         float loss = 0;
11:
12:         PVariable loss_sum = forward_one_step(
                seqs_ids_ja, seqs_ids_en, wd_ja, wd_en,
                batch_size, vocab_size, k, &loss);
13:
14:         loss_sum -> backward();
15:         optimizer.update();
16:         model.zero_grads();
17:         model.unchain();
18:         ((FullLSTM2 *) model.G("lstm_ja")) -> reset_state();
19:         ((FullLSTM2 *) model.G("lstm_en")) -> reset_state();
20:
21:         loss_total += loss;
22:
23:         if (k != 0 && k % 10 == 0) {
24:             float test_perp = exp(((float)loss_total)/10.0);
25:             float test_loss = ((float)loss_total)/10.0;
```

```
26:                cout << "epoch:" << (i + 1) << "/" << epoch <<
                      " step:" << k
27:                   << " perplexity:" << test_perp << " loss:" <<
28:                test_loss << endl; loss_total = 0;

29:            }
30:        }
31: }
32:
33: cout << "saving model" << endl;
34: model.save("seq2seq.model");
35:
36: ..........................................
```

5행에서 지정된 epoch만큼 루프를 돕니다. 훈련 시 데이터의 편향을 방지하려고 루프를 돌 때마다 7행에서 시퀀스 순서를 무작위로 섞습니다. 9행에서 다시 step 수만큼 루프를 돕니다. step은 전체 시퀀스 데이터를 미니배치의 배치 크기로 나눈 수(1행에서 계산)로, 다시 말해 미니배치가 들어가는 수만큼 루프를 돌게 하는 상수입니다.

12행의 forward_one_step() 함수가 실제로 인코딩과 디코딩을 담당합니다. 계산 결과는 loss_sum으로 반환합니다. 14행에서 역전파, 15행에서 기울기를 이용해 각 매개 변수를 갱신 합니다. 16행에서 계산에 이용한 기울기를 초기화하고 17행에서 계산 그래프를 자르고 재설정 합니다.

여기까지는 '*5.5 MNIST를 예로 든 학습과 평가*'에서 설명한 흐름과 같습니다. 18~19행의 reset_state()는 LSTM 내부에서 사용하는 임시 변수를 초기화하는 함수로, 하나의 처리가 끝나면 반드시 호출해야 합니다.

24~28행에서 10단계마다 오차 및 자연어 처리에서 자주 사용되는 평가 지표인 혼잡도 (perplexity)를 계산한 후 그 값을 표시합니다. 전체 에폭 루프가 완료되면 모델을 저장합니 다(34행). 여기까지가 일련의 학습의 대략적인 흐름입니다.

이어서 인코딩과 디코딩을 담당하는 함수 forward_one_step()을 설명합니다. '*9.4.1 인 코더·디코더 모델*'에서 소개한 [그림 9.16]을 참조하세요.

```cpp
1 : PVariable forward_one_step(
2 :     vector<vector<int>> &seqs_ids_ja,
        vector<vector<int>> &seqs_ids_en,
3 :     WordEmbed *wd_ja, WordEmbed *wd_en,
4 :     int batch_size, int vocab_size, int k, float *loss_val){
5 :
6 :     // 인코더 //////////////////////////////////////////////
7 :     vector<PVariable> src_hidden_states =
            encoder(seqs_ids_ja, wd_ja, batch_size, vocab_size, k);
8 :
9 :     // 디코더//////////////////////////////////////////////
10:     int max_vocab_size_en =
            get_max_vocab_size(seqs_ids_en, batch_size, k);
11:
12:     PVariable loss_sum(new Variable(1, 1));
13:
14:     float data_en[vocab_size * batch_size];
15:     PVariable t(new Variable(vocab_size, batch_size, false));
16:
17:     for (int i = 0; i < batch_size; i++) {
18:         wd_en -> toOneHot(vocab_size, data_en, wd_en -> SOS_ID,
                i, false);
19:     }
20:     toPVariable(t, data_en);
21:
22:     for (int j = 0; j < max_vocab_size_en; j++) {
23:
24:         PVariable embed_en = model.G("embed_en") -> forward(t);
25:         PVariable tanh_en = model.G("tanh_en") ->
                forward(embed_en);
26:         PVariable state_en = model.G("lstm_en") ->
                forward(tanh_en);
27:
28:         //   어텐션 //////////
```

```cpp
29:         PVariable a =
                al_attention_vector(state_en, src_hidden_states);
30:         PVariable state_en_attention =
                attention_hidden_state(state_en, a);
31:
32:         PVariable linear_in1 =
                model.G("linear_in1")->forward(state_en_attention);
33:         PVariable linear_in2 =
                model.G("tanh1")->forward(linear_in1);
34:         PVariable in =
                model.G("linear_in2")->forward(linear_in2);
35:
36:     int batch_idx = 0;
37:     for (int i = k * batch_size;
            i < k * batch_size + batch_size; i++) {
38:         vector<int> word_ids = seqs_ids_en[i];
39:
40:         wd_en->padding(word_ids, max_vocab_size_en);
41:
42:         wd_en->toOneHot(vocab_size, data_en, word_ids[j],
                batch_idx, false);
43:         batch_idx++;
44:     }
45:
46:     PVariable t2(new Variable(
            vocab_size, batch_size, false));
47:     toPVariable(t2, data_en);
48:     PVariable loss = model.G(
            "softmax_cross_entropy_en")->forward(in, t2);
49:     *loss_val += loss->val();
50:     loss_sum =
        model.G("plus_en")->forward(loss_sum, loss);
51:
52:     t = t2;
53:   }
54:
```

```
55:        *loss_val /= max_vocab_size_en;
56:
57:        return loss_sum;
58: }
```

위 예제의 7행에서 인코더 측 계산을 실행하고, 반환값으로 인코더 측의 각 LSTM의 출력을 담은 벡터를 얻습니다. 나중에 디코더를 처리할 때 어텐션 계산에 사용됩니다. 인코더의 처리는 후술합니다.

10행 이후가 인코더의 결과를 받는 디코더 부분입니다. 18행에서 문장의 시작을 나타내는 SOS_ID 원핫(One-Hot) 벡터를 미니배치 크기에 맞게 생성합니다. 생성한 벡터를 20행에서 행렬로 변환해 t에 저장합니다. t는 디코더의 입력으로 사용합니다.

22행에서 max_vocab_size_en만큼 반복합니다. max_vocab_size_en는 미니배치에 포함되는 복수의 영어 문장 중 가장 어휘를 많이 포함한 문장의 어휘수입니다. 패딩할 때 사용하기 위해 미리 계산해 둡니다.

24~25행은 디코더의 입력층에 해당하고 20행에서 구한 입력 t를 embed_en의 크기로 압축하고 활성화 함수 Tanh에 넣습니다. 첫 번째 입력 값은 모두 SOS_ID입니다.

26행에서 LSTM 층을 통과시킵니다. 29~30행에서는 인코더 측 LSTM의 출력을 바탕으로 어텐션을 계산합니다. 32~34행에서는 출력층을 선형 함수를 통해 계산하여 최종 출력 in을 얻습니다.

계속해서 38~43행에서 교사 신호가 되는 미니배치 크기의 데이터 data_en를 생성해 One-Hot 벡터화하고, 47행에서 행렬 t2로 변환합니다. 이 데이터를 생성할 때 각각 다른 시퀀스 길이의 데이터를 어휘수의 최댓값에 맞춰 패딩해 미니배치 크기를 통일합니다.

48행에서 구한 in 및 t2를 사용해 오차 함수로부터 오차를 계산합니다. 49행에서 구한 오차 값을 loss_val에 더하고, 50행에서 loss_sum에 계산 그래프 상의 오차 loss를 더합니다.

마지막으로 52행에서 구한 교사 신호 t2를 t에 대입해서 다음 입력으로 합니다(디코더에서는 교사 신호와 입력에 하나씩 밀리므로). 모든 계산을 마치면 오차의 합계를 어휘의 최대수로 나눔으로써, 평균 오차를 구해 반환합니다.

여기까지가 인코더와 디코더에서 처리하는 흐름입니다. 순서가 바뀌긴 했지만, 인코더를 거의 설명하지 않았으니, 다음은 인코더 부분을 자세히 설명하겠습니다.

[코드 9.15] `main.cpp`

```cpp
 1 : vector<PVariable> encoder(vector<vector<int>> &seqs_ids_ja,
            WordEmbed *wd_ja, int batch_size, int vocab_size, int k){
 2 :
 3 :     int max_vocab_size_ja =
        get_max_vocab_size(seqs_ids_ja, batch_size, k);
 4 :
 5 :     vector<PVariable> src_hidden_states;
 6 :
 7 :     for (int j = 0; j < max_vocab_size_ja; j++) {
 8 :
 9 :         float data_ja[vocab_size * batch_size];
10 :
11 :         int batch_idx = 0;
12 :         for (int i = k * batch_size;
                    i < k * batch_size + batch_size; i++) {
13 :             vector<int> word_ids = seqs_ids_ja[i];
14 :
15 :             wd_ja -> padding(word_ids, max_vocab_size_ja);
16 :
17 :             reverse(word_ids.begin(), word_ids.end());
18 :
19 :             bool ignore = false;
20 :             wd_ja -> toOneHot(vocab_size, data_ja, word_ids[j],
                    batch_idx, ignore);
21 :             batch_idx++;
22 :         }
23 :
24 :         PVariable x(new Variable(
                    vocab_size, batch_size, false));
```

```
25:            toPVariable(x, data_ja);
26:
27:            PVariable embed = model.G("embed_ja")->forward(x);
28:            PVariable tanh_ja =
                              model.G("tanh_ja")->forward(embed);
29:            PVariable h = model.G("lstm_ja") -> forward(tanh_ja);
30:
31:            src_hidden_states.push_back(h);
32:        }
33:
34:        // 인코더와 디코더 연결
35:        ((FullLSTM2 *)model.G("lstm_ja")) -> is_last_backward =
            true;
36:        ((FullLSTM2 *)model.G("lstm_en")) -> h =
            ((FullLSTM2 *)model.G("lstm_ja")) -> h;
37:        ((FullLSTM2 *)model.G("lstm_en")) -> h -> is_last_backward =
            &((FullLSTM2 *)model.G("lstm_en")) -> is_last_backward;
38:
39:        return src_hidden_states;
40: }
```

인코더에 대한 입력으로 일본어 시퀀스를 제공합니다. 디코더와 마찬가지로 7행에서 최대 어휘 수 만큼 루프를 돌고 한 번의 처리를 마칩니다.

12~25행에서 디코더처럼 입력을 미니배치의 행렬로 생성합니다. 그때, 시퀀스 속 어휘 순서를 반전합니다(17행). 27~29행에서는 인코더의 정의를 따라 선형 함수와 Tanh을 통과한 후 LSTM을 사용합니다.

31행에서 LSTM의 결과를 매번 벡터 src_hidden_states에 추가합니다. 디코더에 입력할 때 어텐션을 계산하려고 저장하는 것으로서 이 함수의 반환 값입니다.

35~37행은 인코더와 디코더를 계산 그래프 상에서 연결하는 처리입니다. 35행에서 인코더 측의 역전파를 미리 허가합니다. 이 시점에서는 아직 역전파를 하지 않아, 자동으로 플래그가 true로 되지 않기 때문입니다.

36행에서 인코더의 은닉층을 디코더의 은닉층의 참조로 합니다(실제로는 포인터를 대입). 즉, 인코더의 마지막 은닉층과 디코더 측의 첫 번째 은닉층은 프로그램 상에서 같은 대상을 가리킵니다. 이것이 실제로 인코더와 디코더를 연결하는 처리로, 디코더에서 인코더까지 일관된 계산 그래프로 역전파 할 수 있게 됩니다.

37행에서는 디코더 측의 은닉층이 가진 역전파 허가 플래그를 디코더 자체가 가진 역전파로 합니다(역전파 플래그는 `false`). 이상이 인코더에서 실행되는 처리입니다.

이어서 어텐션 처리를 다음 예제 코드에 소개합니다.

[코드 9.16] `main.cpp`

```cpp
 1 : cuMat total_similarity(
            PVariable h, vector<PVariable> src_hidden_states){
 2 :     cuMat total_values(1, h -> data.cols);
 3 :     for(int i = 0; i<src_hidden_states.size(); i++) {
 4 :         total_values += (h -> data.dot_product(
                src_hidden_states[i]->data)).exp();
 5 :     }
 6 :
 7 :     return total_values;
 8 : }
 9 :
10:
11: cuMat cal_attention_score(PVariable h, PVariable s,
            cuMat &total_similarity_values){
12:     cuMat current_value = h -> data.dot_product(s -> data);
13:     cuMat alpha =
            current_value.exp() / total_similarity_values;
14:     return alpha;
15: }
16:
17: PVariable cal_attention_vector(
        PVariable h, vector<PVariable> src_hidden_states){
18:         cuMat total_similarity_values =
                total_similarity(h, src_hidden_states);
```

```
19:
20:         PVariable a(
                new Variable(h -> data.rows, h -> data.cols, false));
21:
22:         for(int i = 0; i < src_hidden_states.size(); i++){
23:             cuMat alpha = cal_attention_score(h,
                    src_hidden_states[i], total_similarity_values);
24:             a -> data += src_hidden_states[i]->
                    data.mat_vec_mul(alpha, 1);
25:     }
26:
27:         return a;
28:  }
29:
30:   PVariable attention_hidden_state(
                                    PVariable h, PVariable a) {
31:         PVariable attention_plus =
                model.G("attention_plus")->
                forward(model.G("attention_w_h_linear")->
                forward(h), model.G("attention_w_a_linear")->
                forward(a));
32:
33:    return model.G("attention_linear_tanh")->
            forward(attention_plus);
34: }
```

어텐션은 디코더 처리에서 설명한 것처럼 다음과 같이 호출합니다.

[코드 9.17] `main.cpp`

```
1 : PVariable a =
        cal_attention_vector(state_en, src_hidden_states);
2 : PVariable state_en_attention =
        attention_hidden_state(state_en, a);
```

어텐션 모델의 정의대로 cal_attention_vector()로 각 은닉층의 얼라이먼트 a를 계산하고, attention_hidden_state()로 일반 LSTM의 은닉층에 얼라이먼트로부터 계산되는 전체 콘텍스트를 나타낸 행렬을 더합니다.

덧붙여, 이 절에서 설명한 구조의 신경망을 학습하면, 100 에폭에서 오차 0.002 전후로 수렴하고, 혼잡도는 1에 가까워집니다.

9.5.3 인코더·디코더 모델을 사용한 번역(추정)

끝으로, 훈련을 마친 모델을 사용한 추정을 설명합니다. 아래는 구현 코드입니다.

[코드 9.18] `main.cpp`

```cpp
 1 : vector<int> predict(vector<vector<int>> &seqs_ids_ja,
         vector<vector<int>> & seqs_ids_en,
 2 : WordEmbed *wd_ja, WordEmbed *wd_en,
 3 : int vocab_size, int k){
 4 :
 5 :     int batch_size = 1;
 6 :
 7 :     vector<int> predict_word_ids;
 8 :
 9 :     // 인코더 /////////////////////////////////////////////
10:     vector<PVariable> src_hidden_states =
             encoder(seqs_ids_ja, wd_ja, batch_size, vocab_size, k);
11:
12:     // 디코더 /////////////////////////////////////////////
13:     int max_vocab_size_en =
             get_max_vocab_size(seqs_ids_en, batch_size, k);
14:
15:     PVariable loss_sum(new Variable(1, 1));
16:
17:     float data_en[vocab_size * batch_size];
18:     PVariable t(new Variable(vocab_size, batch_size, false));
```

```cpp
19:
20:     for (int i = 0; i < batch_size; i++) {
21:         wd_en -> toOneHot(vocab_size, data_en,
               wd_en -> SOS_ID, i, false);
22:     }
23:     toPVariable(t, data_en);
24:
25:     int max_loop = 100;
26:     for (int j = 0; j < max_loop; j++) {
27:
28:         PVariable embed_en = model.G("embed_en") -> forward(t);
29:         PVariable tanh_en =
               model.G("tanh_en") -> forward(embed_en);
30:         PVariable state_en =
               model.G("lstm_en") -> forward(tanh_en);
31:
32:         // 어텐션 //////////
33:         PVariable a =
               cal_attention_vector(state_en, src_hidden_states);
34:         PVariable state_en_attention =
               attention_hidden_state(state_en, a);
35:
36:         PVariable linear_in1 =
               model.G("linear_in1")->forward(state_en_attention);
37:         PVariable linear_in2 =
               model.G("tanh1") -> forward(linear_in1);
38:         PVariable in =
               model.G("linear_in2") -> forward(linear_in2);
39:
40:         PVariable softmax = model.G("softmax") -> forward(in);
41:
42:         int maxIdx[batch_size]; // batch_size 는 10이다.
43:         softmax -> data.maxRowIndex(maxIdx);
44:
```

```
45:         if (maxIdx[0] == wd_en -> EOS_ID){
46:             break;
47:         }
48:
49:         predict_word_ids.push_back(maxIdx[0]);
50:
51:         wd_en -> toOneHot(
                    vocab_size, data_en, maxIdx[0], 0, false);
52:         PVariable t2(
                new Variable(vocab_size, batch_size, false));
53:         toPVariable(t2, data_en);
54:
55:         t = t2;
56:     }
57:
58:     return predict_word_ids;
59: }
```

위 예제의 `predict()`는 훈련 시 `forward_one_step()`과 거의 동일합니다. 추정만으로 상관 없으므로, 오차 함수를 사용한 오차 계산은 필요 없습니다. 미니배치 크기를 1(다시 말해 1회 추정에 하나의 문장만 사용하는)로 하고 문장 길이를 최대 100으로 해서 루프를 돌고(문장의 끝이 영원히 계속되는 경우를 피하고자 제한을 둔다), 루프 내부에서 인코더를 호출합니다.

다음으로 디코더의 처리로 SOS_ID의 입력을 생성하고 LSTM과 어텐션을 계산한 후, 소프트맥스의 최댓값을 갖는 인덱스의 단어를 찾아 저장하고 그 추정값을 다음 입력 단어로 합니다. 찾은 단어는 차례로 `predict_word_ids`에 추가하고, 해당 단어가 EOS_ID면 문장의 끝으로 판단해, 그 이상의 처리는 실시하지 않습니다. 마지막으로 찾은 단어 ID군을 반환합니다.

결국, 디코더에서는 추정된 단어를 사용해 다음 단어를 추정하는 처리를 반복하며, 문장의 마지막을 나타내는 EOS_ID가 추정될 때까지 계속 루프를 도는 내용입니다.

다음은 `predict()`의 사용법을 예제 코드로 알아봅니다.

```cpp
 1 : int main(){
 2 :     ................................
 3 :
 4 :     // cout << "loading model" << endl;
 5 :     model.load("seq2seq.model");
 6 :
 7 :     cout << "predict" << endl;
 8 :     for (int target_seq_id=0; target_seq_id<300;
              target_seq_id++) {
 9 :         vector<int> predict_word_ids =
               predict(seqs_ids_ja, seqs_ids_en, wd_ja, wd_en,
               vocab_size, target_seq id);
10:
11:         vector<int> word_ids_ja = seqs_ids_ja[target_seq_id];
12:         vector<int> word_ids_en = seqs_ids_en[target_seq_id];
13:
14:         for (auto word_id : word_ids_ja) {
15:             string w = wd_ja->toWord(word_id);
16:             // cout << word_id << ":" << w << " ";
17:             cout << w << " ";
18:         }
19:         cout << endl;
20:
21:         for (auto word_id : word_ids_en) {
22:             string w = wd_en->toWord(word_id);
23:             // cout << word_id << ":" << w << " ";
24:             cout << w << " ";
25:         }
26:
27:         cout << endl;
28:         for (auto word_id : predict_word_ids) {
29:             string w = wd_en->toWord(word_id);
30:             // cout << word_id << ":" << w << " ";
31:             cout << w << " ";
```

```
32:          }
33:          cout << endl;
34:          cout << "--------------------------------" << endl;
35:
36:          model.unchain();
37:
38:          ((FullLSTM2 *) model.G("lstm_ja"))->reset_state();
39:          ((FullLSTM2 *) model.G("lstm_en"))->reset_state();
40:      }
41: } // main 끝
```

예제 코드에서는 추정에 훈련에서 사용한 데이터의 일부를 사용합니다. 사실은 미지의 데이터로 시험해야 하지만 제대로 추정되는지 확인할 목적으로 여기서는 훈련에 이용한 데이터를 사용했습니다.

8행에서는 전체 문장 데이터의 처음부터 300개까지의 문장 데이터를 사용하도록 루프를 정의합니다. 9행에서 predict()를 호출하고 결과 predict_word_ids를 얻습니다.

14행에서는 결과를 출력합니다. 14~19행은 번역의 원본이되는 일본어 문장(인코더 입력)을 그대로 출력합니다. toWord()는 단어ID로부터 실제 단어를 얻을 수 있는 함수입니다. 21~25행은 추정된 문장과 비교하고자 번역 대상인 영어 문장 (정답 문장)을 그대로 출력합니다.

27~32행이 추정된 문장 predict_word_ids를 출력하는 부분입니다. 마지막으로 계산 그래프를 해제하고 LSTM 내부 변수를 초기화해 1건의 처리를 마칩니다.

9.5.4 실행 결과의 고찰

이 프로그램을 실행하면 300개 문장에 대해 대체로 바르게 영어로 번역됐음을 확인할 수 있습니다.

시험 삼아 학습 시 에폭 수를 줄여 학습이 충분히 진행하기 전에 학습 중인 모델로 추정해 봅시다. 흥미롭게도 어떤 개념이 정확히 같은 의미 벡터로 표현된 경우를 확인할 수 있습니다. 예를 들어 다음과 같은 번역 소스인 일본어 문장이 있습니다.

"寝る前に猫を外に出すのを忘れないでね." (자기 전에 고양이를 밖에 내놓는 걸 잊지 말거라.)

이 문장의 영어 번역(정답)은 다음과 같습니다.

"Please remember to put out the cat before you go to bed."

자동 번역한 결과는 다음과 같습니다.

"Please remember to put out the cat before you sleep."

'go to bed'와 'sleep'이 같은 의미를 나타낸다는 것을 이해하고 있습니다.

아래에 나타낸 예는 명확히 틀리긴 했지만, 조금 더 훈련이 많이 진행되면 학습이 가능할 것으로 여겨지는 오류입니다.

· 시간에 대해서

1週間してそのニュースは本当になった。 The news turned out true **in a week**. The news turned out true **in time**.	그 소식은 일주일만에 사실로 밝혀졌습니다. 그 소식은 **일주일만에** 사실로 밝혀졌습니다. 그 소식은 **제시간에** 사실로 밝혀졌습니다.
彼はいつも未来に目をむけている。 He is always looking to the **future**. He is always looking for the **other days**.	그는 항상 미래에 눈을 돌리고 있습니다. 그는 항상 **미래에** 눈을 돌리고 있습니다. 그는 항상 **다른 날을** 찾고 있습니다.
私が訪問した時には彼はもう出発していた。 When I called, he had already set off. When I called, he had already set **soon**.	내가 방문했을 때 그는 벌써 출발했습니다. 내가 전화했을 때 그는 벌써 출발했습니다. 내가 불렀을 때 그는 **이미** 돌아섰습니다.

· 의미가 가까운 것

<table>
<tr><td>

彼女の欠点にも関わらず、私は彼女が好きです。
With all her faults, I like **her**.
With all her faults, I like the younger **sister**.

</td><td>

그녀의 결점에도 불구하고 나는 그녀를 좋아합니다.
그녀의 결점에도 불구하고, 나는 **그녀를** 좋아합니다.
그녀의 모든 잘못으로, 나는 **여동생을** 좋아합니다.

</td></tr>
<tr><td>

私はちょうど宿題を終えたところだ。
I have just **finished** my homework.
I have just **caught** all my homework.

</td><td>

나는 방금 숙제를 마쳤습니다.
나는 방금 숙제를 **마쳤습니다**.
나는 방금 숙제를 모두 **잡았습니다**.

</td></tr>
<tr><td>

ケイトはクラスで一番頭の良い生徒だ。
Kate is the smartest **student** in our class.
Kate is the smartest **university** in our arms.

</td><td>

케이트는 반에서 머리가 가장 좋은 학생입니다.
케이트는 반에서 머리가 가장 좋은 **학생**입니다.
케이트는 우리 무기 중 가장 똑똑한 **대학**입니다.

</td></tr>
<tr><td>

パーティーにいらっしゃいませんか。
Can you come to the party?
Do you come to the party?

</td><td>

파티에 올 수 있나요?
파티에 올 **수 있나요**?
파티에 **올래**?

</td></tr>
</table>

위 결과를 보면 알 수 있듯이 전후 문맥에서 단어와 구문을 개념으로서 학습한다는 것을 알 수 있습니다. 또한, 현재형, 과거형, 진행형, 의문문 등의 구문도 동시에 학습하고 있습니다.

참고 문헌

[1] 텐서플로(TensorFlow), https://www.tensorflow.org/

[2] 카페Caffe, http://caffe.berkeleyvision.org/

[3] Theano, http://deeplearning.net/software/theano/

[4] Chainer, http://chainer.org/

[5] Sergey Ioffe, Christian Szegedy. Batch Normalization: Accelerating Deep Network Training by Reducing Internal Covariate Shift, https://arxiv.org/abs/1502.03167

[6] Kaiming He, Xiangyu Zhang, Shaoqing Ren, Jian Sun. Delving Deep into Rectiers: Surpassing Human-Level Performance on ImageNet Classication, https://arxiv.org/abs/1502.01852

[7] Kaiming He, Xiangyu Zhang, Shaoqing Ren, Jian Sun. Deep Residual Learning for Image Recognition, https://arxiv.org/abs/1512.03385

[8] F.A. Gers, J. Schmidhuber, Recurrent nets that time and count.

[9] Sepp Hochreiter, THE VANISHING GRADIENT PROBLEM DURING LEARNING RECURRENT NEURAL NETS AND PROBLEM SOLUTIONS.

[10] NVIDIA. CUDA TOOLKIT DOCUMENTATION, http://docs.nvidia.com/cuda/

[11] Alex Krizhevsky, CIFAR-10, https://www.cs.toronto.edu/kriz/cifar.html

[12] John Duchi, Adaptive Subgradient Methods for Online Learning and Stochastic Optimization, http://www.jmlr.org/papers/volume12/duchi11a/duchi11a.pdf

[13] Geoffrey Hinton, Neural Networks for Machine Learning, Lecture 6a Overview of mini-batch gradient descent, http://www.cs.toronto.edu/ tij-men/csc321/slides/lecture slides lec6.pdf

[14] Matthew D. Zeiler, ADADELTA: AN ADAPTIVE LEARNING RATE METHOD, http://www.matthewzeiler.com/pubs/googleTR2012/googleTR2012.pdf

[15] Diederik P. Kingma. Adam: A Method for Stochastic Optimization, https://arxiv.org/abs/1412.6980

[16] Andrew Ng. CS294A Lecture notes. Sparse autoencoder, https://web.stanford.edu/class/cs294a/sparseAutoencoder 2011new.pdf

[17] Nikol aas Steenbergen. Chord Recognition with Stacked Denoising Autoencoders, http://dare.uva.nl/cgi/arno/show.cgi?d=543878

[18] Minh-Thang Luong. Effective Approaches to Attention-based Neural Machine Translation, https://arxiv.org/abs/1508.04025

[19] Rafal Jozefowicz Google Inc, An Empirical Exploration of Recurrent Network Architectures, http, :// jmlr.org/proceedings/papers/v37/jozefowicz15.pdf

[20] 교토대학 MeCab(메카브), http://taku910.github.io/mecab/

[21] Tatoeba project Tanaka Corpus, http://www.edrdg.org/wiki/index.php/Tanaka Corpus

[22] Tatoeba project Tatoeba project, http://tatoeba.org/jpn

[23] creative commons Attribution 2.0 France, https://creativecommons.org/licenses/by/2.0/fr/deed.en

INDEX

신경망의 기초부터 C++를 이용한 구현까지

C++로 배우는 딥러닝

2018. 6. 22. 1판 1쇄 발행
2020. 1. 21. 1판 2쇄 발행

지은이 | 후지타 타케시
옮긴이 | 김성훈
펴낸이 | 이종춘
펴낸곳 | **BM** (주)도서출판 **성안당**

주소 | 04032 서울시 마포구 양화로 127 첨단빌딩 3층(출판기획 R&D 센터)
10881 경기도 파주시 문발로 112 출판문화정보산업단지(제작 및 물류)

전화 | 02) 3142-0036
031) 950-6300

팩스 | 031) 955-0510
등록 | 1973. 2. 1. 제406-2005-000046호
출판사 홈페이지 | **www.cyber.co.kr**
ISBN | 978-89-315-5566-0 (13000)

정가 | 23,000원

이 책을 만든 사람들
책임 | 최옥현
기획 · 진행 | 조혜란
본문 · 표지 디자인 | 인투
홍보 | 김계향
국제부 | 이선민, 조혜란, 김혜숙
마케팅 | 구본철, 차정욱, 나진호, 이동후, 강호묵
제작 | 김유석

■ **도서 A/S 안내**

성안당에서 발행하는 모든 도서는 저자와 출판사, 그리고 독자가 함께 만들어 나갑니다.
좋은 책을 펴내기 위해 많은 노력을 기울이고 있습니다. 혹시라도 내용상의 오류나 오탈자 등이 발견되면 **"좋은 책은 나라의 보배"**로서 우리 모두가 함께 만들어 간다는 마음으로 연락주시기 바랍니다. 수정 보완하여 더 나은 책이 되도록 최선을 다하겠습니다.
성안당은 늘 독자 여러분들의 소중한 의견을 기다리고 있습니다. 좋은 의견을 보내주시는 분께는 성안당 쇼핑몰의 포인트(3,000포인트)를 적립해 드립니다.

잘못 만들어진 책이나 부록 등이 파손된 경우에는 교환해 드립니다.